21世纪经济管理新形态教材·会计学系列

财务大数据分析与决策

文玉锋　赵雪梅 ◎ 主　编

清华大学出版社

北京

内 容 简 介

本书共4篇，分别是Python基础篇、财务大数据分析篇、财务大数据可视化篇、财务大数据决策篇。Python基础篇内容包括：Windows环境下开发环境的搭建与编码规范；运算符、表达式与内置函数；程序控制结构；可迭代序列结构；函数；文件与文件夹操作。财务大数据分析篇内容包括：NumPy科学计算库；认识Pandas；数据清洗与预处理；数据筛选与查询；数据特征与统计信息、排序、连接；数据分组聚合与透视。财务大数据可视化篇内容包括：扩展库Matplotlib可视化；扩展库Pyecharts可视化。财务大数据决策篇内容包括：项目投资决策；本量利分析；预算管理；财务风险预警。

本书以Python大数据工具进行财务分析与决策，开发了大量基于财务场景的实训项目，并且提供了相应的数据和程序代码等学习资料。本书可作为高校会计学、财务管理、审计学、工商管理、大数据管理与应用、大数据+会计等专业本科生和研究生财务大数据分析与决策、Python在财务中的应用、智能财务分析、智能财务分析与决策、大数据与财务决策等课程的教材，也可以作为对财务数智化感兴趣的读者的学习参考书。

本书封面贴有清华大学出版社防伪标签，无标签者不得销售。
版权所有，侵权必究。举报：010-62782989，beiqinquan@tup.tsinghua.edu.cn

图书在版编目（CIP）数据

财务大数据分析与决策/文玉锋，赵雪梅主编 —北京：清华大学出版社，2023.9（2024.8重印）
21世纪经济管理新形态教材. 会计学系列
ISBN 978-7-302-64381-4

Ⅰ. ①财… Ⅱ. ①文… ②赵… Ⅲ. ①财务管理－数据处理－高等学校－教材 Ⅳ. ①F275

中国国家版本馆CIP数据核字(2023)第149827号

责任编辑：付潭娇
封面设计：汉风唐韵
责任校对：王荣静
责任印制：曹婉颖

出版发行：清华大学出版社
网　　址：https://www.tup.com.cn，https://www.wqxuetang.com
地　　址：北京清华大学学研大厦A座　　邮　编：100084
社 总 机：010-83470000　　邮　购：010-62786544
投稿与读者服务：010-62776969，c-service@tup.tsinghua.edu.cn
质 量 反 馈：010-62772015，zhiliang@tup.tsinghua.edu.cn
课 件 下 载：https://www.tup.com.cn，010-83470332

印 装 者：三河市天利华印刷装订有限公司
经　　销：全国新华书店
开　　本：185mm×260mm　　印 张：19　　字　数：458千字
版　　次：2023年9月第1版　　印　次：2024年8月第2次印刷
定　　价：59.80元

产品编号：101021-01

前言

随着互联网、物联网、云计算等科学技术的迅猛发展,全球数据信息爆炸式增长,信息社会早已进入大数据时代。大数据正飞速改变着企业的运作和管理模式,会计行业亟待转变,财政部在《会计改革与发展"十四五"规划纲要》中明确要求广大会计人员"密切关注大数据、'互联网+'的发展对会计工作的影响"。上海国家会计学院发起的"影响会计从业人员的十大技术"评选活动结果显示,大数据等信息技术均位列影响中国会计从业人员的十大技术之中。加快人工智能和大数据与会计学科的深度融合是当前会计发展的必然趋势。

大数据在未来5~10年内将为会计师和财会专业人士创造新的机遇,使他们在组织内部占据更具战略意义、更加面向未来、更为积极主动的位置。在此背景下,财务大数据分析与决策复合创新型人才需求量迅猛增长,会计专业应主动适应社会需求,推动高水平专业建设,培养符合时代需求和现代技术发展的新型复合型财会人才。围绕财务大数据分析与决策复合人才的培养,相关教材需求量迅猛增长,但目前市场相关的教材很少。基于这样的背景,我们编写了本书。

本书共4篇,分别是Python基础篇、财务大数据分析篇、财务大数据可视化篇、财务大数据决策篇。Python基础篇内容包括:Windows环境下开发环境的搭建与编码规范;运算符、表达式与内置函数;程序控制结构;可迭代序列结构;函数;文件与文件夹操作。财务大数据分析篇内容包括:NumPy科学计算库;认识Pandas;数据清洗与预处理;数据筛选与查询;数据特征与统计信息、排序、连接;数据分析聚合与透视。财务大数据可视化篇内容包括:扩展库Matplotlib可视化;扩展库Pyecharts可视化。财务大数据决策篇内容包括:项目投资决策;本量利分析;预算管理;财务风险预警。

本书主要有以下特色及创新之处。

(1)以Python大数据工具进行财务分析与决策,围绕Python在财务中的应用场景,将Python内容重新进行全方位设计。Python编程课程对财会专业学生有一定的难度,本书充分考虑财会专业的特点和知识结构,对Python内容重新进行全方位设计,围绕Python在财务中的应用场景,提供丰富翔实的实训项目案例,将Python编程和财务分析决策紧密结合。

(2)开发了大量基于财务场景的实训项目,便于开展项目制教学,提高学生会计学科和大数据学科知识整合能力。现有的大数据会计教学方法存在较大问题,其中较为突出的是专业与技术"两张皮"的问题。项目制学习方法有助于学生在完成项目任务的过程中整合所学知识,熟练运用计算机技能与理论知识解决实际问题,从而实现大数据+会计不同学科知识的交叉融合。本书选取大数据会计领域的热点问题作为具体项目,推动学生在完成项目任务的过程中加深对财务理论知识的理解,同时熟练掌握大数据操作技能。

（3）为了提升教学内容的丰富性和可操作性，本书提供了所有章节需要用到的数据和程序代码等学习资料。

本书由文玉锋（西北师范大学）、赵雪梅（西北师范大学）主编，文玉锋编写了第1~14章，赵雪梅编写了第15~17章，陈达人（西北师范大学）编写了第18章。

在编写过程中我们虽然做了不少努力，但由于人工智能、大数据技术的飞速发展，加上作者的能力水平有限，本书难免有不妥、疏漏甚至错误之处，我们诚挚地希望读者朋友给予批评指正。

本书在编写过程中参考了诸多学者的研究成果，由于篇幅有限，不再一一列出，在此一并感谢！

本书由甘肃省教育厅产业支撑计划项目（2121CYZC-59）、西北师范大学教材建设基金、2023年甘肃省高校创新创业教育教学改革研究项目（基于"场景化项目+慧教学平台"的专创融合教学模式探索与实践——以数据会计为例）、2022年甘肃省高等教育教学成果培育项目（会计专业数智化转型中教学模式创新研究——制教学模式的设计与实践）资助。

编　者
2023年2月

目 录

Python 基础篇

第1章 Windows 环境下开发环境的搭建与编码规范 ······ 3
1.1 开发环境搭建与使用 ······ 3
1.2 扩展库的安装 ······ 12
1.3 标准库与扩展库中对象的导入 ······ 14
1.4 Python 编程规范及语法特点 ······ 15
思考练习题 ······ 19
即测即练 ······ 19

第2章 运算符、表达式与内置函数 ······ 20
2.1 Python 的基本元素与标识符、关键字 ······ 20
2.2 Python 内置对象与基本数据类型 ······ 24
2.3 常用运算符与表达式 ······ 32
2.4 Python 常用内置函数 ······ 37
2.5 基本输入和输出 ······ 44
思考练习题 ······ 48
即测即练 ······ 48

第3章 程序控制结构 ······ 49
3.1 顺序结构 ······ 49
3.2 选择结构 ······ 50
3.3 循环结构控制语句 ······ 55
3.4 异常处理结构 ······ 61
3.5 综合案例 ······ 67
思考练习题 ······ 71
即测即练 ······ 72

第4章 可迭代序列结构 ······ 73
4.1 列表 ······ 73
4.2 元组 ······ 80

4.3	字典	81
4.4	集合	84
4.5	字符串常用方法	86
4.6	推导式与生成器推导式	90
4.7	综合案例	93
	思考练习题	95
	即测即练	96

第 5 章 函数 ... 97

5.1	函数的定义和调用	97
5.2	函数参数	99
5.3	lambda 表达式	103
5.4	变量的作用域	104
5.5	综合案例	106
	思考练习题	109
	即测即练	110

第 6 章 文件与文件夹操作 ... 111

6.1	文件操作基础	111
6.2	JSON 文件操作	113
6.3	CSV 文件操作	114
6.4	文件级与文件夹级操作	115
	思考练习题	119
	即测即练	119

财务大数据分析篇

第 7 章 NumPy 科学计算库 ... 123

7.1	数组对象	123
7.2	数组运算	125
7.3	利用数组进行数据处理	133
7.4	矩阵常用操作	137
	思考练习题	141
	即测即练	142

第 8 章 认识 Pandas ... 143

8.1	Pandas 的数据结构	143

8.2　Pandas 索引操作 148
8.3　文件读取与写入 153
8.4　财务案例实践 155
思考练习题 157
即测即练 157

第 9 章　数据清洗与预处理 158

9.1　重复值处理 158
9.2　缺失值的处理 160
9.3　其他异常值的处理 163
9.4　数据预处理 166
9.5　财务案例实践 169
思考练习题 172
即测即练 172

第 10 章　数据筛选与查询 173

10.1　直接筛选 173
10.2　条件筛选 174
10.3　访问器筛选 176
10.4　财务案例实践 179
思考练习题 181
即测即练 182

第 11 章　数据特征与统计信息、排序、连接 183

11.1　描述性统计分析 183
11.2　数据排序 186
11.3　数据拆分与合并 188
11.4　财务案例实践 192
思考练习题 194
即测即练 194

第 12 章　数据分组聚合与透视 195

12.1　数据分组与聚合 195
12.2　透视表与交叉表 198
12.3　财务案例实践 201
思考练习题 205
即测即练 205

财务大数据可视化篇

第 13 章 扩展库 Matplotlib 可视化 209
- 13.1 可视化库 Matplotlib 基础 209
- 13.2 基础绘图 214
- 13.3 高级绘图 222
- 13.4 Pandas 作图函数 232
- 13.5 财务案例实践 235
- 即测即练 238

第 14 章 扩展库 Pyecharts 可视化 239
- 14.1 参数配置与运行环境 239
- 14.2 基础绘图 242
- 14.3 高级绘图 247
- 14.4 财务案例实践 254
- 思考练习题 257
- 即测即练 257

财务大数据决策篇

第 15 章 项目投资决策 261
- 15.1 投资管理 261
- 15.2 贴现现金流法 261
- 15.3 投资决策实训项目 262

第 16 章 本量利分析 266
- 16.1 本量利分析 266
- 16.2 盈亏平衡分析 266
- 16.3 目标利润分析 267
- 16.4 边际分析 267
- 16.5 敏感性分析 268
- 16.6 本量利分析实训项目 268

第 17 章 预算管理 273
- 17.1 预算管理 273
- 17.2 滚动预算 273

17.3　滚动预算编制实训项目 ·· 273

第18章　财务风险预警 ··· 277

18.1　财务风险预警 ··· 277
18.2　k-means 聚类算法 ··· 278
18.3　BP 神经网络 ·· 278
18.4　房地产行业财务预警模型构建 ································· 279

参考文献 ·· 293

Python 基础篇

　　数字经济时代，大数据、人工智能、云计算等新技术的发展，使得财务工作从电算化、信息化向智能化不断推进。财务工作离不开数据，包括数据的获取、处理、呈现与应用。本篇从 Python 开发环境搭建开始，依次讲解 Python 运算符、表达式、内置对象、序列结构、程序控制结构、函数、字符串以及文件操作等内容。通过大量案例，使读者熟练掌握 Python 编程的基本思维，熟悉编程模式，具备编程技能，并掌握常用开发环境的使用方法和技巧，这些能力为读者利用 Python 的财务应用开发奠定基础。（本篇所有代码均在 PyCharm 里调试运行，读取磁盘文件时文件路径都采用"相对路径"表示。）

第 1 章

Windows 环境下开发环境的搭建与编码规范

Python 支持多种操作系统，本书以 Windows10（64 位）为平台，编程工具可以使用纯文本编辑环境（如 Windows 记事本、TextPad 等），或集成开发环境（如 IDLE、PyCharm、Spyder、Eclipse 等）。

1.1 开发环境搭建与使用

1.1.1 Python 及 Anaconda 的下载与安装

Python 安装很简单，打开 Python 官方网站主页 https://www.python.org/，如图 1-1 所示。

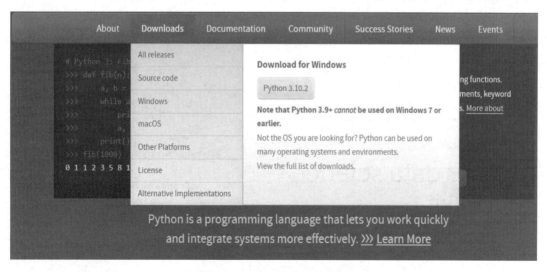

图 1-1 Python 官方网站主页

单击 Downloads 下的 Windows，进入下载页面，如图 1-2 所示，选择适合自己的版本下载安装。

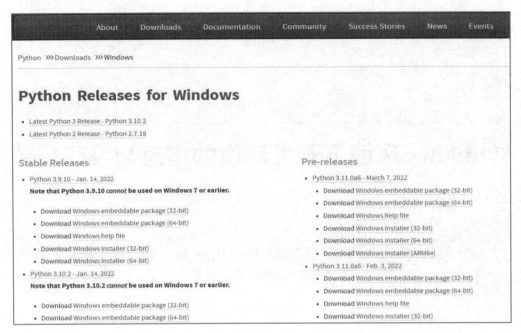

图 1-2　Python 官网下载页面

例如选择 Python 3.10.2 下载完成后，会得到一个名为 python-3.10.2-amd64.exe 的文件，然后运行该文件安装即可。

也可以根据个人爱好，选择下载安装 Anaconda 安装包，该安装包集成了大量常用的 Python 扩展库，大幅度节约了用户配置 Python 开发环境的时间。首先，登录 Anaconda 官网 https://www.anaconda.com/products/individual，如图 1-3 所示。

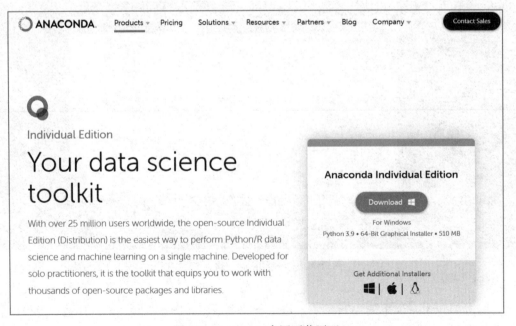

图 1-3　Anaconda 官网下载页面

其次，单击 Download 下载，得到一个名为 Anaconda3-2021.11-Windows-x86_64.exe 的文件，运行安装即可。安装运行完之后，Windows 开始菜单中会增加如图 1-4 所示的菜单。

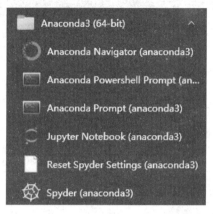

图 1-4　Anaconda 菜单

1.1.2　PyCharm 的安装与使用

PyCharm 是由 JetBrains 公司开发的 Python 集成开发环境，其带有一整套可以帮助用户在使用 Python 语言开发时提高效率的工具，具有调试、语法高亮、项目管理、代码跳转、智能提示、自动完成、单元测试等功能。此外，该集成开发环境还提供了一些高级功能，用于支持 Django 框架下的专业 Web 开发，目前已成为 Python 专业开发人员和初学者最常用的工具。

1. PyCharm 下载

（1）登录网址 http://www.jetbrains.com，打开 JetBrains 的官网，选择 Developer Tools 进入 PyCharm 选项页面，如图 1-5 所示。

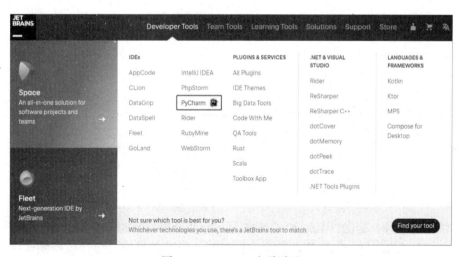

图 1-5　PyCharm 选项页面

（2）单击 PyCharm 项进入 PyCharm 下载页面，如图 1-6 所示。

图 1-6　PyCharm 下载页面

（3）单击 Download，进入平台与版本选择界面，如图 1-7 所示。

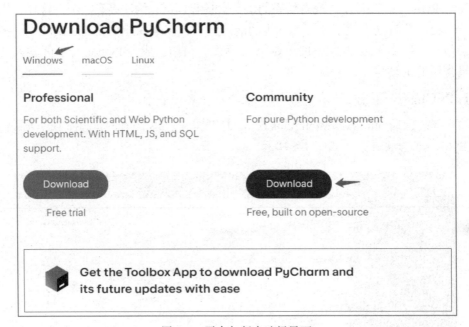

图 1-7　平台与版本选择界面

这里有两个版本可供选择，其中专业版（Professional）是功能最丰富的版本，与社区版（Community）相比，其增加了 Web 开发、Python Web 框架、Python 分析器、远程开发、支持数据库与 SQL 等高级功能。但专业版需要付费，而社区版则可以完全免费使用。

（4）单击 Community 下的 Download，下载完成后，可得到一个名为 pycharm-community- 2022.1.1.exe 的文件。

2. PyCharm 安装

PyCharm 安装过程如下所示。

（1）双击运行安装文件，进入安装界面，如图 1-8 所示。

图 1-8　PyCharm 安装界面

（2）单击 Next，进入设置安装路径界面，设置完路径之后，单击 Next 按钮，进入设置快捷方式界面，如图 1-9 所示。

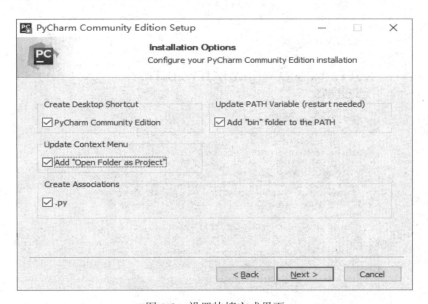

图 1-9　设置快捷方式界面

（3）单击 Next 按钮，进入开始菜单文件夹界面，如图 1-10 所示，该界面不用设置，采用默认值即可。单击 Install 按钮进行安装。

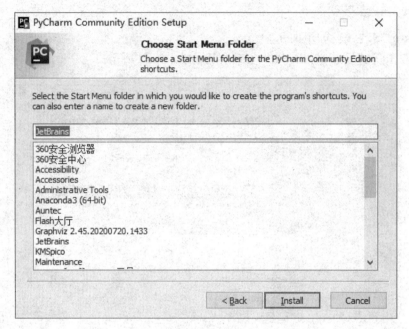

图 1-10　选择开始菜单文件夹界面

3. PyCharm 的使用

1）初次运行 PyCharm

通过菜单或桌面快捷方式，启动 PyCharm 应用程序，进入阅读协议界面，如图 1-11 所示。

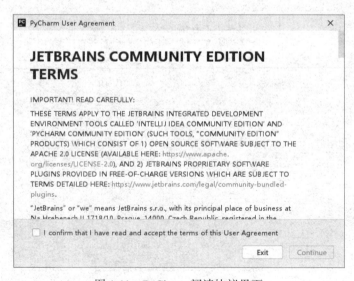

图 1-11　PyCharm 阅读协议界面

拖拽协议文本框的滚动条到文本框的最下面，表示已经阅读完协议，此时 Continue 按钮为灰色不可用，当选择复选框后，才能显示为可用。单击 Continue 按钮，进入用户 PyCharm 欢迎界面，此处可进行插件扩展安装等，如图 1-12 所示。

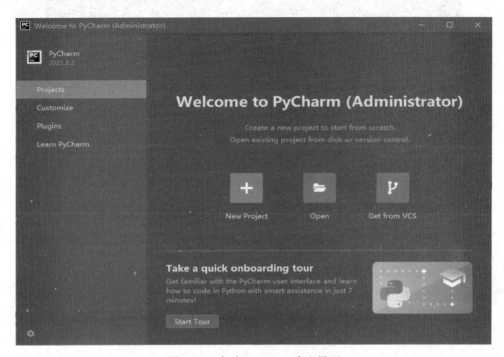

图 1-12　启动 PyCharm 欢迎界面

之后，可不做设置，直接单击 Start Tour 按钮，进入 PyCharm 设置解释器界面，如图 1-13 所示。

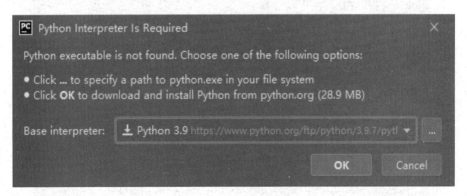

图 1-13　设置解释器界面

接着可为 PyCharm 设置运行程序时的解释器，无论之前安装 Python 还是 Anaconda，一般情况下，找到 Python.exe 文件的位置，选择该文件，单击 OK 按钮进入 PyCharm 开发环境，如图 1-14 所示。

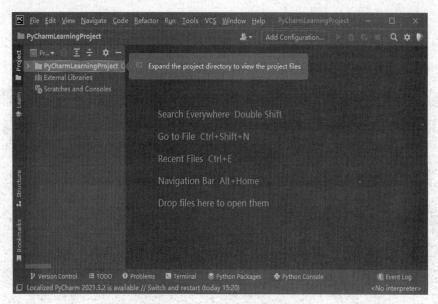

图 1-14　PyCharm 开发环境

安装完 PyCharm 之后，初次运行需要上述过程，之后启动 PyCharm，会自动打开上次关闭时的项目。

2）创建项目

进入 PyCharm 主界面，选择 File→New Project，创建一个新的项目，如图 1-15 所示。

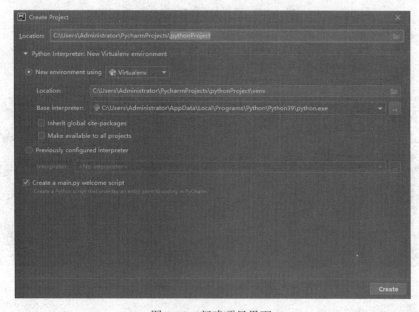

图 1-15　新建项目界面

该窗口中，设置容易管理的存储路径或创建新的路径，之后单击 Create 按钮，便可成功创建新的项目，如图 1-16 所示。

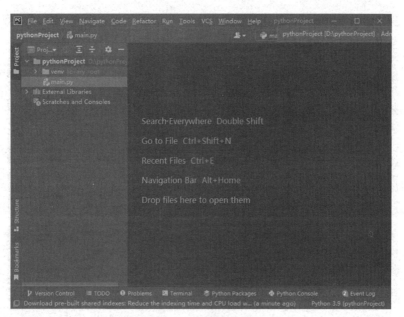

图 1-16 新建 PyCharm 窗口

3）编写"hello word!"程序

右击新建立的项目名称，在弹出的快捷菜单中选择 New→Python File 选项，如图 1-17 所示。

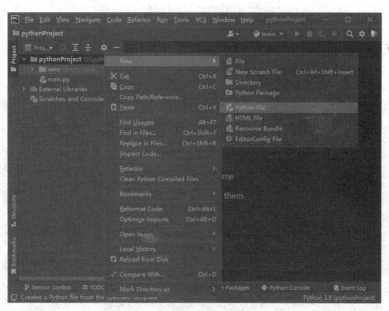

图 1-17 新建 Python 文件

之后在弹出的小窗口中输入文件名，进入编辑区，输入语句：print('hello,world!')，右击编辑区，在弹出的快捷菜单中选择 Run helloworld(此处 helloworld 为生成文件，是输入的文件名)，在窗口下部 Run 窗口内可输出结果：hello, world! 如图 1-18 所示。

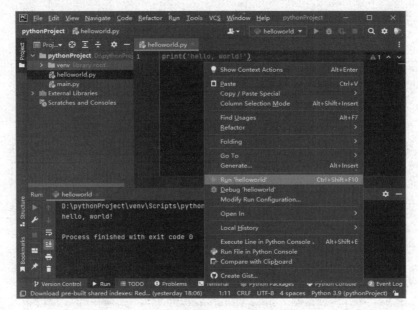

图 1-18　PyCharm 编辑、运行 Python 程序

1.2　扩展库的安装

1.2.1　PyCharm 开发环境里扩展库的安装

选择 File→Setting，在弹出的设置窗口中选择 Project→Python interpreter 选项，此时设置窗口如图 1-19 所示。

图 1-19　PyCharm 设置窗口

单击"+"号，在弹出的窗口上部，输入要安装的扩展库名，然后单击下面的 Install Package 按钮，安装所需扩展库，如图 1-20 所示（此处以安装 requests 扩展库为例）。

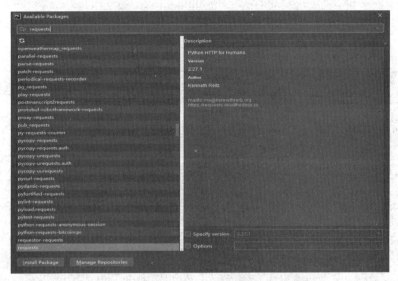

图 1-20 PyCharm 开发环境安装扩展库窗口

1.2.2 PyCharm 开发环境 Terminal 终端下快速安装

选择 File→Setting→Python Interpreter 安装扩展库，这种方法速度相对较慢。可在 PyCharm 中的 Terminal 中运行 pip install <扩展库名称>快速安装。单击窗口底部的 Terminal 按钮，从键盘输入命令 pip install requests（此处以安装 requests 扩展库为例），回车快速安装，如图 1-21 所示。

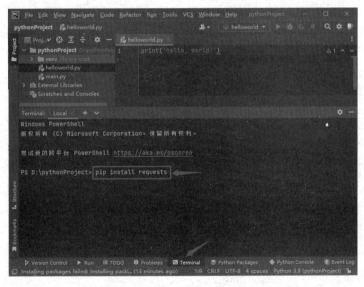

图 1-21 PyCharm 的 Terminal 终端安装扩展库

1.2.3 Anaconda 环境中安装扩展库

选择 Start→Anaconda3→Anaconda Prompt，在打开窗口的命令行中输入 pip install <扩展库名称>即可，如图 1-22 所示（此处以安装 selenium 扩展库为例）。

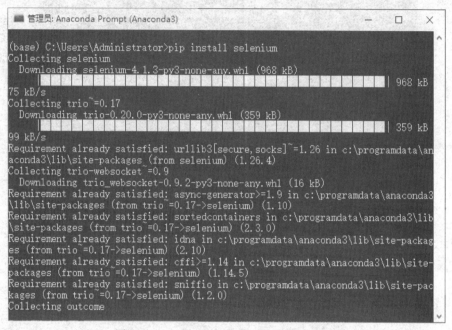

图 1-22　Anaconda Prompt 窗口安装扩展库

1.3　标准库与扩展库中对象的导入

Python 默认安装仅包含基本的核心模块，启动时也仅加载了基本模块，在需要时再显式地导入和加载标准库和第三方扩展库，这样可以减少程序运行的压力，并且具有很强的可扩展性，也有助于提高系统的安全性。

1.3.1　import 模块名 [as 别名] 导入

使用 import 模块名[as 别名]这种方式导入以后，使用时需要在对象之前加上模块名作为前缀，必须以"模块名.对象名"的形式访问。如果模块名很长的话，在导入的时候为模块设置一个简短的别名，然后用"别名.对象名"的形式来使用其中的对象。

例如，需要利用标准库 math 中的 sqrt()求整数的算术平方根，执行如下代码：

```
import math
math.sqrt(20)
```

再如，利用 numpy 扩展库生成一维数组，执行如下代码：

```
import numpy
arr = numpy.array([4, 6, 8, 9])
```

在导入 numpy 的时候，常为其设置一个别名，之后使用的时候可以用别名，代码如下所示：

```
import numpy as np
arr = np.array([4, 6, 8, 9])
```

1.3.2 from 模块名 import 对象名 [as 别名] 导入

使用 from 模块名 import 对象名[as 别名]这种方式仅导入确定的某一个对象，可为该对象指定一个别名，这种导入方式可减少查询次数，提高访问速度，减少打包后文件大小，同时也可以减少代码输入量。

```
from math import sqrt
st = sqrt(20)              # 求 20 的算术平方根
print(st)
from random import randint
rt = randint(1, 10)        # 产生[1, 10]之间任意整数
print(rt)
```

1.3.3 from 模块名 import *

from 模块名 import *中的"*"代表模块中通过__all__变量指定的所有对象。这种方式简单直接，写起来省事，但一般不建议使用这种写法：一方面这样写会降低代码的可读性，有时候很难区分模块中导入的函数和自定义函数；另一方面这种导入方式会导致命名空间的混乱，如果多个模块中有同名的对象，则只有最后一个导入的模块中的对象是有效的，之前导入的模块中的同名对象都会被屏蔽，无法正常使用，无益于代码的编写与维护。

1.4 Python 编程规范及语法特点

任何一种语言都有一些约定俗成的编码规范，Python 也不例外，尤其在标识符命名、代码缩进、编码规则、结构布局、注释等方面。本节主要介绍 Python 社区对代码编写的一些共同的要求、规范和代码优化建议，初学者最好在一开始就遵循这些规则和建议，养成良好的编程习惯。

1.4.1 命名规则

命名规范在编写代码中起到很重要的作用，虽然不遵循命名规范，程序也可以运行，但是使用命名规范可以更加直观地了解代码所表示的含义，增强代码的可读性。有如下命名规则。

（1）模块名尽量短小，并且全部使用小写字母，可以使用下画线"_"分隔多个单词。
（2）类名采用单词首字母大写形式（Pascal 风格）。
（3）函数、类的属性和方法的命名规则同模块类似，也是全部用小写字母，多个单词之间用"_"分隔。

（4）常量命名全部用大写字母，可加下画线。

（5）变量命名必须用字母或下画线开始，但以下画线开始的变量在 Python 中有特殊的含义。变量名对英文字母的大小写是敏感的。

（6）任何命名都不能和 Python 保留字冲突，也不能使用类型名、函数名及已导入的模块名或其成员名作为变量名，这会改变其类型和含义，甚至会导致其他代码无法正常执行。可以通过 dir（__builtins__）命令查看所有的内置对象名。

1.4.2 代码缩进

Python 与其他程序设计语言不同，没有专门分隔代码块的符号，而是采用代码缩进加“:”来区分代码之间的层次。缩进量一般默认为四个空格符，或直接用 Tab 键代替。

在 Python 中，对于类定义、函数定义、流程控制语句，以及异常处理语句、上下文管理语句等，行尾的冒号和下一行的缩进表示一个代码块的开始，而缩进结束，则表示一个代码块的结束。Python 对代码的缩进要求严格，同一个级别的代码块的缩进量必须相同，如果不采用合理的代码缩进，程序将抛出 SyntaxError 异常，如图 1-23 所示。

```
def func_exam(seg):
    keyword = open(r'./data/keyword.txt', 'w+', encoding='utf-8')
    print("去停用词：\n")
    wordlist = []
    stop = open(r'./data/stopwords.txt', 'r+', encoding='utf-8')
    stop_word = stop.read().split("\n")
    for key in seg.split('/'):
        if not(key.strip() in stop_word) and (len(key.strip()) > 1) and not(key.strip() in wordlist):
            wordlist.append(key)
            print(key)
            keyword.write(key+"\n")
        print('这里循环结束!')
    stop.close()
    keyword.close()
    return ','.join(wordlist)


if __name__ == "__main__":
    print('this is an example!')
```

图 1-23　代码缩进示例

1.4.3 编码规范

Python 采用 PEP8（Python Enhancement Proposal）作为编码规范。其书写格式有着严格的要求，不按照格式书写有可能导致程序不能正确运行。在《Google 开源项目风格指南》中，还列出了常见的书写格式基本规则建议，虽然这些也许并不影响程序的执行，但良好的编程书写风格会显著提升程序的可读性。

（1）长语句行。除非特殊情况下（例如，导入模块过长或字符串中含有较多的内容等），一般不建议写过长的语句，如果确实需要长语句，考虑将语句拆分成多个短一些的语句，以保证代码具有较好的可读性。如果语句确实太长超过了屏幕的宽度，最好使用续行符"\"将超长部分放到下一行。

（2）空行。顶级定义之间空两行；变量定义、类定义及函数定义之间，可以空两行；类内部的方法定义之间、类定义与第一个方法之间，建议空一行；一段完整功能的代码之后可以空一行。

（3）空格。对于赋值运算符（=）、关系运算符（==、<、>、!=、<>、<=、>=、in、is）、布尔运算符（and、or、not）等，在其两边加上一个空格符，会使代码更清晰；算术运算符等也建议两侧加空格，与其他运算符保持一致；逗号、冒号（函数参数之间、列表、元组元素之间、字典的键与值之间等情况）后也建议加一空格；当等号用于表示函数关键参数或参数默认值时，不建议在两侧加空格。

（4）文档字符串。文档字符串是 Python 语言独特的注释方式。文档字符串是包、模块、类或函数中的注释性文字，可通过对象的__doc__自动提取，书写的时候用三单引号或三双引号表示。例如，'''这是注释性的文档字符串'''或"""这是注释性的文档字符串"""。一个规范的文档字符串首先是一行概述，接着是一个空行，然后是文档字符串剩余部分。

（5）异常处理。异常指程序运行时引发的错误，错误的原因有很多，如除零、下标越界、文件不存在、网络连接失败等。即使水平再高的程序员也无法预见代码运行时可能会遇到的所有情况，更无法避免这些形形色色的错误。合理地使用异常处理结构可以使得程序更加健壮，具有更高的容错性，不会因为用户不小心的错误输入而造成程序崩溃，也可以使用异常处理结构为用户提供更加友好的提示。但不能过多依赖异常处理结构，适当结合显式判断也是很有必要的。

1.4.4 注释规则

注释指在代码中对代码功能进行解释说明的标注性文字，这有助于增强程序的可读性，Python 解释器会忽略注释的内容。Python 中通常包括 3 种注释类型，分别是单行注释、多行注释和中文编码声明注释。

1. 单行注释

在 Python 中，使用"#"作为单行注释的符号。从符号"#"开始直到本行结束为止，"#"后面所有的内容都作为注释的内容，并被 Python 解释器忽略。

单行注释可以放在要注释代码的前一行，也可以放在要注释代码的右侧。下面的两种注释形式都是正确的。

第一种形式：

```
# 输入股票代码，要求 6 位数字
stock_code = input('请输入股票代码:')
```

第二种形式：

```
stock_code = input('请输入股票代码:')# 输入股票代码，要求 6 位数字
```

说明：在添加注释时，一定要有意义，即注释能充分解释代码的功能及用途。注释可以出现在代码的任意位置，但是不能分割关键字和标识符。

2. 多行注释

在 Python 中，并没有一个单独的多行注释标记，而是将包含在一对三引号（'''...'''）或（"""..."""）之间的代码都称为多行注释，解释器将忽略这些内容。由于这样的代码可以分为多行，所以也称作为多行注释。其语法格式如下：

'''
注释内容1
注释内容2
'''
或者
"""
注释内容1
注释内容2
"""

多行注释通常用来为 Python 文件、模块、类或者函数等添加版权、功能说明等信息，例如，下面的代码将使用多行注释为程序添加功能、开发者、版权、开发日期等说明性信息。多行注释也经常用来解释代码中重要的函数参数含义、功能、返回值等信息，以便于后续开发者维护代码。多行注释也可以采用单行注释多行书写的方式实现。例如：

"""
程序功能：财税数据提取与分析
开发者： admin
版权所有：商学院
开发日期：2022年3月
"""

3. 中文编码声明注释

在 Python 中编写代码的时候，如果用到指定字符编码类型的中文编码，需要在文件开头加上中文声明注释，以免出现代码错误。因此，中文注释很重要。

Python3.x 提供的中文注释声明语法格式如下：

#-*-coding:编码-*-

或者为：

#coding:编码

例如，保存文件编码格式为 UTF-8，在程序的一开始位置，可以使用下面的中文编码声明注释。

#-*-coding:utf-8 -*-

以上编码声明中，"-*-"没有特殊的作用，只是为了美观才加上的，所以上面的代码也可以使用"coding:utf-8"代替。

在编写程序的过程中，为代码加注释是必须要做的工作。一般情况下，加注释的位置都是重要的事情、关键的步骤或需要特别说明的程序设计思想等，这样，使自己或别人阅读程序更加方便。

思考练习题

一、填空题

1. Python 安装扩展库常用的命令是_____。
2. Python 的标准库里有很多模块,其中数学模块的名称是_____。
3. 导入扩展库的命令名称是_____。
4. Python 对代码的缩进要求严格,同一个级别的代码块的缩进量必须相同,默认为_____个字符。
5. 注释有助于增强程序的可读性,Python 里注释用到的符号是_____。

二、操练练习题

1. 从相关网站下载适合自己电脑系统的 Python 安装程序或 Anaconda 安装包并安装。
2. 下载 Pycharm 集成开发环境安装程序并安装。
3. 安装 selenium、requests、jieba 或其他扩展库,并验证是否安装成功。

即测即练

第 2 章

运算符、表达式与内置函数

本章将详细介绍 Python 中的标识符、变量、基本数据类型及数据类型间的转换，以及各种运算符和表达式，并重点介绍 Python 中内置函数的语法规则以及重要函数的使用方法，最后介绍利用输入、输出函数进行交互的方法。

2.1 Python 的基本元素与标识符、关键字

Python 程序设计语言的基本元素包括常量、变量、关键字、运算符、表达式、函数、语句、类、模块与包等，关键字是被赋予特定含义的单词。

2.1.1 Python 的基本元素

1. 常量

常量一般指不需要改变也不能改变的字面值。例如，1、3.14、'hello-world'、False，它们分别是 int、float、str 和 bool 型常量。关于数据类型会在 2.2 节中详述。在 Python 中没有命名常量，通常用一个不改变值的变量代替。用于表示固定不变的常量名称一般用全大写英文字母，例如，PI=3.14 通常用于定义圆周率常量，MAX_SIZE=100 用于表示某个不能改变的量，其值是 100。

2. 变量

变量指在运行过程中其值可以被修改的量。变量的名称除了必须符合标识符的命名规则外，要尽量遵循一些约定俗成的规范。

除了循环控制变量可以使用 i 或 k 这样的简单字母外，其他变量最好使用有意义的名字，即"见名知意"，以提高程序的可读性。例如，表示平均分的变量应使用 average_score 或 avg_score。直接用汉字命名也是可以的，但由于输入烦琐和编程环境的汉字兼容性等因素，不建议使用汉字作为变量名。

3. 运算符

运算符表示常量与变量之间进行何种运算。Python 有丰富的运算符，如赋值、算术、

比较、逻辑运算符等。表达式由常量、变量加运算符构成。一个表达式可能包含多种运算，与数学表达式在形式上很接近，如 1+2、2*(x+y)、0<a<=10 等。

4. 函数

函数是相对独立的功能单位，是可以完成一定任务，或具备一定功能的程序段。其形式上类似数学函数，如 math.sin(math.pi/2)。可以使用 Python 内核提供的各种内置（built-in）函数（2.4 节详述），也可以使用标准模块（如数学库 math）中定义的函数，还可以自定义函数。

5. 语句

语句是由表达式、函数调用组成的。例如：s = 98，c = math.sqrt(a*a+b*b)，print('Hello world!')等。另外，各种控制结构也属于语句，如 if 语句、while 语句、for 语句，还有异常处理语句 try…except…等。

6. 类

类是同一类事物的抽象。我们处理的数据都可以看作数据对象。Python 是面向对象的程序设计语言，它把一个事物的静态特征（属性）和动态行为（方法）封装在一个结构里，称为对象。例如，"李明"这个学生对象有学号、姓名、专业等属性，也有选课、借阅图书等方法。类是相似对象的抽象，或是类型。例如，"李明""孙梅"都是 Student 类的对象，也可以说它们都是 Student 类型的变量。

7. 模块

把一组相关的名称、函数、类或是它们的组合组织到一个文件中，便称为模块。如果说模块是按照逻辑来组织 Python 代码的方法，那么文件便是物理层上组织模块的方法。因此，一个文件被看作一个独立的模块，一个模块也可以被看作一个文件。模块的文件名就是模块的名字加上扩展名.py。

8. 包

包是由一系列模块组成的集合。包是一个有层次的文件目录结构，它定义了一个由模块和子包组成的 Python 应用程序执行环境。

2.1.2 标识符与变量、常量

1. 标识符

现实生活中，每种事物都有自己的名称，从而与其他事物区分开。在 Python 语言中，同样也需要对程序中各个元素命名加以区分，这种用来标识变量、函数、类等元素的符号称为标识符，通俗地讲就是名称。Python 合法的标识符必须遵守一定的命名规则（见 1.4.1 节）。

2. 变量的定义与赋值

在 Python 中，变量严格意义上应该称为"名字"，也可以理解为标签。变量不需要事先声明其名称和类型，直接赋值即可创建一个变量，变量的类型由所赋值的类型决定。不仅变量的值是可以变化的，而且其类型也是可以随着对其赋值的类型改变而改变。

为变量赋值可以通过赋值运算符(=)来实现，其语法格式为：

变量名 = 值

例如：

```
course_title = '科目名称'
```

这样创建的变量就是字符型变量。如果直接为变量赋予一个 float 型数值，那么该变量即为 float 类型。例如：

```
course_value = 45.67
```

在 Python 中，允许同时为多个变量赋值。例如，x = y = z = 10，表示创建一个整型对象。三个变量被分配到相同的内存空间上。还可以为多个对象指定多个变量，例如：

```
x, y, z = 11, 23.99, 'python'
```

在 Python 语言中，数据表示为对象。对象本质上是一个内存块，拥有特定的值，支持特定类型的运算操作。事实上，在 Python 中，一切皆为对象，每个对象由标识（identity）、类型（type）和值（value）标记。

（1）标识用于唯一地表示一个对象，通常对应对象在计算机内存中的位置，换句话说，变量是存放变量位置的标识符。使用内置函数 id(obj)可以返回对象 obj 的标识（也称为地址）。

（2）类型用于标识对象所属的数据类型，数据类型用于限定对象的取值范围及允许执行的操作。使用内置函数 type(obj)可以返回对象 obj 所属的数据类型。

（3）值用于表示对象的数据类型的值。使用内置函数 print(obj)可以输出对象 obj 的值。

【例 2-1】 使用内置函数 type()、id()和 print()查看对象。

```
value_name = '资产负债表'
print(value_name, id(value_name), type(value_name))
value_name = 123.9
print(value_name, id(value_name), type(value_name))
value_name = 65
print(value_name, id(value_name), type(value_name))
```

运行结果：

```
资产负债表    2479176152624    <class 'str'>
123.9        2479176977808    <class 'float'>
65           140712368680752  <class 'int'>
```

例 2-1 中，创建变量 value_name，并赋值为字符串"资产负债表"，输出该变量的类型，可以看到该变量为字 str 型，再将变量赋值为数值 123.9，并输出该变量的类型，可以看到该变量为 float 型。

Python 也是一种强类型语言，每个变量指向的对象均属于某个数据类型，即支持该类型的操作运算。当多个变量指向同一个值时，使用内置函数 id()返回变量所指的内存地址是相同的。例如，将两个变量都赋值为数字 100，再分别使用内置函数 id()获取变量的内存地址，将得到相同的结果。

【例 2-2】 两个变量赋同样的值，验证指向的地址。

```
num1 = 100
num2 = 100
print(id(num1), id(num2))
```

运行结果：

140712368681872   140712368681872

特别提醒，对不同的计算机、不同的运行环境，运行时显示的 id 值有可能不同。

使用 del 命令可以删除一个对象（包括变量、函数等），删除之后就不能再访问这个对象了，因为它已经不存在了。当然，也可以通过再次赋值重新定义该变量。变量是否存在，取决于变量是否占据一定的内存空间。当定义变量时，操作系统将内存空间分配给变量，该变量就存在了。当使用 del 命令删除变量后，操作系统释放了变量的内存空间，该变量也就不存在了。

2.1.3 常量的定义

常量就是程序运行过程中值不能改变的量，例如，现实生活中的居民身份证号码、数学运算中的圆周率等，这些都是不会发生改变的，它们都适合定义为常量。

Python 中，并没有提供定义常量的保留字。不过在 PEP8 规范中规定了常量由大写字母和下画线组成，但是在实际项目中，常量首次赋值后，还是可以被其他代码修改的，如 PI = 3.14。

2.1.4 关键字简要说明

Python 关键字只允许用来表达特定的语义，不允许通过任何方式改变它们的含义，也不能用来作为变量名、函数名或类名等标识符。在 Python 开发环境中导入模块 keyword 之后，可以使用 print(keyword.kwlist)查看所有关键字。Python 关键字及其含义如表 2-1 所示。

表 2-1 Python 关键字及其含义

关　键　字	含　义
False	常量，逻辑假
None	常量，空值
True	常量，逻辑真
and	逻辑与运算符
as	在 import，with 或 except 语句中给对象起别名

续表

关键字	含义
assert	断言，用来确定某个条件必须满足，可用来调试程序
break	用在循环中，提前结束 break 所在层次的循环
class	用来定义类
continue	用在循环中，提前结束本次循环
def	用来定义函数
del	用来删除对象或对象成员
elif	用在选择结构中，表示 else if 的意思
else	可以用在选择结构、循环结构和异常处理结构中
except	用在异常处理结构中，用来捕获特定类型的异常
finally	用在异常处理结构中，用来表示不论是否发生异常都会执行的代码
for	构造 for 循环，用来迭代序列或可迭代对象中的所有元素
from	明确指定从哪个模块中导入什么对象，如 from math import sin；还可以与 yield 一起构成 yield 表达式
global	定义或声明全局变量
if	用在选择结构中
import	用来导入模块或模块中的对象
in	成员测试
is	同一性测试
lambda	用来定义 lambds 表达式，类似于函数
nonlocal	用来声明 nonlocal 变量
not	逻辑非运算
or	逻辑或运算
pass	空语句，执行该语句时什么都不做，常用作占位符
raise	用来显式抛出异常
return	在函数中用来返回值，如果没有指定返回值，表示返回空值 None
try	在异常处理结构中用来限定可能会引发异常的代码块
while	用来构造 while 循环结构，只要条件表达式等价于 True 就重复执行限定的代码块
with	上下文管理，具有自动管理资源的功能
yield	在生成器函数中用来返回值

2.2　Python 内置对象与基本数据类型

内置对象是 Python 中最基本的概念，编写程序过程中用到的几乎都是内置对象，而且在内存中存储的内置对象可以有多种类型。

2.2.1　Python 常用内置对象

在 Python 中，一切皆为对象，除了整数、实数、复数、字符串、列表、元组、字典、集合之外，还有 zip、map、enumerate、filter 等对象，函数和类也是对象。常用的内置对象如表 2-2 所示。

表 2-2 常用的 Python 内置对象

对象类型	类型名称	示 例	简 要 说 明
数字	int float complex	321 28.82 5+6j	数字大小没有限制，支持复数及其运算
字符串	str	'Python' "现金流量表" """Python 与会计"""	使用单引号、双引号、三引号作为定界符，以字母 r 或 R 引导的表示原始字符串
字节串	bytes	b'hi,Python'	以字母 b 引导，可以使用单引号、双引号、三引号作为定界符
列表	list	[10, 'a', (2, 4), "value"]	所有元素放在一对方括号中，元素之间使用逗号分隔，其中的元素可以是任意类型
字典	dict	{'name': '利润表', 'money':10000}	所有元素放在一对花括号中，元素之间使用逗号分隔，元素形式为"键：值"
元组	tuple	(12, 34.5, '现金流量表')	不可变，所有元素放在一对圆括号中，元素之间使用逗号分隔，如果元组中只有一个元素的话，后面的逗号不能省略
集合	set frozenset	{12, 34.5, '现金流量表'}	所有元素放在一对花括号中，元素之间使用逗号分隔，元素不允许重复；另外，set 是可变的，而 frozenset 是不可变的
布尔型	bool	True, False	逻辑值，关系运算符、成员测试运算符、同一性测试运算符组成的表达式的值一般为 True 或 False
空类型	NoneType	None	空值
异常	Exception ValueError TypeError		Python 内置大量异常类，分别对应不同类型的异常
文件		f=open('data. dat', 'rb')	open 是 Python 内置函数，使用指定的模式打开文件返回文件对象
其他可迭代对象		生成器对象、range 对象、zip 对象、enumerate 对象、map 对象、filter 对象等	具有惰性求值的特点，除 range 对象之外，其他对象中的元素只能访问一次
编程单元		函数（使用 def 定义） 类（使用 class 定义） 模块（类型为 module）	类和函数都属于可调用对象，模块用来集中存放函数、类、常量或其他对象

2.2.2 数值类型

在 Python 中，数值类型主要包括 3 种：整数（int）、浮点数（float）、复数（complex）。使用内置函数 type（object）可以返回 object 的数值类型，内置函数 isinstance(obj, <类

型名>)可以用来测试对象 obj 是否为指定类型的实例。

1. 整数

整数用来表示整数数值，即没有小数部分的数值，如 100、0、–300。在 Python 中，整数包括正整数、负整数和 0，没有长度限制，当超过计算机自身的计算能力时，会自动转用高精度计算。如果要指定一个非常大的整数，只需要写出其所有位数即可。整数类型包括十进制整数、八进制整数、十六进制整数和二进制整数。

（1）十进制整数。十进制整数的表现形式大家都很熟悉，如 10、–9 等。

（2）八进制整数。由 0~7 组成，进制规则是"逢八进一"，并且以 0o 开头的数，如 0o23 表示八进制的 23（转换成十进制数为 19）。

（3）十六进制整数。由 0~9 和 A~F 组成，进位规则是"逢十六进一"，并且以 0x/0X 开头的数，如 0x27（转换成十进制数为 39）、0X1b（转换成十进制数为 27）。

2. 浮点数

浮点数是带小数的数字，由整数部分和小数部分组成，主要用于处理包括小数的数，如 4.0、0.5、–2.7315e2（相当于-2.7315×10^2）。

"浮点"（floating-point）是相对于"定点"（fixed-point）而言的，即小数点不再固定于某个位置，而是可以浮动的。在数据存储长度有限的情况下，采用浮点表示方法，有利于在数值变动范围很大或者数值很接近 0 时，仍能保证一定长度的有效数字。

与整数不同，浮点数存在上限和下限。计算结果超出上限和下限的范围时会导致溢出错误。例如：

```
print(100.0 ** 100)
1e+200
print(100.0 ** 1000)
Traceback (most recent call last):
  File "C:\Users\wenyf\anaconda3\lib\site-packages\IPython\core\interactiveshell.py", line 3437, in run_code
    exec(code_obj, self.user_global_ns, self.user_ns)
  File "<ipython-input-4-8cdda52b67c2>", line 1, in <module>
    100.0 ** 1000
OverflowError: (34, 'Result too large')
Traceback (most recent call last) :
  File "<pyshell#1>", line 1, in <module>
    print (100.0**1000)
OverflowError: (34,'Result too large')     # 这里表示数据溢出
```

需要说明的是，浮点数只能以十进制数形式书写。在使用浮点数进行计算时，可能会出现小数位数不确定的情况。计算机不一定能够精确地表示程序中书写或计算的实数，有以下两个原因。

（1）因为存储空间有限，计算机不能精确存储无限小数，会产生误差。

（2）计算机内部采用二进制数表示，但是，不是所有的十进制实数都可以用二进制数精确表示。

3. 复数

Python 中的复数与数学中的复数的形式完全一致，都是由实部和虚部组成，并且使用 j 或 J 表示虚部。当表示一个复数时，可以将其实部和虚部相加。例如，一个复数，实部为 2.34，虚部为 6j，则这个复数为 2.34+6j。复数对象有两个属性——real 和 imag，用于查看实部和虚部。

2.2.3 布尔类型

布尔类型（bool type）主要用来表示真或假的值。在 Python 中，标识符 True 和 False 被解释为布尔值。另外，Python 中的布尔值可以转换为数值，其中，True 表示 1，False 表示 0。布尔类型的值可以进行数值运算。例如，"False + 1" 的运行结果为 1。但不建议对布尔类型的值进行数值运算。

在 Python 中，所有的对象都可以进行真值测试。其中，只有下面列出的几种情况得到的值为假，其他对象在 if 或 while 语句中都被解释为真。

（1）False 或 None。
（2）数值中的零，包括 0、0.0、虚数 0j。
（3）空序列，包括空字符串、空元组、空列表、空字典、空集合等。
（4）空 range 对象或其他空迭代对象。

2.2.4 NoneType 类型

在 Python 中，有一个特殊的常量 None（N 必须大写）。和 False 不同，它不表示 0，也不表示空字符串，而表示没有值，也就是空值。这里的空值并不代表空对象，即 None 和[]、""不同。

None 有自己的数据类型，可以使用 type()函数查看它的类型，执行代码是 type(None)，结果为 NoneType。由此可以看出，它属于 NoneType 类型。

需要注意的是，None 是 NoneType 数据类型的唯一值（其他编程语言可能称这个值为 null 或 undefined），也就是说，不能再创建其他 NoneType 类型的变量，但是可以将 None 赋值给任何变量。如果希望变量中存储的东西不与任何其他值混淆，就可以使用 None。

2.2.5 基本数据类型转换

由于 Python 是强类型语言，当一个变量被赋值为一个对象后，这个对象的类型就固定了，不能隐式转换成另一种类型。当运算需要时，必须使用显式的变量类型转换。需要特别说明的是：变量的类型转换并不是对变量原地进行修改，而是产生一个新的预期类型的对象。

Python 可以转换数据类型的内置函数有以下几类。
（1）float(x)函数：将其他类型数据转换为浮点数。
（2）str(x)函数：将其他类型数据转换为字符串。

（3）int(x)函数：将其他类型数据转换为整型。

（4）round(x)函数：对 x 进行四舍五入，若不指定小数位数，则返回整数。

（5）bool(x)函数：将其他类型数据转换为等价的 bool 值 True 或 False。

（6）chr(x)函数和 ord(x)函数：进行整数和字符之间的相互转换。chr()将一个整数 ASCII 码转换为对应的字符，ord()是 chr()的逆运算，把字符转换成对应的 ASCII 码或 Unicode 值。

（7）eval(x)函数：计算并返回字符串表达式的值。

【例 2-3】 数据类型转换常见函数应用示例。

```
f_str = '2.89'
f = float(f_str)                    # str -> float
print(f, type(f))                   # 此处输出: 2.89 <class 'float'>

i_int = 100
i_str = str(i_int)                  # int -> str
print(i_str, type(i_str))           # 此处输出:100 <class 'str'>

i_str = '5432'
i_int = int(i_str)                  # str -> int
print(i_int, type(i_int))           # 此处输出:5432 <class 'int'>

n = 1                               # 将此处 n 的值换为 0，观察输出结果的不同
b = bool(n)                         # int -> bool
print(b, type(b))                   # 此处输出:True <class 'bool'>

a_str = '56+4'
a_int = eval(a_str)                 # 计算并返回字符串 a_str 中表达式的值
print(a_int, type(a_int))           # 此处输出:60 <class 'int'>

asc = ord('A')                      # 求字符'A'的 ascii 值
print(asc)                          # 此处输出:65
c = chr(97)                         # 求 ASCII 码为 97 的字符
print(c)                            # 此处输出:a

u = ord('文')                       # 求'文'字的 Unicode 码
print(u)                            # 此处输出:25991
print(chr(u))                       # 此处输出：文
```

运行结果：

```
2.89 <class 'float'>
100 <class 'str'>
5 432 <class 'int'>
True <class 'bool'>
60 <class 'int'>
65
a
25991
文
```

除了以上基本数据类型转换外，还有序列类型转换及类型判断等内容，见本书 2.4.1 节。

2.2.6 字符串与字节串

字符串就是符号或数字的一个连续序列，用来表示文本的数据类型，可以是计算机所能表示的一切字符的集合。通常使用单引号、双引号、三引号（三单引号或三双引号）括起来，除了形式上的差别，这三种引号在语义上没有差别。其中，单引号和双引号中的字符序列必须在一行上，而三引号内的字符序列可以分布在连续的多行上。Python 中没有字符型数据的概念，即使只有一个字母，也属于字符串类型。

1. 字符串

字符串（string）是由字符(字母、数字、汉字和符号)组成的序列。如'Python is wonderful!'、"600108"、"莱钢股份"、"I'm a teacher"、' ' 等。其中，' ' 表示空字符串。字符串和数字一样，都是不可变对象，不能原地修改对象的内容。

2. 字符串定界符

字符串定界符用来区分字符串和其他语法单位，有以下三种形式。

（1）单引号，如 ' '、' 1+1=2 '、' He said " how are you？" '。当字符串本身含有双引号时，则使用单引号作为定界符，此时单引号内的双引号不算结束符。

（2）双引号。如 " "、" 中国 "、" It's my book. " 。当字符串中含有单引号时，最好使用双引号作为定界符，此时双引号内的单引号不算结束符。

（3）三引号，可以是连续三个单引号，也可以是连续三个双引号，如'''hello,Python'''、"""资产负债表和利润表"""。其常用于多行字符串，可以包含单、双引号，常作为文档注释。跟普通的注释相比，使用三引号标注的注释会作为函数的一个默认属性，可以通过 " 函数名._doc_ " 进行访问。

字符串开始和结尾使用的定界符形式必须一致。另外，当需要表示复杂的字符串时，还可以进行定界符的嵌套，规则为在单引号表示的字符串中可以嵌套双引号，但是不允许嵌套单引号；使用双引号表示的字符串中，允许嵌套单引号，但不允许包含双引号。

3. 转义符

Python 中的字符串还支持转义符。转义符使用反斜杠 "\" 对一些特殊字符进行转义，是改变原有字符含义的特殊字符。常用的转义符如表 2-3 所示。

表 2-3 常见的转义符

转义符	描述
\\	反斜杠符号
\'	单引号
\"	双引号
\a	响铃
\b	退格
\n	换行
\t	横向制表符

续表

转义符	描　　述
\v	纵向制表符
\r	回车
\f	换页
\"零"	八进制数 000 代表的字符。例如，\012 代表换行，因为八进制数 012 就是十进制数 10，而 10 是换行符的编码
\xxhh	十六进制数 hh 代表的字符，例如，\x0a 也代表换行，十六进制 a 即十制的 10

【例 2-4】 转义符的用法示例。

```
print('公司名称：\t酒钢宏兴\n公司代码：\t600307')
print('\101', '\x42')
print('我是:\u6587\u7389\u950b')
```

运行结果：

公司名称：　　酒钢宏兴
公司代码：　　600307
A B
我是:文玉锋

以上代码中，用到了转义符\t、\n、\u 等。

4. 原始字符串

有时候，不需要对字符串中的字符转义，可以使用原始字符串，在字符串前面加上 r 或 R 表示原始字符串，其中的所有字符都表示原始的含义而不会进行任何转义，这种用法常常用于文件路径、URL 及正则表达式等场合。

【例 2-5】 原始字符串用法示例。

```
path = 'e:\node\cipp.docx'        # 此时，\n 被转义为换行符
print(path)
path = r'e:\node\cipp.docx'       # 定界符前加 r，则\n 保留原始状态，不被转义
print(path)
```

运行结果：

e:
ode\cipp.docx
e:\node\cipp.docx

5. 字符串的索引

字符串中的每个字符所处的位置都是固定的、有顺序的，每个字符的索引有正向和反向两种方式。正向索引从第 1 个字符、0 开始，然后依次递增 1；而负向索引则从最后一个字符、–1 开始，从右向左，依次递减。例如：字符串"string"的索引，如图 2-1 所示。

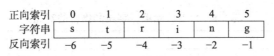

图 2-1　字符串的索引

字符串中的字符是根据索引标记的，如果希望获取字符串的任意字符，可以使用索引来获取。其语法格式为：

字符串[索引]

需要注意的是，当使用索引访问字符串值的时候，索引值的范围不能越界，否则程序会抛出"索引越界（IndexError: string index out of range）"的异常。由于 Python 中的字符串是不可变的，如果希望对某个索引位置赋值，就会导致错误，当对字符串做追加、修改、截取等操作时，Python 会在内存中新建一个字符串。

6. 字节串

Python 除了支持 Unicode 编码的 str 类型字符串之外，还支持字节串类型（bytes）。以小写字母 b 开始的字符串便是字节串，如 b'hello,Python'。对 str 类型的字符串调用其 encode() 方法进行编码得到 bytes 字节串，对 bytes 字节串调用其 decode() 方法并指定正确的编码格式则得到 str 字符串。

【例 2-6】字节串与字符串的转换。

```
b = b'hello,Python'
print(b)
bytes_str = 'hello,Python'.encode()    # 默认 utf-8 模式进行编码
print(bytes_str)
s_str = bytes_str.decode()
print(s_str)
bytes_cstr = '商学院'.encode()          # utf-8 编码格式中，一个汉字占三个字节
print(bytes_cstr)
print(bytes_cstr.decode())
```

运行结果：

```
b'hello,Python'
b'hello,Python'
hello,Python
b'\xe5\x95\x86\xe5\xad\xa6\xe9\x99\xa2'
商学院
```

2.2.7　列表、元组、字典和集合

列表、元组、字典和集合是 Python 中常用的序列类型，很多复杂的业务逻辑最终都是由这些数据类型来实现的。表 2-4 比较了这几种结构的区别。

表 2-4　列表、元组、字典和集合的对比

比较项	列表	元组	字典	集合
类型名称	list	tuple	dict	set
定界符	方括号[]	圆括号()	花括号{}	花括号{}
是否可变	是	否	是	是
是否有序	是	是	否	否
是否支持下标	是（使用整数序号作为下标）	是（使用整数序号作为下标）	是（使用"键"作为下标）	否
元素分隔符	逗号	逗号	逗号	逗号
对元素形式的要求	无	无	键：值	必须可哈希
对元素值得要求	无	无	"键"必须可哈希	必须可哈希
元素是否可重复	是	是	"键"不允许重复，"值"可以重复	否
元素查找速度	非常慢	很慢	非常快	非常快
新增和删除元素速度	尾部操作快，其他位置慢	不允许	快	快

例 2-7 简单演示了这几种对象的创建与使用，更详细的介绍请参考第 4 章。

【例 2-7】 序列的创建与使用。

```
a_list = [8, 9, 10]
a_tuple = (3, 4, 5)
a_dict = {'code':600 102, 'name':'某钢股份'}
a_set = {'a', 'b', 'c'}
print(a_list[1])
print(a_dict.keys())
print(a_dict.values())
```

运行结果：

```
9
dict_keys(['code', 'name'])
dict_values([600 102, '某钢股份'])
```

除了这几种结构之外，前面介绍的字符串也具有相似的操作。另外，Python 还提供了 map、zip、filter、enumerate、reversed 等可迭代对象，也都具备与序列相似的操作方法，比较大的区别就是这些可迭代对象具有惰性求值的特点，减少了对内存的使用，非常适合处理大数据，详见 2.4 节。

2.3　常用运算符与表达式

Python 是面向对象的编程语言，对象由数据和行为两部分组成，行为主要通过方法来实现，通过一些特殊方法的重写，可以实现运算符重载。运算符也是表现对象行为的一种形式，不同类型的对象支持的运算符有所不同，同一种运算符作用于不同的对象时也可能会表现出不同的行为，这正是"多态"的体现。

在 Python 中，单个常量或变量可以看作最简单的表达式，使用任意运算符和函数调

用连接的式子也属于表达式。

除了算术运算符、关系运算符、逻辑运算符及位运算符等常见运算符之外，Python还支持一些特有的运算符，如成员测试运算符、集合运算符、同一性测试运算符等。运算符优先级遵循的规则为：算术运算符的优先级最高，接下来依次为位运算符、成员测试运算符、关系运算符、逻辑运算符等，算术运算符遵循"先乘除，后加减"的基本运算原则。虽然 Python 运算符有一套严格的优先级规则，但是强烈建议在编写复杂表达式时使用圆括号明确说明其中的逻辑来提高代码可读性，在适当的位置使用圆括号可以使得表达式的含义更加明确，更容易理解。常用的 Python 运算符如表 2-5 所示。

表 2-5 Python 运算符

运算符	功能说明
+	算术加法，列表、元组、字符串合并与连接，正号
-	算术减法，集合差集，相反数
*	算术乘法，序列重复
/	真除法
//	求整商，如果操作中有实数，结果为实数形式的整数
%	求余数，字符串格式化
**	幂运算
<、<=、>、>=、==、!=	（值）大小比较，集合的包含关系比较
or	逻辑或：只要参加运算的两个量有一个为真，则结果为真
and	逻辑与：只有参加运算的两个量都为真，结果才为真
not	逻辑非：单目运算，反转操作数数的逻辑状态
in、[]、.	成员测试、下标运算符、属性访问
is	同一性测试，即测试是否为同一个对象或内存地址是否相同
|、^、&、<<、>>、~	位或、位异或、位与、左移位、右移位、位求反
&、|、^	集合交集、并集、对称差集
@	矩阵相乘运算符

2.3.1 算术运算符

（1）+运算符除了用于算术加法以外，还可以用于列表、元组、字符串的连接，但不支持不同类型的对象之间相加或连接。

（2）*运算符除了表示算术乘法，还可用于列表、元组、字符串这几个序列类型与整数的乘法，表示序列元素的重复，生成新的序列对象。字典和集合不支持与整数的相乘，因为其中的元素是不允许重复的。

（3）运算符 / 和 // 则分别表示算术除法和算术求整商（floor division）。

（4）%运算符可以用于整数或实数的求余数运算（结果符号与除数相同），还可以用于字符串格式化，但是并不推荐这种用法。Python3.6 加入了新的字符串格式化方法，详见 2.5.2 节。

【例 2-8】 算术运算符的用法。

```
print(['a', 'b', 'c'] + [1, 2, 3])      # 列表相加
print((1, 2, 3) + ('a', 'b', 'c'))      # 元组相加
print('abc' + '567')                    # 字符串相加

print(['a', 'b', 'c'] * 3)              # 列表乘整数
print('abc' * 3)                        # 字符串乘整数

print(19 / 4)           # 数学意义上的除法
print(19 // 4)          # 整除:如果两个数都是整数,结果为整数
print(19.0 // 4)        # 如果两个数中有float型数,则结果为float型的整数值
print(19 // -4)         # 注意:结果是向下取整,尤其有负数参加运算的情况要特别注意

print(19 % 4)                           # 求余数
print('%c, %d' % (97, 97))              # 将整数97格式化成字符和整数

print(2 ** 3)                           # 2的3次方
print(9 ** 0.5)                         # 9的0.5次方
```

运行结果:

```
['a', 'b', 'c', 1, 2, 3]
(1, 2, 3, 'a', 'b', 'c')
abc567
['a', 'b', 'c', 'a', 'b', 'c', 'a', 'b', 'c']
abcabcabc
4.75
4
4.0
-5
3
a, 97
8
3.0
```

2.3.2 关系运算符与成员测试运算符

Python 关系运算符可以连用,其含义与人们日常的理解完全一致。使用关系运算符最重要的一个前提是,操作数之间必须可以比较大小。例如,把一个字符串和一个数字进行大小比较是毫无意义的,Python 也不支持这样的运算。成员测试运算符 in 用于成员测试,即测试一个对象是否为另一个对象的元素。

【例 2-9】 关系运算符与成员测试运算符的用法。

```
print(3 < 6 < 9)                        # 等价于3 < 6 and 6 < 9
print(1 > 5 < 10)                       # 等价于1 > 5 and 5 < 8

print('hello' > 'Python')               # 字符串比较大小,依次比较ASCII码
print([4, 2, 3] > [4, 5, 6])            # 列表比较大小,依次比较对应元素值
print({'a', 'b'} < {'a', 'c', 'b'})     # 集合比较,测试是否为子集
print({1, 2, 3} == {3, 2, 1})           # 测试两个集合是否相等
```

```
print('a' in ['a', 'b', 'c'])          # 成员测试运算符
print('a' in 'Abcde')
for v in [4, 6, 10]:
    print(v, end='\t')
```

运行结果：

```
True
False
True
False
True
True
True
False
4	6	10
```

2.3.3 逻辑运算符

逻辑运算符 and、or、not 常用来连接条件表达式构成更加复杂的条件表达式，并且 and 和 or 具有惰性求值或逻辑短路的特点，当连接多个表达式时只计算必须要计算的值。例如，表达式 expl and exp2 等价于 expl1 if not expl else exp2，而表达式 expl or exp2 则等价于 expl if expl else exp2。在编写复杂条件表达式时充分利用这个特点，合理安排不同条件的先后顺序，在一定程度上可以提高代码的运行速度。另外需要注意的是，运算符 and 和 or 并不一定会返回 True 或 False，而是得到最后一个被计算的表达式的值，但是运算符 not 一定会返回 True 或 False。

【例 2-10】 逻辑运算符的用法。

```
print(4 > 5 and x < 10)    # 之前没有定义变量x，此种情况不会报错
#print(4 < 5 and x > 10)    # 此时会报错,NameError: name 'x' is not defined
'''第一种情况：4 > 5 结果为 False,不需要计算后面 x<10 的值，已经可以确定结果了，
第二种情况：4 < 5 结果为 True,需要计算后面 x > 10 结果，因为变量 x 没有定义，所以报错
'''
print(True and 5)          # and 运算的结果是最后一个表达式的结果
print('a' > 'b' or 10)     # or 运算的结果是最后一个表达式的结果
print(3 not in [3, 2, 1])  # not 运算得到的一定是 True 或 False
print(not 0)
```

运行结果：

```
False
5
10
False
True
```

2.3.4 赋值运算符及条件运算符

除了表 2-5 中列出的运算符之外，Python 还有基本赋值运算符(=)，以及+=、-=、*=、

/=、//=、**=、|=、^=等大量复合赋值运算符。赋值运算符主要用来为变量赋值,使用时,可以直接把基本赋值运算符右边的值赋给左边的变量,也可以进行某些运算后再赋给左边的变量。

1. 赋值运算符

赋值运算符一般有以下三种形式:

变量名 = 表达式(或变量、常量)
变量名1 = 变量名2 = 表达式(或变量、常量)
变量名1, 变量名2 = 表达式1(或变量、常量), 表达式2(或变量、常量)

编程中,一些初学者经常混淆=与==,前者是赋值,后者是判断两个值是不是相等,属于关系运算符。

【例 2-11】 赋值运算符的用法。

```
v1 = 10
v2 = v1 + 15
v3, v4 = v1-3, v2+2
print('v3 =', v3, ',v4 =', v4)
print('v1 =', v1, ',v2 =', v2)
v1, v2 = v2, v1                          # Python里交换两个变量值的简洁方法
print('v1 =', v1, ',v2 =', v1)
```

运行结果:

```
v3 = 7 ,v4 = 27
v1 = 10 ,v2 = 25
v1 = 25 ,v2 = 25
```

2. 复合赋值运算符

复合赋值运算符是运算符与赋值操作的结合,其优先级和赋值运算符相同。虽然 a += 5 和 a = a + 5 语法上是等价的,但本质上不是完全相同的。

【例 2-12】 复合赋值运算符的用法。

```
x = 5
print('x的值:', x, ' x的地址:', id(x))
x = x+5
print('x的值:', x, ' x的地址:', id(x))    # x的地址发生变化
x = 5
print('x的值:', x, ' x的地址:', id(x))
x += 5
print('x的值:', x, ' x的地址:', id(x))    # x的地址发生变化
x = [3, 5]
print('x的值:', x, ' x的地址:', id(x))
x = x + [8]
print('x的值:', x, ' x的地址:', id(x))    # x的地址发生变化
x = [3, 5]
```

```
print('x的值:', x, ' x的地址:', id(x))
x += [8]
print('x的值:', x, ' x的地址:', id(x))    # x的地址没有发生变化
```

运行结果:

```
x的值: 5    x的地址: 140712674469808
x的值: 10   x的地址: 140712674469968
x的值: 5    x的地址: 140712674469808
x的值: 10   x的地址: 140712674469968
x的值: [3, 5]    x的地址: 2706363309760
x的值: [3, 5, 8]    x的地址: 2706368216128
x的值: [3, 5]    x的地址: 2706363309760
x的值: [3, 5, 8]    x的地址: 2706363309760
```

例 2-12 表明,当 x 为列表时,用复合赋值运算符对其增加元素时,其地址没有发生变化,相当于在原列表后追加了新的元素;而用赋值运算符时,相当于把原列表和新列表相加,得到一个新的列表,因此,地址也发生了变化。

3. 条件运算符

条件运算符语法表示为:

表达式1 if <条件表达式> else 表达式2

执行流程:首先判断<条件表达式>的值,如果为真(或相当于 True),则结果取表达式1的值,否则取表达式2的值,相当于一个分支语句(if…else…)。

【例 2-13】 条件运算符的用法。

```
subject = '现金'
result = 100000.0 if subject=='现金' else 20000.0
print(result)
subject = '银行存款'
result = 100000.0 if subject=='现金' else 20000.0
print(result)
```

运行结果:

```
100000.0
20000.0
```

2.4 Python 常用内置函数

内置函数(built-in functions,BIF)是 Python 内置对象类型之一,不需要额外导入任何模块即可直接使用。内置对象底层都用 C 语言实现并且进行了优化,具有非常快的运行速度,推荐优先使用。使用内置函数 dir()可以查看所有内置函数和内置对象:dir(__builtins__)。

使用 help（函数名）可以查看函数的用法。另外，也可以不导入模块而直接使用 help（模块名）查看该模块的帮助文档，如 help('math')。常用内置函数及其功能简要说明如表 2-6 所示，其中方括号内的参数可以缺省。

表 2-6　Python 常用内置函数及其功能简要说明

函　　数	功能简要说明
abs(x)	返回数字 x 的绝对值或复数 x 的模
all(iterable)	如果可迭代对象 iterable 中所有元素 x 都等价于 True，也就是对于所有元素 x 都有 bool(x)等于 True，则返回 True。对于空的可迭代对象也返回 True
any(iterable)	只要可迭代对象 iterable 中存在元素 x 使得 bool(x)为 True,则返回 True。对于空的可迭代对象，返回 False
ascii(obj)	把对象转换为 ASCII 码表示形式，必要的时候使用转义符来表示特定的字符
bin(x)	把整数 x 转换为二进制串表示形式
bool(x)	返回与 x 等价的布尔值 True 或 False
bytes(x)	生成字节串，或把指定对象 x 转换为字节串表示形式
callable(obj)	测试对象 obj 是否可调用。类和函数是可调用的，包含 __call__()方法的类的对象也是可调用的
complex(real,[image])	返回复数
chr(x)	返回 Unicode 编码为 x 的字符
dir(obj)	返回指定对象或模块 obj 的成员列表，如果不带参数则返回当前作用域内的所有标识符
divmod(x,y)	返回包含整商和余数的元组(x//y, x%y)
enumerate(iterable[,start])	返回包含元素形式为(start, iterable[0]), (start+1, iterable[1]), (start+2, iterable[2]), …的迭代器对象，start 表示索引的起始值
eval(s[,globals[,locals]])	计算并返回字符串 s 中表达式的值
exec(x)	执行代码或代码对象 x
exit()	退出当前解释器环境
filter(func,seq)	返回 filter 对象，其中包含序列 seq 中使得单参数函数 func 返回值为 True 的那些元素，如果函数 func 为 None 则返回包含 seq 中等价于 True 的元素的 filter 对象
float(x)	把整数或字符串 x 转换为浮点数并返回
frozenset([x])	创建不可变的集合对象
globals()	返回包含当前作用域内全局变量及其值的字典
hash(x)	返回对象 x 的哈希值，如果 x 不可哈希则抛出异常
help(obj)	返回对象 obj 的帮助信息
hex(x)	把整数 x 转换为十六进制串
id(obj)	返回对象 obj 的标识(内存地址)
input([提示])	显示提示，接收键盘输入的内容，返回字符串

续表

函 数	功能简要说明
int(x[,d])	返回实数(float)、分数(Fraction)或高精度实数(Decimal)x 的整数部分，或把 d 进制的字符串 x 转换为十进制并返回，d 默认为十进制
isinstance(obj,class-or-type-or-tuple)	测试对象 obj 是否属于指定类型（如果有多个类型的话需要放到元组中）的实例
len(obj)	返回对象 obj 包含的元素个数，适用于列表、元组、集合、字典、字符串及 range 对象，不适用于具有惰性求值特点的生成器对象和 map、zip 等迭代对象
list([x])、set([x])、tuple([x])、dict([x])	把对象 x 转换为列表、集合、元组或字典并返回，或生成空列表、空集合、空元组、空字典
locals()	返回包含当前作用域内局部变量及其值的字典
map(func,*iterables)	返回包含若干函数值的 map 对象，函数 func 的参数分别来自于 iterables 指定的一个或多个迭代对象
max(…)、min(…)	返回多个值中或者包含有限个元素的可迭代对象中所有元素的最大值、最小值，要求所有元素之间可比较大小，允许指定排序规则，参数为可迭代对象时还允许指定默认值
next(iterator[,default])	返回迭代对象 x 中的下一个元素，允许指定迭代结束之后继续迭代时返回的默认值
oct(x)	把整数 x 转换为八进制串
open(fn[,mode])	以指定模式 mode 打开文件 fn 并返回文件对象
ord(x)	返回一个字符 x 的 Unicode 编码
pow(x,y,z=None)	返回 x 的 y 次方，等价于 x**y 或(x**y)%z
print(value,…,sep=' ',end='\n',file=sys.stdout,flush=False)	基本输出函数，默认输出到屏幕，相邻数据使用空格分隔，以换行符结束所有数据的输出
quit()	退出当前解释器环境
range([start,]end[,step])	返回 range 对象，其中包含左闭右开区间[start, end)内以 step 为步长的整数
reduce(func,sequence[,initial])	将双参数的函数 func 以迭代的方式从左到右依次应用至序列 seq 中的每个元素，并把中间计算结果作为下一次计算的操作数之一，最终返回单个值作为结果。在 Python 2.x 中该函数为内置函数，在 Python 3.x 中需要从 functools 中导入 reduce 函数再使用
reversed(seq)	返回 seq（可以是列表、元组、字符串、range 等对象）中所有元素逆序后的迭代器对象，不适用于具有惰性求值特点的生成器对象和 map、zip 等可迭代对象
round(x[,小数位数])	对 x 进行四舍五入，若不指定小数位数，则返回整数
sorted(iterable,key=None,reverse=False)	返回排序后的列表，其中 iterable 表示要排序的序列或迭代对象，key 用来指定排序规则或依据，reverse 用来指定升序或降序
str(obj)	把对象 obj 直接转换为字符串
sum(x,start=0)	返回序列 x 中所有元素之和，允许指定起始值 start，返回 start+sum(x)
type(obj)	返回对象 obj 的类型
zip(seq1[,seq2[…]])	返回 zip 对象，其中元素为(seq1[i], seq2[i], …)形式的元组，最终结果中包含的元素个数取决于所有参数序列或可迭代对象中最短的那个

内置函数数量众多且功能强大，很难一次性全部解释清楚，下面简单介绍其中一部分，后面的章节将根据需要逐步展开和演示更多函数及更加巧妙的用法。另外，在编写程序时应优先考虑使用内置函数，因为内置函数不仅成熟、稳定，而且运行速度相对较快。

2.4.1 类型转换与类型判断

（1）内置函数 bin()、oct()、hex()用来将整数转换为二进制、八进制和十六进制形式，这 3 个函数都要求参数必须为整数。内置函数 int()用来将其他形式的数字转换为整数，参数可以为整数、实数、分数或合法且可以转换的数字字符串，当参数为数字字符串时，还允许指定第二个参数 base 用来说明数字字符串的进制。其中，base 的取值应为 0 或 2~36 的整数（0 表示按数字字符串隐含的进制进行转换）。内置函数 float()、str()、int()、round()、bool()、chr()、ord()、eval()的用法见 2.2.5 节。

（2）list()、tuple()、dict()、set()用来把其他类型的数据转换成为列表、元组、字典、集合，或者创建空列表、空元组、空字典和空集合。

（3）内置函数 type()和 isinstance()可以用来判断数据类型，常用来对函数参数进行检查，可以避免错误的参数类型导致函数崩溃或返回意料之外的结果。

【例 2-14】 序列类型转换及数据类型判断函数的用法。

```
init_data = range(1, 6)
lst = list(init_data)                    # 将 range()对象转换成 list
print(lst)
tup = tuple(init_data)                   # 将 range()对象转换成 tuple()
print(tup)
init_data = [('现金:', 1001), ('银行存款:', 1002), ('应收账款:', 1122)]
dic = dict(init_data)                    # 将列表改为字典（需数据符合要求）
print(dic)
se = set(lst + [4, 5, 6, 7, 8])          # 将列表转换成字典，会自动去除
print(se)
print(type(lst), type(tup), type(dic), type(se))    # 输出变量类型
result = '列表' if type(lst) == list else '其他类型'
print(result)
result = isinstance(lst, list)           # isinstance()函数判断是不是某一种类型
print(result)
result = isinstance(tup, (list, tuple, dict))
print(result)                            # 判断数据是不是某几个类型中的任意一种
result = isinstance(se, (list, tuple, dict))
print(result)                            # se 不是 list、tuple、dict 中的任意一个，返回 False
```

运行结果：

```
[1, 2, 3, 4, 5]
(1, 2, 3, 4, 5)
{'现金:': 1001, '银行存款:': 1002, '应收账款:': 1122}
{1, 2, 3, 4, 5, 6, 7, 8}
<class 'list'> <class 'tuple'> <class 'dict'> <class 'set'>
```

列表
True
True
False

2.4.2 最值与求和

max()、min()、sum()这3个内置函数分别用于计算列表、元组或其他包含有限个元素的可迭代对象中最大值、最小值及所有元素之和。sum()默认（可以通过start参数来改变）支持包含数值型元素的序列或可迭代对象，max()和min()则要求序列或可迭代对象中的元素之间可比较大小。

函数max()和min()还支持default参数和key参数，其中default参数用来指定可迭代对象为空时默认返回的最大值或最小值，而key参数用来指定比较大小的依据或规则，可以是函数或lambda表达式。函数sum()还支持start参数，用来指定求和的初始值。

【例2-15】 最值与求和函数的用法。

```
from random import randint
lst = [randint(1, 100) for i in range(10)]
                                    # 包含10个[1-100]之间随机整数的列表
print(max(lst), min(lst), sum(lst))  # 最大、最小、所有元素之和
print(sum(lst) / len(lst))           # python里无求平均函数，通过这种方式求得
subject = ['现金', '银行存款', '资产负债表', '利润表', '现金流量']
result = max(subject, key=len)        # len()值最大的(最长字符串)
print(result)
```

运行结果：

```
91 4 357
35.7
资产负债表
```

2.4.3 排序与逆序

sorted()对列表、元组、字典、集合或其他可迭代对象进行排序并返回新列表，reversed()对可迭代对象（生成器对象和具有惰性求值特性的zip、map、filter、enumerate等类似对象除外）进行翻转（首尾交换）并返回可迭代的reversed对象。

【例2-16】 序列的排序与逆序函数的用法。

```
from random import randint
cash = [randint(10, 500) for i in range(10)]
print(cash)
sorted_cash = sorted(cash)                      # 升序排序，返回列表
print(sorted_cash)
sorted_cash = sorted(cash, reverse=True)        # 降序排序，返回列表
print(sorted_cash)
sorted_cash = sorted(cash, key=str)             # 转换成字符串后升序排序
print(sorted_cash)
```

```
reversed_cash = reversed(sorted_cash)        # 逆转,得到 reversed 对象
print(reversed_cash)
reversed_list = list(reversed(sorted_cash))  # reversed 对象可迭代
print(reversed_list)
```

运行结果：

```
[349, 106, 181, 263, 477, 363, 293, 281, 68, 302]
[68, 106, 181, 263, 281, 293, 302, 349, 363, 477]
[477, 363, 349, 302, 293, 281, 263, 181, 106, 68]
[106, 181, 263, 281, 293, 302, 349, 363, 477, 68]
<list_reverseiterator object at 0x000001F669F1FC10>
[68, 477, 363, 349, 302, 293, 281, 263, 181, 106]
```

2.4.4 枚举

enumerate()函数用来枚举可迭代对象中的元素，返回可迭代的 enumerate 对象，其中每个元素都是包含索引和值的元组。内置函数 enumerate()还支持一个 start 参数，用来指定枚举时的索引起始值。

【例 2-17】 枚举函数的用法。

```
subject = ['现金', '银行存款', '资产负债表', '利润表']
dic = {'600519': '贵州茅台', '600809': '山西汾酒', '002307': '北新路桥'}
print(list(enumerate(subject)))
for i, v in enumerate(dic.items(), start=1):
    print(f'第{i}项是:', v)
```

运行结果：

```
[(0, '现金'), (1, '银行存款'), (2, '资产负债表'), (3, '利润表')]
第 1 项是: ('600519', '贵州茅台')
第 2 项是: ('600809', '山西汾酒')
第 3 项是: ('002307', '北新路桥')
```

2.4.5 map()、reduce()、filter()函数

函数式编程把问题分解为一系列的函数操作，输入数据依次流入和流出一系列函数，最终完成预定任务和目标。在理想状态下，每个函数只是接收输入并在简单处理后产生输出，这些输出完全取决于输入和函数指定的操作并且仅通过函数返回值来体现，而不会引入或造成任何副作用（例如，输入和一些内部状态共同决定输出、修改输入的数据、把一些数据和状态输出到屏幕或文件等）。函数式编程具有很多优点。例如，容易构建一个数学模型来证明程序的正确性，程序更加模块化，容易调试和测试，代码复用率高等。

函数 map()、reduce()、filter()是 Python 中很常用的函数，也是 Python 支持函数式编程的重要体现。其中，reduce()不是内置函数，而是包含于标准库 functools 中，需要先导入再使用。

map()函数把函数 func 依次映射到序列或迭代器对象的每个元素上，并返回一个可

迭代的 map 对象作为结果，map 对象中每个元素是原序列中元素经过函数 func 处理后的结果，map()函数不对原序列或迭代器对象做任何修改。

reduce()函数将一个接收两个参数的函数以迭代累积的方式从左到右依次作用到一个序列或迭代器对象的所有元素上，并且允许指定一个初始值。例如，reduce(lambda x,y: x+y, [1, 2, 3, 4, 5])的计算过程为((((1+2)+3)+4)+5)，第一次计算时 x 为 1 而 y 为 2，第二次计算时 x 的值为(1+2)而 y 的值为 3，第三次计算时 x 的值为((1+2)+3)而 y 的值为 4，依此类推，最终完成计算并返回((((1+2)+3)+4)+5)的值，其执行过程如图 2-2 所示。

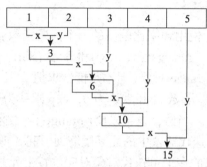

图 2-2　reduce()函数执行过程

内置函数 filter()将一个单参数函数作用到一个序列上，返回该序列中使得该函数返回值为 True 的那些元素组成的 filter 对象，如果指定函数为 None，则返回序列中等价于 True 的元素。

【例 2-18】 map()、reduce()、filter()函数用法。

```
from functools import reduce
income = [200, 300, 400, 350, 480, 0]          # 收入
disburse = [-100, -120, -260, -160, -100, 0]   # 支出
float_cash = list(map(float, income))          # map对象可迭代,转换成list
print(float_cash)

def add(x, y):                                 # 定义函数,返回 y+x
    return y+x
in_dis = list(map(add, income, disburse))
print(in_dis)
seq = [1, 2, 3, 4, 5]
s = '资产负债表'
print(reduce(add, seq))                        # reduce 返回结果
print(reduce(add, s))                          # 利用 reduce 逆转字符串

def more_than350(x):                           # 定义函数,大于 350 则 True,否则 False
    return True if x > 350 else False
inco = list(filter(more_than350, income))      # filter 对象可迭代,转换成 list
print(inco)
inco = list(filter(None, income))              # filter 指定职数为 None
print(inco)                                    # 保留相当于 True 的值
```

运行结果:

```
[200.0, 300.0, 400.0, 350.0, 480.0, 0.0]
[100, 180, 140, 190, 380, 0]
15
表债负产资
[400, 480]
[200, 300, 400, 350, 480]
```

2.4.6　range()、zip()函数

range()是 Python 开发中使用频率比较高的一个内置函数,语法格式为 range([start,]end[,step]),有 range(stop)、range(start,stop)和 range(start,stop,step)3 种用法。该函数返回具有惰性求值特点的 range 对象(但不是惰性求值),其中包含左闭右开区间[start,end)内以 step 为步长的整数。参数 start 默认为 0,step 默认为 1。在循环结构中经常使用 range()函数来控制循环次数。当然,也可以使用 range()函数来控制数值范围。

zip()函数用来把多个可迭代对象中的元素压缩到一起,返回一个可迭代的 zip 对象,其中每个元素都是包含原来的多个可迭代对象对应位置上元素的元组,最终结果中包含的元素个数取决于所有参数序列或可迭代对象中最短的那个。可以这样理解,zip()函数把多个序列或可迭代对象中的所有元素左对齐,然后像拉拉链一样往右拉,把所经过的每个序列中相同位置上的元素都放到一个元组中,只要有一个序列中的所有元素都处理完就结束了,返回包含若干元组的 zip 对象。

【例 2-19】 range()、zip()函数用法。

```python
rg = range(10)
print(rg)                          # 默认状态,相当于[0, 10, 1),range 对象
print(list(rg))                    # 转换成 list
codes = ['600519', '600809', '002307']
names = ['贵州茅台', '山西汾酒', '北新路桥']
zip_obj = zip(codes, names)
print(zip_obj)                     # zip 对象,可迭代、惰性求值
print(list(zip_obj))               # 转换成 list
dic = dict(zip(codes, names))      # 直接转换成字典
print(dic)
```

运行结果:

```
[0, 1, 2, 3, 4, 5, 6, 7, 8, 9]
<zip object at 0x000002633A292C40>
[('600519', '贵州茅台'), ('600809', '山西汾酒'), ('002307', '北新路桥')]
{'600519': '贵州茅台', '600809': '山西汾酒', '002307': '北新路桥'}
```

2.5　基本输入和输出

数据的输入与输出是计算机最基本的操作。本节主要讲述基本的输入与输出。输入

指从键盘输入数据的操作，输出指在屏幕上显示运行结果的操作。通常，一个程序都会有输入/输出，input()和 print()是 Python 的输入、输出函数，前者用来接收用户从键盘输入的内容，而后者则是把数据以指定的格式输出到标准控制台（如显示器）或指定的文件中。

2.5.1 基于 input()函数输入

输入语句在程序运行时从输入设备获得数据，标准输入设备就是键盘。在 Python 中，可以通过 input()函数获取键盘输入数据。一般格式为：

```
variable = input(<提示字符串>)
```

input()函数首先输出"提示字符串"，然后等待用户键盘输入，直到用户按回车键结束，最后返回用户输入的字符串（不包括末尾的回车符），字符串保存于变量中，系统继续执行 input()函数后面的语句，例如：

```
subject_name = input('请输入科目名称：')
```

系统会弹出字符串"请输入科目名称:"，等待用户输入，用户输入相应的内容并回车，输入内容将保存到 subject_name 变量中。无论输入的是数字还是字符，都将被作为字符串读取。如果想要得到数值，需要将接收到的字符串利用类型转换函数进行转换。

【例 2-20】 使用 input()函数，从键盘输入股票代码、股票名称、当天的最高价和最低价，计算最高价和最低价之间的差价，输出股票信息和差价。

```
stock_code = input('请输入股票代码:')
stock_name = input('请输入股票名称:')
highest = float(input('当天最高价:'))     #转换成 float 型数据
lowest = float(input('当天最低价:'))
diff = highest - lowest
print(stock_code + ':' + stock_name)
print('最高价:', highest, '最低价:', lowest, '差价:', diff)
```

运行过程及结果（600519、贵州茅台、1770.88、1706.68 为键盘输入内容）：

```
请输入股票代码:600519
请输入股票名称:贵州茅台
当天最高价:1770.88
当天最低价:1706.68
600519:贵州茅台
最高价: 1770.88 最低价: 1706.68 差价: 64.20
```

2.5.2 基于 print()函数输出

1. print()函数的基本语法

在 Python 中，使用内置函数 print()可将结果输出到标准控制台上。一般格式为：

```
print(<输出值1>[,<输出值2>,…,<输出值n>,sep=',',end='\n'])
```

通过 print() 函数可以将多个输出值转换为字符串并且输出，这些值之间以 sep 分隔，最后以 end 结束。sep 默认为空格，end 默认为换行。其中，输出内容如果是数字和字符串，则将其内容直接输出；如果是包含运算符的表达式，则先计算表达式的值再输出。默认情况下，一条 print() 语句输出后会自动换行，如果想要一次输出多个内容，而且不换行，可以将要输出的内容使用英文半角的逗号分隔。

2. print() 函数的格式化输出

print() 函数还可以使用字符串格式化控制输出形式。要实现格式化字符串，可以使用 % 操作符。语法格式如下：

```
'%[-] [+] [0] [m] [n]格式化字符'%exp
```

在实际应用当中，数值类型有多种显示方式，如货币形式、百分比形式等，使用 format() 方法可以将数值格式化为不同的形式。常见格式字符见表 2-7。

表 2-7 常见格式字符

格式字符	含义	示例
%s	输出字符串	'库存现金:%s' % '1001'
%d	输出整数	'银行存款:%d' % 10000
%c	输出字符 chr(num)	'字符:%c' % 65
%[m][.n]f	输出浮点数，长度为 m，小数点后 n 位。m 默认为 0，n 默认为 6	'银行存款:%f' % 20134.89 '银行存款:%10.2f' % 20134.89
%o	以无符号的八进制数格式输出	'八进制数:%o' % 18
%x 或%X	以无符号的十六进制数格式输出	'十六进制数:%x' % 23
%e 或%E	以科学记数法格式输出	'指数表示法:%e' % 20134.89

如果需要在字符串中通过格式化字符输出多个值，则将每个对应值存放在一对圆括号()中，值与值之间使用英文逗号隔开。表 2-8 中列出了一些格式化辅助指令，可进一步规范输出的格式。

表 2-8 格式化辅助指令

符号	作用
m	定义输出的宽度，如果变量值的输出宽度超过 m，则按实际宽度输出
-	在指定的宽度内输出值左对齐（默认为右对齐）
+	在输出的正数前面显示+号（默认为不输出+号）
#	在输出的八进制数前面添加 0o，在输出的十六进制数前面添加 0x 或 0X
0	在指定的宽度内输出值时，左边的空格位置以 0 填充
.n	对于浮点数，指输出时小数点后保留的位数（四舍五入）；对于字符串，指输出字符串的前 n 位

m.n 格式常用于浮点数格式、指数格式及字符串格式的输出。对于前两种格式而言，%m.nf、%m.nx 或%m.nX 指输出的总宽度为 m（可以省略），小数点后面保留 n 位（四舍

五入)。如果变量值的总宽度超出 m，则按实际输出。%m.ns 指输出字符串的总宽度为 m，输出前 n 个字符，前面补 m–n 个空格。

Python 还支持用格式化字符串的方法 str.format()进行字符串格式化。该函数在形式上相当于通过{}来代替%，但功能更加强大。format 方法还可以用接收参数的方式对字符串进行格式化，参数位置可以不按显示顺序，参数也可以不用或者用多次。

3. f-strings 格式化输出

f-strings 是 Python3.6 新增加的格式化输出方法，这个格式化输出比之前的%s 形式更加简洁，效率更高，非常好用。在字符串前面加 f 或 F，在字符串中使用花括号{}里面的变量名表示占位符，在进行格式化时，使用前面定义的同名变量的值对字符串中的占位符进行替换并以指定的格式呈现。

【例 2-21】 常见格式控制字符及格式化输出。

```
print('库存现金:%s' % '1001')
print('银行存款:%d' % 10000)
print('字符:%c' % 65)
print('银行存款:%f' % 20134.89)
print('银行存款:%10.2f' % 20134.89)
print('八进制数:%o' % 18)
print('十六进制数:%x' % 23)
print('指数表示法:%e' % 20134.89)
code = 1001
name = '库存现金'
print('科目代码:{0},科目名称:{1}'.format(code, name))
                                                # 字符串 format()方法格式化
print(f'科目代码:{code},科目名称:{name}')        #  f-strings 方法格式化
```

运行结果：

```
库存现金:1001
银行存款:10000
字符:A
银行存款:20134.890000
银行存款:  20134.89
八进制数:22
十六进制数:17
指数表示法:2.013489e+04
科目代码:1001,科目名称:库存现金
科目代码:1001,科目名称:库存现金
```

4. print()函数输出到文件

使用 print()函数，不但可以将内容输出到屏幕，还可以重定向到指定文件对象，其语法格式为：

```
print(<输出值1>[,<输出值2>,…,<输出值n>,sep=',',end='\n'],file=sys.stdout)
```

【例2-22】 将数据输出到指定的文件对象中。

```
code = 1001
name = '库存现金'
file_name = r'./test.txt'
with open(file_name, 'a+', encoding='utf8') as fp:
    print(code, name, file=fp)
```

执行例2-22代码后，将在当前工作目录下生成一个名称为"test.txt"的文件，该文件的内容为"1001 库存现金"。关于文件的操作将在第6章详细介绍。

思考练习题

填空题

1. Python中用来计算整商的运算是_____。
2. 表达式 2*5+3**2 的值为_____。
3. Python运算符中用来计算集合差集的是_____。
4. 已知 lst = [2, 9, 1, 6, 4]，那么表达式 x[3]的值为_____。
5. 表达式 3 in [8, 2, 3, 4]的值为_____。
6. 已知集合A是集合B的真子集，那么表达式 A < B 的值为_____。
7. 表达式[1, 2, 3, 4, 5][1 : : 2]的值为_____。
8. 已知a=7, b=8，那么表达式 3<5 and a<b 的值为_____。
9. 表达式 bool([ ])的值为_____。
10. 表达式 5 in range(2, 13, 3)的值为_____。
11. 表达式 oct(0b1111)的值为_____。
12. 表达式 sum(map(int, str(54321)))的值为_____。

即测即练

第 3 章

程序控制结构

Python 程序设计过程中，会使用很多种语句，包括函数定义语句、类定义语句、创建对象语句、变量赋值语句、调用函数语句、控制分支语句、循环语句等，这些语句分为简单语句和复合语句。简单语句包括表达式语句、赋值语句、assert 语句、pass 语句、return 语句、break 语句、continue 语句、import 语句等。复合语句包括 if 语句、while 语句、for 语句、try 语句、函数定义语句、类定义语句等。

程序在执行具体业务逻辑时，主要有 3 种情形：顺序执行所有的语句、选择执行部分语句、循环执行部分语句，对应程序设计中的三种基本结构顺序结构、选择结构和循环结构，本章将重点介绍 Python 中的选择结构和循环结构。

3.1 顺 序 结 构

顺序结构指为了解决某些实际问题，自上而下依次执行各条语句，其工作流程为：数据输入、运算处理、结果输出，如图 3-1 所示。

【例 3-1】 编写程序，从键盘输入圆的半径，求其面积和周长。

```
from math import pi as PI    # 导入 pi
radius = float(input('请输入半径:'))
perimeter = 2 * PI * radius
area = PI * radius ** 2
print('圆的周长是:%.2f' % perimeter)
print('圆的面积是:%.2f' % area)
```

运行结果（3 为键盘输入的半径的值）：

请输入半径:3
圆的周长是:18.85
圆的面积是:28.27

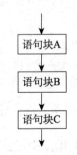

图 3-1　顺序结构流程图

3.2 选择结构

选择结构也称为分支结构,分为单分支结构和多分支结构,用于解决实际应用中形形色色的选择问题。选择结构使用条件判断语句实现,即按照条件选择执行不同的语句块。Python 中选择语句主要有 3 种形式,分别为 if 语句、if...else 语句和 if...elif...else 多分支语句。

3.2.1 if 语句

Python 中使用 if 保留字来组成选择语句。if 语句仅处理条件成立的情况,语法格式如下:

```
if 条件表达式:
    语句块
```

其中,表达式可以是一个单纯的布尔值、变量、关系表达式或逻辑表达式。如果表达式为 True 或等价于 True 的值,则执行"语句块"(以缩进为语句块的开始与结束标志);如果表达式为 False 或等价于 False 的值,则跳过"语句块",继续执行后面的语句,执行逻辑如图 3-2 所示。

【例 3-2】输入圆的半径,如果大于 0,则求其面积和周长。

```python
from math import pi as PI
radius = float(input('请输入半径:'))
if radius > 0:
    perimeter = 2 * PI * radius
    area = PI * radius ** 2
    print('圆的周长是:%.2f' % perimeter)
    print('圆的面积是:%.2f' % area)
```

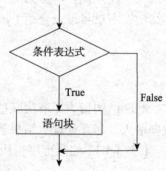

图 3-2 单分支结构流程图

运行结果(3 为运行程序时从键盘输入的值)

```
请输入半径:3
圆的周长是:18.85
圆的面积是:28.27
请输入半径:-96
```

由例 3-2 的运行结果可见,当输入半径不大于 0 时,任何输出都没有。

3.2.2 if...else 语句

对于有些问题,在编写代码时,必须二选一,Python 中提供了 if...else...语句解决这类问题,其语法格式如下:

```
if 条件表达式:
```

    语句块 1
else:
    语句块 2

如果条件表达式值为 True 或等价于 True 的值，则执行 if 后面的语句块 1，否则执行 else 后面的语句块 2。其执行逻辑如图 3-3 所示。

【例 3-3】 输入三角形的三条边，判断能否构成三角形，如能，则用"海伦公式"求其面积，如果不能，则给出提示信息。

```
from math import sqrt
a = int(input('请输入第一条边:'))
b = int(input('请输入第二条边:'))
c = int(input('请输入第三条边:'))
if a+b > c and b+c > a and a+c > b:
    s = (a+b+c) / 2
    area = sqrt(s * (s-a) * (s-b) * (s-c))
    print(f'三角形的面积是:{area}')
else:
    print('不能构成三角形！')
```

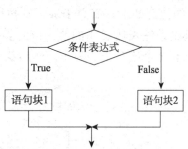

图 3-3　if…else…结构流程图

第一次运行：

请输入第一条边:1
请输入第二条边:4
请输入第三条边:7
不能构成三角形！

第二次运行：

请输入第一条边:3
请输入第二条边:4
请输入第三条边:5
三角形的面积是:6.0

3.2.3　if…elif…else 语句

if…elif…else 语句主要用于处理多种分支的情况，可以解决现实业务逻辑中复杂的多重选择问题，其语法格式如下：

```
if 条件表达式 1:
    语句块 A
elif 条件表达式 2:
    语句块 B
elif 条件表达式 3:
    语句块 C
    .
```

:
:
:
else:
　　语句块 D

如果条件表达式 1 的值为 True，则执行相应的语句块 A；否则继续判断条件表达式 2 的值，如果其值为 True，则执行语句块 B；如果条件表达式 2 的值也为 False，则继续判断条件表达式 3 的值；依此类推，直到所有的表达式都不满足（条件表达式的个数可以有 1 个或多个）为止，然后执行 else 后面的语句块，其执行逻辑如图 3-4 所示。

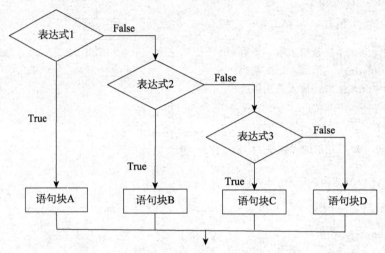

图 3-4　多分支结构流程图

【例 3-4】招工过程中，对不同年龄段的应聘者都有不同的待遇和要求。编写程序，从键盘输入年龄，判断其属于"童工、青壮年劳动力、中年劳动力、老年人"中的哪一种情况。

```
age = int(input('请输入年龄:'))
if age < 18:
    print('童工！')
elif age < 45:
    print('青壮年劳动力！')
elif age < 60:
    print('中年劳动力！')
else:
    print('老年人，不适合重体力劳动！')
```

运行过程：每一次输入不同的年龄，结果如下：

请输入年龄:17
童工！
请输入年龄:44
青壮年劳动力！
请输入年龄:56

中年劳动力！
请输入年龄:60
老年人，不适合重体力劳动！

【例 3-5】 从键盘输入标准价格和订单数量，根据订单数量和价格给予不同的折扣，应付货款计算公式为：订单数量×标准价格×（1－折扣率）。订货量在 300 以下，没有折扣；订货量在 300 及以上，500 以下，折扣率为 3%；订货量在 500 以上，1 000 以下，折扣率为 5%；订货量在 1 000 以上，2 000 以下，折扣率为 8%；订货量在 2 000 以上，折扣率为 10%。

```
quantity = int(input('请输入订货量：'))
price = int(input('请输入标准价格：'))
if quantity < 0:
    coff = -1
elif quantity < 300:
    coff = 0.0
elif quantity < 500:
    coff = 0.03
elif quantity < 1000:
    coff = 0.05
elif quantity < 2000:
    coff = 0.08
else:
    coff = 0.1
if quantity >= 0 and price >= 0:
    pays = quantity * price * (1 - coff)
    print('应付货款:', pays)
else:
    print('输入的订货量与标准价格均不能小于零!')
```

多次运行结果：

请输入订货量：1000
请输入标准价格：20
应付货款：18400.0
请输入订货量：850
请输入标准价格：20
应付货款：16150.0
请输入订货量：-20
请输入标准价格：30
输入的订货量与标准价格均不能小于零！

3.2.4 分支语句嵌套

当有多个条件需要满足并且条件之间有递进关系时，可以使用分支语句的嵌套。其中，if 子句、elif 子句及 else 子句中都可以嵌套 if 语句或 if...elif...else 子句。其语法格式如下：

```
if 条件表达式1:
    语句块1
    if 条件表达式2:
        语句块2
    else:
        语句块3
else:
    if 条件表达式3:
        语句块4
```

使用嵌套选择结构时,务必严格控制不同级别代码块的缩进,因为这决定了不同语句块的从属关系和业务逻辑是否被正确实现,以及代码是否能够被解释器正确理解和执行。

【例3-6】我国的婚姻法规定,公民合法结婚年龄为:男性22岁,女性20岁。如果要判断一个人是否到了合法结婚年龄,首先需要使用双分支结构判断性别,再用递进的双分支结构判断年龄,然后输出判断结果。

```
sex = input('请输入性别(F/M)')    # F为女性,M为男性
age = int(input('请输入年龄:'))
if sex == 'M':
    if age >= 22:
        print('达到合法结婚年龄!')
    else:
        print('未达到合法结婚年龄!')
else:
    if age >= 20:
        print('达到合法结婚年龄!')
    else:
        print('未达到合法结婚年龄!')
```
运行结果:

运行结果:

请输入您的性别(M/F):F
请输入您的年龄(1~20):28
达到合法结婚年龄

例3-5的问题,也可以用if...else...嵌套的写法:

```
quantity = int(input('请输入订货量: '))
price = int(input('请输入标准价格: '))
if quantity >= 0 and price >= 0:
    if quantity < 500:
        if quantity < 300:
            coff = 0.0
        else:
            coff = 0.03
    else:
        if quantity < 1000:
            coff = 0.05
        elif quantity < 2000:
```

```
            coff = 0.08
        else:
            coff = 0.1
    print(coff)
    pays = quantity * price * (1 - coff)
    print('应付金额:', pays)
else:
    print('输入的订货量与标准价格均不能小于零!')
```

3.3 循环结构控制语句

循环结构是在给定的判断条件为 True 时，重复执行某些操作；判断条件为 False 时，结束循环。Python 语言中的循环结构包含两种语句，分别是 while 语句和 for 语句。在介绍以上两种基本循环的简单结构后，本节还介绍跟循环语句紧密相关的 break 和 continue 两种循环中断语句，以及带 else 的循环语句，最后介绍循环的嵌套结构。

3.3.1 while 语句

简单的 while 语句语法格式如下：

while 条件表达式：
　　循环体

其执行过程如下：

（1）计算 while 关键词后面的条件表达式的值，如果其值为 True 或等价于 True，则转步骤（2），否则转步骤（3）。

（2）执行完循环体，转步骤（1）。

（3）循环结束。

其执行逻辑如图 3-5 所示。

在使用 while 语句时，有以下几点需要注意。

（1）组成循环体的各语句必须以相同的格式缩进。

（2）循环体既可以由单个语句组成，也可以由多条语句组成语句块。

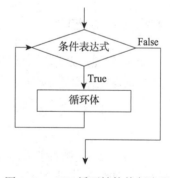

图 3-5　while 循环结构执行流程

（3）循环体中要有改变循环变量值的语句，使得条件表达式因为该变量值的改变而可能出现结果为 False 或与之等价的值，从而使循环终止，否则会造成死循环。

while 循环既可以用于解决循环次数确定的问题，也可以用于解决循环次数不确定的问题。

【例 3-7】 从键盘输入公司某商品的订单销售额，并对输入的销售额累加求和，当输入的值小于等于 0 时终止该操作。

```
sale = float(input('请输入销售额:'))
sum_sale = 0
```

```
while sale > 0:
    sum_sale += sale
    sale = float(input('请输入下一个销售额:'))
print(f'商品总销售额为:{sum_sale}')
```

运行结果:

```
请输入销售额:30
请输入下一个销售额:50
请输入下一个销售额:36.5
请输入下一个销售额:98.5
请输入下一个销售额:46.2
请输入下一个销售额:0
商品总销售额为:261.2
```

【例 3-8】 求 $1-\frac{1}{2}+\frac{1}{3}-\frac{1}{4}+\frac{1}{5}-\cdots+\frac{1}{n}$ 的值，直到最后一项的值小于 10^{-6} 为止。

```
n = 1
sign = 1
s = 0
while 1/n >= pow(10, -6):
    s += sign * 1/n
    sign = sign * (-1)
    n += 1
print('s的值是:{0}'.format(s))
```

运行结果:

```
s的值是:0.6931471305601064
```

3.3.2 for 语句

for 语句通过遍历一个序列（字符串、列表、元组、字典）或其他可迭代对象中的每个元素来建立循环。其语法形式如下：

```
for 变量 in 序列或可迭代对象:
    循环体
```

循环开始时,循环控制变量从序列或可迭代对象中取值，如果没有取到值，则不进入循环；如果序列或可迭代对象中有值可取，则依次取得其中的每一个值并执行循环体，直至序列中无值可取，则终止循环。for 语句执行流程如图 3-6 所示。

1. 用 for 循环遍历序列中的元素

后序章节要介绍的列表、元组、字典、集合、字符串等序列结构都是可迭代的，可以用 for 循环遍历访

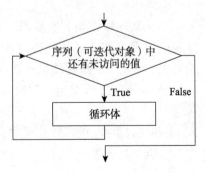

图 3-6 for 语句执行流程图

问其中的元素。

【例 3-9】 用列表存储若干科目名称，利用 for 循环逐一访问这些名称并输出。

```
subjects = ['库存现金','银行存款','短期投资','应收票据','其他应收款','预
            付账款']
for subject in subjects:
    print(subject)
```

运行结果：

库存现金
银行存款
短期投资
应收票据
其他应收款
预付账款

2. 用 for 循环遍历其他可迭代对象

理论上，循环对象和 for 循环调用之间还有一个中间层，该层将循环对象转换为可迭代对象，这一转换用 iter()函数来实现，但实践应用中往往忽略了这一过程，所以循环对象和可迭代对象常常相互指代对方。前面章节讲的内置函数中，filter()、map()、enumerate()、zip()等返回的就是具有惰性求值特点的可迭代对象。

【例 3-10】 for 循环遍历可迭代对象的用法。

```
subjects = ['库存现金','银行存款','应收账款','应收票据','其他应收款','预
            付账款']
codes = ['1001', '1002', '1122', '1121', '1221','1123']
amounts = [1000, 3000, 2000, 5000, 4000, 3500]
for code, subject in zip(codes, subjects):      # zip 对象可迭代
    print(code, ':', subject)
for a in filter(lambda x: x>=3000, amounts):    # filter 对象可迭代
    print(a, end=' ')
print()                                          # 单独的 print(),作用是换行
for a in map(lambda x: x-100, amounts):         # map 对象可迭代
    print(a, end=' ')
print()
```

运行结果：

1001 : 库存现金
1002 : 银行存款
1122 : 应收账款
1121 : 应收票据
1221 : 其他应收款
1123 : 预付账款
3000 5000 4000 3500
900   2900 1900 4900 3900 3400

3.3.3　break 语句和 continue 语句

break 语句可以用在 while 和 for 循环中。在循环进行过程中,如果某个条件被满足(一般通过 if 语句判断是否满足执行 break 语句的条件),则可以通过 break 语句立即终止本层循环。如果 break 语句在具有两层循环嵌套的内层循环中,则只终止内层循环,进入到外层循环的下一条语句继续执行。

【例 3-11】　求一个自然数除了自身以外的最大约数。

```
num = int(input('请输入一个整数:'))
count = num//2
while count > 0:
    if num % count == 0:
        break
    count -= 1
print(f'{num}的最大公约是:{count}')运行结果:
```

运行结果:

```
请输入一个整数:33
33 的最大公约是:11
请输入一个整数:37
37 的最大公约是:1
```

continue 语句也可以用在 while 和 for 循环中。在循环体执行过程中,如果遇到 continue 语句,程序会跳过本次循环的循环体剩余语句,回到循环开始的地方重新判断是否进入下一次循环。

【例 3-12】　continue 语句使用：遍历科目代码表,输出不为 None 的科目代码及其对应的科目名称。

```
subjects = ['库存现金', '银行存款', '应收账款', '应收票据', '其他应收款', '预付账款']
codes = ['1001', None, '1122', None, '1221','1123']
for code in codes:
    if code is None:
        continue
    index = codes.index(code)
    print(code, ':', subjects[index])
```

运行结果:

```
1001 : 库存现金
1122 : 应收账款
1221 : 其他应收款
1123 : 预付账款
```

break 语句与 continue 语句的主要区别如下:

（1）break 语句一旦被执行,则整个当前循环将被终止。

（2）continue 语句的执行不会终止整个循环,只是提前结束本次循环,跳过循环体中本次循环的剩余语句，提前进入到下一次循环。

3.3.4 带 else 的循环语句

与其他编程语言不一样的是，Python 的循环语句还可以带有 else 语句块。当 while 或 for 循环中的 break 语句被执行，使得循环"提前结束"时，else 中的语句不会被执行，只有循环"正常结束"，即因为 for 或 while 中的条件表达式为 False 而结束循环时，else 语句块才会被执行。

1. 带 else 的 while 语句

其语法如下：

```
while 条件表达式:
    循环体
else:
    语句块
```

【例 3-13】 从键盘输入一个正数 n，用 while 循环找出小于等于该整数 n 且能被 17 整除的最大正数，如果找到，输出该整数；如果没有找到，则输出"未找到"。

```
n = int(input('请输入一个正整数:'))
i = n
while i > 0:
    if i % 17 == 0:
        print('小于等于', n, '且能被17整除的最大正整数是:', i)
        break
    i = i - 1
else:
    print('未找到！')
```

运行结果：

```
请输入一个正整数:90
小于等于 90 且能被17整除的最大正整数是: 85
请输入一个正整数:50
小于等于 50 且能被17整除的最大正整数是: 34
```

2. 带 else 的 for 语句

其语法如下：

```
for 变量 in 序列或可迭代对象:
    语句块
else:
    语句块
```

【例 3-14】 列表 sales=[500, 450, 300, 800, 1060, 330, 500]，其中数据表示某产品 6—12 月份销售额，从键盘输入一个整数，遍历该列表，找出第一个大于该整数的值并打印其对应的月份，如果没有找到，则输出"未找到！"。

```
sales = [500, 450, 300, 800, 1060, 330, 500]
v = int(input('请输入一个整数:'))
for month, value in enumerate(sales, start=6):
    if value > v:
        print(f'第{month}月份销售额大于你所输入的数,其值是:{value}')
        break
else:
    print('未找到!')
```

运行结果：

请输入一个整数:1200
未找到!
请输入一个整数:800
第10月份销售额大于你所输入的数,其值是:1060

3.3.5 循环嵌套

循环嵌套指在一个循环中又包含另外一个完整的循环,即循环体中又包含循环语句。循环嵌套的执行的过程为：先进入外层循环第1轮,然后执行完所有内层循环,接着进入外层循环第2轮,然后再次执行完内层循环,……,直到外层循环执行完毕。

while 循环里面可以嵌套有 while 循环,for 循环里面可以嵌套有 for 循环。同时,while 循环和 for 循环也可以相互嵌套,具体使用需结合业务逻辑,比较灵活。

【例3-15】 某次"财务数智化大赛"决赛现场,有9名评委对每个参赛队伍现场打分。编写程序,输入每个评委的打分（百分制,最高100分),最后分别去掉最高、最低分,计算平均得分并输出。对每一个评委,若输入的分数不合法,则继续输入该评委的分数,直到输入合法的分数为止。

```
scores= []
for i in range(7):
    while True:
        try:
            score = input(f'请输入第{i+1}个评委的分数:')
            score = float(score)
            assert 0 <= score <=100
            scores.append(score)
            break
        except:
            print('分数不合法!')
highest = max(scores)
lowest = min(scores)
scores.remove(highest)
scores.remove(lowest)
sverage_score = round(sum(scores) / len(scores), 5)
print(f'去掉一个最高分{highest},去掉一个最低分{lowest},本队最后得分
    {sverage_score}')
```

运行结果：

```
请输入第 1 个评委的分数:98.7
请输入第 2 个评委的分数:96.3
请输入第 3 个评委的分数:100.5
分数不合法!
请输入第 3 个评委的分数:99.6
请输入第 4 个评委的分数:89.4
请输入第 5 个评委的分数:afas
分数不合法!
请输入第 5 个评委的分数:93.5
请输入第 6 个评委的分数:90.9
请输入第 7 个评委的分数:93.8
去掉一个最高分 99.6,去掉一个最低分 89.4,本队最后得分 94.64
```

3.4 异常处理结构

异常是在程序执行过程中发生的错误,它是 Python 对象,当 Python 无法正常处理程序时就会抛出一个异常,引发异常的原因有很多,如打开文件失败、除零、下标越界、网络连接异常等,一旦发生异常,程序中需要捕获并处理它,否则就会因异常而导致程序退出或崩溃。Python 提供了异常处理结构和断言语句来处理程序在运行过程中出现的异常和错误,程序员可以用该功能来捕获 Python 程序的异常并进行合理的处理,使得程序更加健壮,具有更高的容错性。

3.4.1 Python 中的异常类

Python 程序出现异常时将抛出一个异常类的对象,所有内置异常类的基类都是 BeseException,在使用异常处理结构捕获和处理异常时,应尽量具体,最好是明确指定要捕获和处理哪一类异常。表 3-1 列出了 Python 内置的常用标准异常类,自定义异常类继承自这些标准异常。

表 3-1 Python 内置的常用标准异常类

异 常 名 称	描　　述
BaseException	所有异常类的直接或间接基类
SystemExit	程序请求退出时抛出的异常
KeyboardInterrupt	用户中断执行(通常是输入 Ctrl + C 键)时抛出
Exception	规错误的直接或间接基类
StopIteration	迭代器没有更多的值
GenerstorExit	生成器发生异常,通知退出
StandardError	内建标准异常的基类

续表

异 常 名 称	描 述
ArithmeticError	所有数值计算错误的基类
FloatingPointError	浮点运算错误
OverflowError	数值运算超出最大限制
ZeroDivisionError	除零导致的异常
AssertionError	断言语句失败
AttributeError	对象没有这个属性
EOFError	到达 EOF 标记
EnvironmentError	操作系统错误的基类
IOError	输入/输出失败
OSError	操作系统错误
WindowsError	操作系统调用失败
ImportError	导入模块/对象失败
LookupError	LookupError 异常是索引，值不存在引发的异常，是 IndexError,KeyError 的基类
IndexError	序列中没有此索引
KeyError	映射中没有这个键
MemoryError	内存溢出错误
NameError	未声明、未初始化对象
UnboundLocalError	访问未初始化的本地变量
ReferenceError	弱引用试图访问已经回收了的对象
RuntimeError	一般的运行时错误
NotImplementedError	尚未实现的方法
SyntaxError	Python 语法错误
IndentationError	编进错误
TabError	Tab 键和空格键混用
SystemError	一般的解释器系统错误
TypeError	对类型无效的操作
ValueError	传入无效的参数
UnicodeError	Unicode 相关的错误
UnicodeDecodeError	Unicode 解码时的错误
UnicodeEncodeError	Unicode 编码时错误
UnicodeTranslateError	Unicode 转换时错误
Warning	警告的基类
FutureWarning	关于构造将来语义会有改变的警告
OverflowWarning	自动提升为长整型的警告
PendingDeprecationWarning	特性将会被废弃的警告
RuntimeWarning	可疑的运行时行为的警告
SyntaxWarning	可疑的语法警告
User Warning	用户代码生成警告

3.4.2 捕获和处理异常

Python 提供了多种不同形式的异常处理结构，但基本思路都是一致的：先尝试运行代码，如果没有问题就正常执行，如果发生了错误就尝试着去捕获和处理。最后实在没办法了才崩溃。从这个角度来看，不同形式的异常处理结构也属于选择结构的变形。

1. try…except…

Python 异常处理结构中最简单的形式是 try…except…结构，类似于单分支选择结构。其中 try 子句中的代码块包含可能会引发异常的语句，except 子句用来捕获相应的异常。如果 try 子句中的代码引发异常并被 except 子句捕获，就执行 except 子句的代码块；如果 try 中的代码块没有出现异常就继续往下执行异常处理结构后面的代码；如果出现异常但没有被 except 捕获，继续往外层抛出；如果所有层都没有捕获并处理该异常，程序崩溃并将该异常呈现给用户。该结构的语法如下：

```
try:
    语句块    #可能会引发异常的代码，先执行一下试试
except Exception[as reason]:
    语句块    #如果try中的代码抛出异常并被except捕获，就执行这里的代码
```

【例 3-16】简单形式的异常捕获与处理。要求从键盘输入一个科目代码，只能是整数形式的数据，其他类型都认为是错误的数据，重新输入。

```
while True:
    code = input('请输入科目代码:')
    try:
        code = int(code)
        print(f'你输入的科目代码是:{code}')
        break
    except Exception:
        print('输入有误，你只能输入数字！')
```

运行结果：

```
请输入科目代码:asdf
输入有误，你只能输入数字！
请输入科目代码:100201
你输入的科目代码是:100201
```

2. try…except…else…

带有 else 子句的异常处理结构可以看作一种特殊的双分支选择结构。如果 try 中的代码抛出了异常并且被 except 语句捕获则执行相应的异常处理代码，这种情况下就不会执行 else 中的代码；如果 try 中的代码没有引发异常，则在执行完 try 中的代码后执行 else 块的代码，该结构的语法如下：

```
try:
```

```
    语句块    #可能会引发异常的代码
except Exception [as reason]:
    语句块    #用来处理异常的代码
else:
    语句块    #如果try语句中的代码没有引发异常，则会继续执行这里的代码
```

例 3-16 中的问题，写成如下形式更合理一些。

```
while True:
    code = input('请输入科目代码:')
    try:
        code = int(code)
    except Exception:
        print('输入有误，你只能输入数字！')
    else:
        print(f'你输入的科目代码是:{code}')
        break
```

其中的变化是：try 后的语句块中的语句尽量少一些，只放置那些有可能引发异常的代码，而把无异常时需要执行的语句放在 else 后的语句块里。

3. try…except…finally…

在这种结构中，无论 try 中的代码是否引发异常，也不管抛出的异常有没有被 except 语句捕获，finally 子句中的代码总会被执行。所以 finally 中的代码常用来做一些清理工作。例如，释放 try 子句中代码申请的资源等。该结构的语法如下：

```
try:
    语句块    # 可能会引发异常的代码
except Exception[ as reason]:
    语句块    # 处理异常的代码
finally:
    语句块    # 无论try子句中的代码是否引发异常,都会执行这里的代码
```

4. 可以捕获多种异常的异常处理结构

在实际应用中，同一段代码可能会抛出多种异常，这就需要针对不同的异常类型进行不同的处理，为了支持多种异常的捕获和处理，Python 提供了带有多个 except 的异常处理结构，一旦 try 子句中的代码抛出了异常，就按顺序依次检查与哪一个 except 子句匹配，如果某个 except 捕获到了异常，其他的 except 子句将不会再尝试捕获异常。该结构类似于多分支选择结构，语法格式为：

```
try:
    语句块    #可能会引发异常的代码
except Exception1:
    语句块    #处理异常类型1的代码
except Exception2:
    语句块    #处理异常类型2的代码
```

```
except Exception3:
    语句块    # 处理异常类型 3 的代码
…
else:
    语句块    # 如果 try 字句中的代码没有引发异常，就继续执行这里的代码
finally:
    语句块    # 无论 try 子句中的代码是否引发异常，都会执行这里的代码
```

【例 3-17】某公司有一台设备，需要将购买成本分年均摊到每年的费用中。编写程序，根据用户输入的购买金额和预计使用年限计算每年的分摊费用。如果输入的数据有异常，需要捕获并处理。

```
try:
    cost = float(input('请输入设备成本:'))
    years = int(input('请输入分摊年数:'))
    cost_every_year = cost / years
except ZeroDivisionError:             # 捕获分母为 0 的错误
    print('分摊年份不能为 0！')
except ValueError:                    # 捕获输入错误
    print('输入数据有误！')
else:
    print(f'每年需要分摊{cost_every_year}元！')
finally:
    print('无论你输入的什么样的数据，程序已经执行完了！')
```

运行结果（不同的输入，不同的结果）：

请输入设备成本:1000
请输入分摊年数:0
分摊年份不能为 0！
无论你输入的什么样的数据，程序已经执行完了！

这里输入的年数(变量 years)为 0，所以捕获了 ZeroDivisionError 异常，执行了"except ZeroDivisionError:"之后的 print('分摊年份不能为 0！')。

请输入设备成本:10ab7
输入数据有误！
无论你输入的什么样的数据，程序已经执行完了！

这里输入的设备成本为"10ab7"，因其不能转换成 float 型数据，所以触发了 ValueError 异常并被捕获，执行了"except ValueError"之后的语句：print('输入数据有误！')

请输入设备成本:1000
请输入分摊年数:8
每年需要分摊 125.0 元！
无论你输入的什么样的数据，程序已经执行完了！

3.4.3 断言语句与上下文管理语句

1. 断言语句

断言语句 assert 也是一种比较常用的代码调试技术,它是声明表达式为真的断定,常用来在程序的某个位置确认某个条件必须满足。如果表达式为假,则触发 AssertionError 异常;如果表达式为真,则断言为真,程序不抛出任何异常。断言语句的格式为:

```
Assert expression [,arguments]
```

其中:expression 为断言表达式;arguments 是断言表达式为假时传递给 AssertionError 对象的字符串。

【例 3-18】 断言语句的使用方法。

```
try:
    turnover = float(input('请输入营业额:'))
    assert turnover > 0, '营业额必须大于 0'
except AssertionError as e:
    print(e)
except ValueError:
    print('营业额数据输入有误!')
else:
    print('营业额数据正常了,你可以做下一步工作了!')
```

运行结果:

请输入营业额:-88.99
营业额必须大于 0
请输入营业额:88a.99
营业额数据输入有误!
请输入营业额:88.99
营业额数据正常了,你可以做下一步工作了!

可以看出,和其他异常一样,AssertinError 也可以通过 try...except 来捕获,如果没有捕获,该异常也同样终止程序的运行。

2. with 语句

Python 编译器对隐藏细节做了大量工作,使得程序员将更多的精力集中于如何解决业务问题。with 语句是其中一个隐藏在底层的抽象方法,其目的是简化类似于 try...except...finally 这样的代码,通过 with 语句可以自动管理资源,不论因为什么原因(即使是代码引发的异常)跳出 with 语句块,总能保证打开的资源被正常关闭,并且可以在代码块执行完毕后自动还原进入该代码块时的现场,常用于文件操作、数据库连接、网络通信连接和多线程、多进程同步等场合。with 语句的语法如下:

```
with context-expression [as var]:
    with 语句块
```

【例 3-19】 with 语句的使用。

```
try:
    fp = open(r'./withtest.txt', 'r', encoding='utf8')
    for line in fp:
        print(line, end='')
finally:
    fp.close()
```

以上代码打开当前目录下"withtest.txt"文件，并打印其内容后，关闭该文件。使用 try…except…finally 语句，确保当文件打开异常时，fp.close()能够被执行。如果采用 with 语句，则程序结构进一步简化，代码如下：

```
with open(r'./withtest.txt', 'r', encoding='utf8') as fp:
    for line in fp:
        print(line, end='')
```

3.5 综合案例

【例 3-20】 企业固定资产净值统计。输入统计好的某一行业中若干个企业的固定资产净值（固定资产净值是大于等于 0 的）。求出这些企业固定资产净值的平均值、最小值和最大值。输入出现负数时终止输入，且该负数不计入统计范围。

分析：因为平均值是所有固定资产净值之和再除以总企业数，所以设置总分变量 v_sum 初始值为 0，计数总企业数的变量 v_count 为 0。因为需要求固定资产净值的最大值和最小值，所以设置固定资产净值最大值变量 v_max 在循环开始前是一个非常小的数，如–100；设置固定资产净值最小值变量 v_min 在循环开始前是一个非常大的数，如 150。

在程序运行时依次输入若干个企业的固定资产净值，存入变量 a_value，以输入负数结束输入。每输入一个企业的固定资产净值就进行以下操作。

（1）将该企业的固定资产净值累加到变量 v_sum 中。

（2）对总企业数计数变量 v_count 增加 1。

（3）判断该企业的固定资产净值与固定资产净值最大值的关系，如果该企业固定资产净值大于固定资产净值最大值，则将固定资产净值最大值修改为该企业的固定资产净值，否则不做任何操作。

（4）判断该企业的固定资产净值与固定资产净值最小值的关系，如果该企业固定资产净值小于固定资产净值最小值，则将固定资产净值最小值修改为该企业的固定资产净值，否则不做任何操作。

（5）输入下一个企业的固定资产净值，继续做上述(1)～(4)的操作。直到输入负数结束。

通过上述分析可见，需要利用循环控制结构实现上述(1)～(5)步操作，循环结束的条件是输入的固定资产净值为负数。而对变量 v_sum、v_count、v_max 和 v_min 的赋初值要放到循环体以外。第(3)步和第(4)步需要用分支控制结构实现。而第(5)步输入下一个企业的固定资产净值，是推动程序进入下一轮循环的关键。

程序代码为：

```
a_value = float(input('请输入第一个固定资产净值:'))
if a_value >= 0:
    v_sum = v_max = v_min = a_value
    v_count = 1
else:
    print('不能小于0！')

while True:
    a_value = float(input('请输入下一个固定资产净值:'))
    if a_value < 0:
        break
    v_sum += a_value
    v_count += 1
    if a_value > v_max:
        v_max = a_value
    if a_value < v_min:
        v_min = a_value

print(f'共输入了{v_count}个固定资产净值，其中的最大值是{v_max},最小值是{v_min}')
print(f'这些固定资产净值的平均值是{round(v_sum/v_count, 4)}')
```

以上思路是传统的方法，在 Python 程序设计语言里，可以充分利用其中的列表的特性及内置函数，采用函数式编程方法，代码简单，运行速度快，具体代码为：

```
values = []
while True:
    a_value = float(input('请输入一个固定资产净值:'))
    if a_value < 0:
        break
    values.append(a_value)
print(f'共输入了{len(values)}个固定资产净值，其中的最大值是{max(values)},最小值是{min(values)}')
print(f'这些固定资产净值的平均值是{round(sum(values)/len(values), 4)}')
```

这里使用了内置函数 max()、min()、len()及列表的 append()方法。列表的性质以及方法将在第四章详细介绍。

【例 3-21】 下表是某企业 2015—2021 年年度最高和最低销售量。其中，第一行为年度最高销售量，第二行为年度最低销售量。

表 3-2　某企业 2015—2021 年销售量　　　　　　　单位：万件

最高销售量	12	13	18	21	19	15	16
最低销售量	6	10	11	14	11	10	8

编写程序，找出这 7 个会计年度中哪一个年度销售量最高，最高为多少，哪一个年度销售量最低，最低为多少？求出各年度的平均销售量〔简易计算：(最高销售量＋最低销售量)/2〕。假设在筹资意义上，合理的筹资标准是连续 5 年年均销售量超过 11 万，

根据这 7 个会计年度的销售量能否判断企业进行了合理筹资?

分析：本题需要求最高销售量数据行的最高值及其位置、最低销售量数据行的最低值及其位置、两个数据行各年销售量的平均值及这 7 年销售量的平均值等。如果单纯用变量和循环来做，程序比较复杂。因此考虑用列表来保存数据，结合 for 循环来书写代码。在 Python 中，针对列表数据结构提供了如求最大值、最小值、检索元素下标等一系列的函数。

那么，只需要运用循环结构来判断是否连续 5 年年平均销售量超过 11 万件，并求得年销售量平均值。假设这 7 年各年度的年平均销售量通过程序运算保存在了列表 average 中，通过 for 循环可以依次访问到列表中的每个元素。设 k 变量是年均销售量超过 11 万件的年数计数器，在访问 average 列表的循环体外初始化为 0。如果 k 的值已经大于等于 5，则不需要继续判断。只有当 k 小于 5，如果某年年均销售量大于等于 11 万件则加 1，一旦某年年均销售量低于 11 万件，就会被清 0。当循环结束，如果 k 这个连续计数器大于等于 5，表明有连续 5 年的年均销售量超过 11 万件。

代码如下：

```python
high = [12, 13, 18, 21, 19, 15, 16]
low = [6, 10, 11, 14, 11, 10, 8]
year = ['2015', '2016', '2017', '2018', '2019', '2020', '2021']
average = []

# （1）求最高、最低销售量及是哪一天
max_value = max(high)
min_value = min(low)
# 本循环是求最高销售量是哪一天的，使用 list 的方法 index() 可更直接求得！
for i, h in enumerate(high, start=1):
    if h == max_value:
        max_posi = i
# 本循环是求最低销售量是哪一天的，使用 list 的方法 index() 可更直接求得！
for i, l in enumerate(low, start=1):
    if l == min_value:
        min_posi = i
print(f'销售量最高值是:{max_value},是{year[max_posi]}年! ')
print(f'销售量最低值是:{min_value},是{year[min_posi]}年! ')

# （2）求每一年的平均销售量
for h, l in zip(high, low):
    average.append(round((h + l) / 2, 2))
for i, a in enumerate(average):
    print(f'{year[i]}年的平均销售量是: {a}')

# （3）判断企业是否进行了合理的筹资
k = 0
for aver_v in average:
    if k < 5:
        if aver_v >= 11:
            k += 1
        else:
            k = 0
```

```
        else:
            break
if k >= 5:
    print('企业进行了合理筹资！')
else:
    print('企业没有合理筹资！')
```

运行结果：

销售量最高值是:21,是2019年！
销售量最低值是:6,是2016年！
2015年的平均销售量是：9.0
2016年的平均销售量是：11.5
2017年的平均销售量是：14.5
2018年的平均销售量是：17.5
2019年的平均销售量是：15.0
2020年的平均销售量是：12.5
2021年的平均销售量是：12.0
企业进行了合理筹资！

【例3-22】"会计信息系统"登录时需要输入用户名和密码进行验证，只有验证通过才能进入系统。假设某用户的用户名为："admin"，密码为："123456"，登录时，输入用户名和密码，判断登录信息是否正确。登录仅有3次机会，如果用户名或密码错误分别给出错误信息并提示还有几次登录机会，超过3次则提示："3次机会用完，锁定系统30分钟"。

用户登录情况有以下3种。

用户名错误（此时无须判断密码是否正确），给出提示："用户名不存在，登录失败"。
用户名正确但密码错误，给出提示"密码错误，登录失败"。
用户名正确密码也正确，给出提示"登录成功，欢迎使用本系统"。

代码为：

```
print('欢迎使用会计信息系统'.center(20, '*'))
for i in range(1, 4):
    user_name = input('请输入用户名:')
    user_pwd = input('请输入密码:')
    if user_name == 'admin':                    # 判断用户名是否正确
        if user_pwd == '123456':                # 判断密码是否正确
            print('用户登录成功!')
            break                               # 登录成功则退出循环
        else:
            print('登录失败,密码错误!')          # 剩余次数则为3-登录次数
            print(f'您还有{3-i}次机会!')
    else:
        print('登录失败,该用户名不存在!')
        print(f'您还有{3-i}次机会')
else:
    print('三次登录均失败,系统销死30分钟!')
```

运行结果（某一次登录过程）：

*****欢迎使用会计信息系统*****
请输入用户名：admin
请输入密码：1236
登录失败，密码错误！
您还有 2 次机会！
请输入用户名：wenyf
请输入密码：123456
登录失败，该用户名不存在！
您还有 1 次机会
请输入用户名：admin
请输入密码：123456
用户登录成功！

思考练习题

一、填空题

1. 表达式 'yh' in 'tguyfeh' 的值为_____。
2. 关键字_____用于测试一个对象是否是一个可迭代对象的元素。
3. 表达式 3 < 8 > 5 的值为_____。
4. 表达式 9 or 4 的值为_____。
5. Python 中用于表示逻辑或、逻辑与、逻辑非运算的关键字分别是_____、_____、_____。
6. 下面代码的运行结果为_____。

   ```
   for x in range(5):
       print(x, end=',')
   ```

7. 已知 d = {'w':'s' , 'a':'d'}，那么表达式'w' in d 的值为_____。
8. 在循环语句中，break 语句的作用是_____。
9. 已知 num = 36，那么表达式 num%6==0 and num%8==0 的值为_____。
10. 下面代码的输出结果是_____。

    ```
    for c in 'Happy2023NewYear':
        if '0' <= c <= '9':
            continue
        print(c, end='')
    ```

11. 关键字 break 和 continue 只能用于_____中，不能在该结构之外使用。
12. 除了代码出错时会抛出异常，还可以使用_____语句主动抛出异常。
13. 在 try…except…异常处理结构中，_____用于尝试捕捉可能出现的异常。
14. 试图计算表达式 '6' - 3 时会抛出_____类型的异常。
15. 在异常处理结构中，如果一段代码无论是否发生异常都需要执行，那么应该将其放在异常处理结构的_____子句中。

二、编写程序题

1. 从键盘输入年份（四位整数），判断该年是不是闰年。
2. 随机生成 30 个[1-100]（包括 1,100）之间的整数，存放于列表中。
3. 从键盘输入若干成绩，求平均值、最高分、最低分。
4. 从键盘输入一个正整数，求小于该数的能被 17 整除的最大整数。
5. 百钱买百鸡问题：鸡公 1 只，价值 5 元，鸡母 1 只，价值 3 元，小鸡 3 只，价值 1 元，问用 100 元钱买 100 只鸡，有多少种买法？

即测即练

自学自测　扫描此码

第 4 章

可迭代序列结构

Python 中常用的可迭代序列结构有列表、元组、字典、字符串、集合等。从是否有序这个角度看,Python 序列可以分为有序序列和无序序列;从是否可变来看,Python 序列可以分为可变序列和不可变序列两大类,如图 4-1 所示。另外,生成器对象和 range、map、enumerate、filter、zip 等对象的某些用法也类似于序列,尽管这些对象更大的特点是惰性求值。列表、元组等有序序列及 range 对象均支持双向索引,可以使用负整数作为索引是 Python 有序序列的一大特色,熟练掌握和运用可以大幅度提高开发效率。

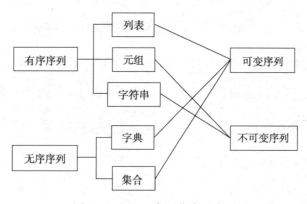

图 4-1 Python 序列分类示意图

4.1 列 表

列表(list)是最重要的 Python 内置对象之一,是包含若干元素的有序连续内存空间。当列表增加或删除元素时,列表对象自动进行内存的扩展或收缩,从而保证相邻元素之间没有缝隙。Python 列表的内存自动管理功能可以大幅度减少程序员的负担,但插入和删除非尾部元素时涉及列表中大量元素的移动,会严重影响效率。另外,在非尾部位置插入和删除元素时会改变该位置后面的元素在列表中的索引,这可能会导致某些操作产生意外的错误结果。所以,除非必要,否则应尽量在列表尾部进行元素的追加与删除。

在形式上,列表的所有元素放在一对方括号[]中,相邻元素之间使用逗号分隔。

Python 列表中的元素也是值的引用,所以同一个列表中元素的类型不仅可以各不相同,还可以随时改变,可以同时包含整数、实数、字符串等基本类型的元素,也可以包含列表、元组、字典、集合等对象,如果只有一对方括号[]而没有任何元素则为空列表。

虽然列表功能强大,但其消耗系统资源多,实际应用中,尽量避免过多使用列表,尤其数据量大的时候应该慎重,尽量选择其他合适的数据类型。

4.1.1 列表的创建与删除

使用等号(=)直接将一个列表赋值给变量即可创建列表对象。

也可以使用 list()函数把元组、range 对象、字符串、字典、集合或其他可迭代对象转换为列表。当一个列表不再需要的时候,可以用 del 命令将其删除。

【例 4-1】 列表的创建与删除。

```
lst1 = [1001, '库存现金', 12342.98, 'Python']      # 列表中包含不同类型数据
print(lst1)
lst2 = [(3, 5), ['a', 'b'], {'1001': '库存现金'}]   # 列表中包含其他序列类型
print(lst2)
dic = {'1001': '库存现金', '1002': '银行存款', '1123': '预付账款'}
tup = (1000, 3000, 2000, 5000)
lst1 = list(dic.keys())              # 将字典的键盘转换成列表
print(lst1)
lst1 = list(dic.values())            # 将字典的值转换成列表
print(lst1)
lst1 = list(dic.items())             # 将字典的每一个元素转换成列表
print(lst1)
lst1 = list(tup)                     # 将元组转换成列表
print(lst1)
lst1 = list('Python与财务会计')       # 字符串转换成列表
print(lst1)
del lst1, lst2
print(lst1)                          # 因 lst1 已经被删除,所以会抛出异常
```

运行结果:

```
[1001, '库存现金', 12342.98, 'Python']
[(3, 5), ['a', 'b'], {'1001': '库存现金'}]
['1001', '1002', '1123']
['库存现金', '银行存款', '预付账款']
[('1001', '库存现金'), ('1002', '银行存款'), ('1123', '预付账款')]
[1000, 3000, 2000, 5000]
['P', 'y', 't', 'h', 'o', 'n', '与', '财', '务', '会', '计']
NameError: name 'lst1' is not defined
```

4.1.2 列表元素访问与遍历

创建列表之后，可以使用整数作为下标来访问其中的元素，下标为 0 的元素表示第 1 个元素，下标为 1 的元素表示第 2 个元素，下标为 2 的元素表示第 3 个元素，依此类推；列表还支持使用负整数作为下标，其中下标为-1 的元素表示最后一个元素，下标为-2 的元素表示倒数第 2 个元素，下标为-3 的元素表示倒数第 3 个元素，依此类推。假如列表为：lst = [10, 20, 30, 40, 50, 60]，则其正、反向索引如图 4-2 所示。

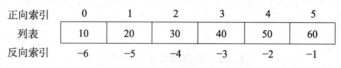

图 4-2 列表双向索引示意图

1. 利用下标（索引）访问列表的元素

正向索引和反向索引都可以访问列表，如图 4-2 所示列表中，lst[5]和 lst[-1]都能访问到元素 60，lst[1]和 lst[-5]都表示 20。

2. 直接用循环语句遍历

遍历指依次访问列表中的各元素，Python 中，遍历列表的方法有多种，直接用 for 语句遍历。语法如下：

```
for value in 列表名:
    访问列表元素
```

这种方法，只能遍历每一个元素，如果遍历元素的同时，还需要元素的下标（索引）信息，则需要结合 enumerate()函数来实现，语法如下：

```
for index, value in enumerate(列表名,[start=0]):
    访问列表元素以及其索引信息
```

【例 4-2】列表元素的访问与遍历。

```
km_lst = ['库存现金', '银行存款', '应收账款']
print(km_lst[2], km_lst[-1])      #下标访问
print(km_lst[0], km_lst[-3])
for km in km_lst:                  #迭代
    print(km, end=' ')
print()
for index, km in enumerate(km_lst, start=1):   #迭代
    print(f'第{index}个会计科目是 {km}')
```

运行结果：

应收账款 应收账款
库存现金 库存现金

库存现金 银行存款 应收账款
第 1 个会计科目是 库存现金
第 2 个会计科目是 银行存款
第 3 个会计科目是 应收账款

4.1.3 列表常用方法

列表、元组、字典、集合、字符串等 Python 序列有很多操作是通用的，不同类型的序列又有一些特有的方法或支持某些特有的运算符和内置函数。列表对象常用的方法如表 4-1 所示。

表 4-1 列表对象常用的方法

方　　法	说　　明
append(x)	将 x 追加至列表尾部
extend(L)	将列表 L 中的所有元素追加至列表尾部
insert(index，x)	在列表 index 位置处插入 x，该位置后面的所有元素后移并且在列表中的索引加 1，如果 index 为正数且大于列表长度则在列表尾部追加 x，如果 index 为负数且小于列表长度的相反数则在列表头部插入元素 x
remove(x)	在列表中删除第一个值为 x 的元素，该元素之后所有元素前移并且索引减 1，如果列表中不存在 x 则抛出异常
pop([index])	删除并返回列表中下标为 index 的元素，如果不指定 index 则默认为–1，弹出最后一个元素；如果弹出中间位置的元素则后面的元素索引减 1，如果 index 不是[–L, L)区间的整数则抛出异常，L 表示列表长度
clear()	清空列表，删除列表中的所有元素，保留列表对象
index(x)	返回列表中第一个值为 x 的元素的索引，若不存在值为 x 的元素则抛出异常
count(x)	返回 x 在列表中的出现次数
reverse()	对列表所有元素进行原地逆序，首尾交换
sort(key=None,reverse=False)	对列表中的元素进行原地排序，key 用来指定排序规则，reverse 为 False 表示升序，True 表示降序
copy()	返回列表的浅复制

1. append()、insert()、extend()

这 3 个方法都可以用于向列表对象中添加元素，其中 append()用于向列表尾部追加一个元素，insert()用于向列表任意指定位置插入一个元素，extend()用于将另一个可迭代对象中的所有元素追加至当前列表的尾部。这 3 种方式增加元素都属于原地操作，不影响列表对象在内存中的起始地址。对于长列表而言，使用 insert()方法在列表首部或中间位置插入元素时效率较低。

2. pop()、remove()、clear()

这 3 个方法用于删除列表中的元素，其中 pop()用于删除并返回指定位置（默认最后一个）的元素，如果指定的位置不是合法的索引则抛出异常；remove()用于删除列表中第一个值与指定值相等的元素，如果列表中不存在该元素则抛出异常；clear()用于清空列表中的所有元素。这 3 种操作也都属于原地操作，不影响列表对象的内存地址。另外，还可以使用 del 命令删除列表中指定位置的元素，这个方法同样也属于原地操作。

必须强调的是，由于列表具有内存自动收缩和扩张功能，在列表中间位置插入或删除元素时，不仅效率较低，而且该位置后面所有元素在列表中的索引也会发生变化，必须牢记这一点。

【例 4-3】 列表元素的增加与删除。

```
km_lst = ['库存现金', '银行存款', '应收账款']
code_lst = ['1001', '1002']
code_lst.append('1122')              # append 方法追加元素
print(code_lst)
km_lst.insert(0, '应收利息')         # insert 方法增加元素
print(km_lst)
km_lst.extend(code_lst)              # extend 方法追加多个元素
print(km_lst)
v = km_lst.pop()                     # 弹出并返回尾元素
print(v, km_lst)
v = km_lst.pop(0)                    # 弹出并返回指定位置元素
print(v, km_lst)
km_lst.remove('银行存款')            # 删除首个值为"银行存款"的元素
print(km_lst)
```

运行结果：

```
['1001', '1002', '1122']
['应收利息', '库存现金', '银行存款', '应收账款']
['应收利息', '库存现金', '银行存款', '应收账款', '1001', '1002', '1122']
1122 ['应收利息', '库存现金', '银行存款', '应收账款', '1001', '1002']
应收利息 ['库存现金', '银行存款', '应收账款', '1001', '1002']
['库存现金', '应收账款', '1001', '1002']
```

3. count()、index()

列表方法 count()用于返回列表中指定元素出现的次数；index()用于返回指定元素在列表中首次出现的索引（位置），如果该元素不存在则抛出异常。

4. sort()、reverse()

列表对象的 sort()方法用于按照指定的规则（通过 key 参数指定）对所有元素进行排序，默认规则是所有元素从小到大升序排序；reverse()方法用于将列表所有元素逆序或翻转，也就是第一个元素和倒数第一个元素交换位置，第二个元素和倒数第二个元素交换位置，依此类推。

【例 4-4】 列表的排序、元素计数、检索。

```
code_lst = ['1101', '1001', '1002', '1002', '1001', '113']
print(code_lst.count('1001'))        # '1001'在列表中出现的次数
print(code_lst.count('1222'))        # '1222'在列表中不存在
```

```
print(code_lst.index('1002'))            # '1002'在列表中首次出现的位置(索引)
code_lst.sort()                          # 列表中元素原地排序
print(code_lst)
code_lst.reverse()                       # 原地逆转
print(code_lst)
code_lst.sort(key=lambda x: len(x), reverse=True)  # 按元素的长度,降序排序
print(code_lst)
print(code_lst.index('1222'))            # '1222'在列表中不存在,会抛出异常
```

运行结果:

```
2
0
2
['1001', '1001', '1002', '1002', '1101', '113']
['113', '1101', '1002', '1002', '1001', '1001']
['1101', '1002', '1002', '1001', '1001', '113']
ValueError: '1222' is not in list
```

列表对象的 sort() 和 reverse() 分别对列表进行原地排序(in-place sorting)和逆序,没有返回值。所谓"原地",意思是用处理后的数据替换原来的数据,列表首地址不变,列表中元素原来的顺序全部丢失。如果不想丢失原来的顺序,可以使用内置函数 sorted() 和 reversed()〔关于内置函数 sorted() 与 reversed() 使用方法见 2.4 节〕。

另外,列表对象的方法在调用时,一旦出现异常,整个程序就会崩溃。为避免引发异常而导致程序崩溃,一般来说有两种方法:①使用选择结构确保列表中存在指定元素再调用有关的方法;②使用异常处理结构(异常处理结构见 3.4 节)。

以下代码求从键盘输入的会计科目代码在科目代码列表中的位置(索引),当科目不存在时,会抛出异常,为避免程序崩溃,可通过上述两种方法之一解决。

【例 4-5】 处理列表的方法抛出的异常。

```
code_lst = ['1101', '1001', '1002', '1003', '1132', '1123']
code = input('请输入科目代码:')
# 方法 1: try...except...
try:
    code_index = code_lst.index(code)
except:
    print('科目代码不存在!')
else:
    print(f'{code}在科目代码表中的索引是{code_index}!')

# 方法 2: if...else
if code in code_lst:
    code_index = code_lst.index(code)
    print(f'{code}在科目代码表中的索引是{code_index}!')
else:
    print('科目代码不存在!')
```

运行结果:

请输入科目代码:1002

```
1002 在科目代码表中的索引是 2！
1002 在科目代码表中的索引是 2！
请输入科目代码:1123
1123 在科目代码表中的索引是 5！
1123 在科目代码表中的索引是 5！
请输入科目代码:100201
科目代码不存在！
科目代码不存在！
```

4.1.4 列表对象支持的运算符

运算符 + 可以将两个列表合并，运算符*可以给一个列表乘一个整数，结果是列表重复整数次，这两种运算对列表来说都可以增加元素，但都不属于原地操作，而是返回新列表，并且涉及大量元素的复制，效率非常低。使用复合赋值运算符 + = 和*= 实现列表追加元素时属于原地操作，与 extend()方法一样高效。同样，这两个运算符也适用于元组和字符串。

成员测试运算符 in 可用于测试列表中是否包含某个元素，查询时间随着列表长度的增加而线性增加，而同样的操作对于集合而言则是常数级的。

【例 4-6】 列表对象支持的运算符。

```
km_lst = ['库存现金', '银行存款']
code_lst = ['1001', '1002']
print(code_lst*2)                   # 列表重复 2 次
print(km_lst + code_lst)            # 列表相加
print(f'km_lst 的 id:{id(km_lst)},code_lst 的 id:{id(code_lst)}')
km_lst =km_lst + code_lst           # 赋值，id 会发生变化
code_lst *= 3                       # 复合赋值运算符，id 不会发生变化
print(f'km_lst 的 id:{id(km_lst)},code_lst 的 id:{id(code_lst)}')
```

运行结果：

```
['1001', '1002', '1001', '1002']
['库存现金', '银行存款', '1001', '1002']
km_lst 的 id:2623437725120,code_lst 的 id:2623442614464
km_lst 的 id:2623442774464,code_lst 的 id:2623442614464
```

4.1.5 切片操作

切片是 Python 序列的重要操作之一，除了适用于列表之外，还适用于元组、字符串、range 对象。列表的切片操作具有最强大的功能，不仅可以使用切片来截取列表中的任何部分得到一个新列表，还可以通过切片来修改和删除列表中的部分元素，甚至可以通过切片操作为列表对象增加元素。切片使用 2 个冒号分隔的 3 个数字来完成，其格式如下：

```
[start: stop: step]
```

其中：start 表示切片开始的位置，默认为 0；stop 表示切片截止（但不包含）的位置（默认为列表长度）；step 表示切片的步长（默认为 1）。当 start 为 0 时可以省略，当 stop 为列表长度时可以省略，当 step 为 1 时可以省略，省略步长时还可以同时省略最后一个冒号。另外，当 step 为负整数时，表示反向切片，这时 start 应该在 stop 的右侧才行。

【例 4-7】列表常用的切片操作。

```
code_lst = ['1101', '1001', '1002', '1113', '1121']
km_str = 'Python与数据会计'
print(code_lst[::-1])           # 得到逆序列表
print(code_lst[::2])            # 从0位置开始，隔一个取一个,相当[0::2]
print(code_lst[2:4])            # 取[2:4]共两个元素
print(code_lst[1:100])          # 结束位置大于列表长度时，取到末尾就结束
print(km_str[0:6])              # 字符串也支持切片
print(km_str[::-1])             # 获取反向字符串
```

运行结果：

```
['1121', '1113', '1002', '1001', '1101']
['1101', '1002', '1121']
['1002', '1113']
['1001', '1002', '1113', '1121']
Python
计会据数与nohtyP
```

使用切片可以返回由列表中部分元素组成的新列表。与使用索引作为下标访问列表元素的方法不同，切片操作不会因为下标越界而抛出异常，而会简单地在列表尾部截断或者返回一个空列表，因此代码具有更好的健壮性。另外，通过切片得到的列表属于浅复制。

4.2 元　　组

4.2.1 元组创建与元素访问

列表的功能虽然很强大，但消耗的资源多，在很大程度上影响了运行效率。有时并不需要那么多功能，而是需要轻量级的列表，元组（tuple）正是这样一种类型。在形式上元组的所有元素放在一对圆括号中，元素之间使用逗号分隔，如果元组中只有一个元素则必须在最后增加一个逗号。

【例 4-8】元组创建及元素的访问

```
tup1 = (1001, '库存现金', 12342.98, 'Python')      # 元组中包含不同类型数据
print(tup1)
tup2 = ((3, 5), ['a', 'b'], {'1001':'库存现金'})   # 列表中包含其他序列类型
print(tup2)
lst = [1000, 3000, 2000, 5000]
tup3 = tuple(lst)                                  # 列表转换成元组
print(tup3)
tup4 = tuple('Python与财务会计')                    # 字符串转换成元组
```

```
print(tup4)
tup5 = (5)                          # 此时生成的 tup5 不是元组
print(tup5, type(tup5))
tup5 = (5, )                        # 生成只有一个元素的元组
print(tup5, type(tup5))
del tup1
print(tup1)                         # 此时 tup1 已经不存在了，会抛出异常
```

运行结果：

```
(1001, '库存现金', 12342.98, 'Python')
((3, 5), ['a', 'b'], {'1001': '库存现金'})
(1000, 3000, 2000, 5000)
('P', 'y', 't', 'h', 'o', 'n', '与', '财', '务', '会', '计')
5 <class 'int'>
(5,) <class 'tuple'>
NameError: name 'tup1' is not defined
```

4.2.2 元组与列表的异同点

列表和元组都属于有序序列，都支持双向索引访问其中的元素，以及使用 count() 方法统计元素的出现次数和 index() 方法获取元素的索引，len()、map()、filter() 等大量内置函数和 +、*、+=、in 等运算符也都可以作用于列表和元组。虽然列表和元组有着一定的相似之处，但在本质上和内部实现上都有着很大的不同。

元组属于不可变序列，不可以直接修改元组中元素的值，也无法为元组增加或删除元素。所以，元组没有提供 append()、extend() 和 insert() 等方法；同样，元组也没有 remove() 和 pop() 方法，也不支持对元组元素进行 del 操作，只能使用 del 命令删除整个元组。元组也支持切片操作，但是只能通过切片来访问元组中的元素，不允许使用切片来修改元组中元素的值，也不支持使用切片操作来为元组增加或删除元素。从一定程度上讲，可以认为元组是轻量级的列表或不可变列表。

Python 的内部实现对元组做了大量优化，访问速度比列表更快。如果定义了一系列常量值，主要用途仅是对它们进行遍历或其他类似操作，不需要对其元素进行任何修改，那么一般建议使用元组而不用列表，元组在内部实现上不允许修改其元素值，从而使得代码更加安全。例如，调用函数时使用元组传递参数可以防止在函数中修改参数的值，使用列表则很难保证这一点。

最后，作为不可变序列，与整数、字符串一样，元组可用作字典的键，也可以作为集合的元素，而列表永远都不能当作字典键使用，也不能作为集合中的元素。

4.3 字　　典

字典（dict）是包含若干"键:值"元素的可变序列，字典中的每个元素都包含用冒号分隔开的"键"和"值"两部分，表示一种映射或对应关系，也称为关联数组。定义字典时，每个元素的"键"和"值"之间用冒号分隔，不同元素之间用逗号分隔，所有

的元素放在一对花括号"{}"中。

字典中元素的"键"可以是 Python 中任意不可变数据，如整数、实数、复数、字符串、元组等类型的数据，但不能是列表、集合、字典或其他可变类型的值。另外，字典中的"键"不允许重复。字典在内部维护的哈希表使得检索操作速度非常快。使用内置字典类型 dict 时不用排列元素的先后顺序，如果确实需要处理有序的字典，建议使用 collections 的 OrderedDict 类。

4.3.1 字典创建与删除

使用赋值运算符 = 将一个字典赋值给一个变量即可创建一个字典对象。也可以使用内置类 dict 以不同形式创建字典，在第 2 章介绍过这种用法，实际上是调用了 dict 类的构造方法。

【例 4-9】 字典的创建。

```
km_dict = {'1001':'库存现金', '1002':'银行存款', '1123':'预付账款'}
                                                      #直接给出键值对
print(km_dict)
keys = ('1001', '1002', '1123')
values = ('库存现金', '银行存款', '预付账款')
km_dict = dict(zip(keys, values))          # 根据已有数据创建字典
print(km_dict)
km_dict = dict(xj='库存现金', ck='银行存款', yf='预付账款')   # 关键参数创建
print(km_dict)
```

运行结果：

```
{'1001': '库存现金', '1002': '银行存款', '1123': '预付账款'}
{'1001': '库存现金', '1002': '银行存款', '1123': '预付账款'}
{'xj': '库存现金', 'ck': '银行存款', 'yf': '预付账款'}
```

4.3.2 字典元素的访问

字典中的每个元素表示一种映射关系或对应关系，根据提供的"键"作为下标可以访问对应的"值"，如果字典中不存在这个"键"会抛出异常。为了避免程序运行时引发异常而导致崩溃，在使用下标的方式访问字典元素时，最好配合条件判断或异常处理结构。

字典对象提供了一个 get() 方法用来返回指定"键"对应的"值"，并且允许指定该键不存在时返回特定的"值"。

对字典对象直接进行迭代或遍历时默认的是遍历字典的"键"，如果需要遍历字典的元素（键值对）必须使用字典对象的 items() 方法明确说明，如果需要遍历字典的"值"则必须使用字典对象的 values() 方法明确说明。当使用 len()、max()、min()、sum()、sorted()、enumerate()、map()、filter() 等内置函数及成员测试运算符 in 对字典对象进行操作时，也遵循同样的约定。

【例 4-10】 字典的访问。

```
km_dict = {'1001': '库存现金', '1002': '银行存款', '1123': '预付账款'}
print(km_dict['1001'])                    # 根据指定键值访问其值
try:                                       # 为避免异常，用 try...excep...结构
    print(km_dict['1008'])
except:
    print('不存在该科目！')
if '1008' in km_dict.keys():              # 为避免异常，先判断键存在否
    print(km_dict['1008'])
else:
    print('不存在该科目！')
print(km_dict.get('1001', '不存在该科目！'))    # 通过 get()方法获取键对应的值
print(km_dict.get('1010', '不存在该科目！'))    # 通过 get()方法获取键对应的值
for k, v in km_dict.items():              # items()获取字典所有元素
    print(f'键:{k}, 值:{v}')
print(km_dict.keys())                     # keys()方法获取所有的键
print(km_dict.values())                   # values()方法获取所有的值
```

运行结果：

```
库存现金
不存在该科目！
不存在该科目！
库存现金
不存在该科目！
键:1001, 值:库存现金
键:1002, 值:银行存款
键:1123, 值:预付账款
dict_keys(['1001', '1002', '1123'])
dict_values(['库存现金', '银行存款', '预付账款'])
```

4.3.3 元素的添加、修改与删除

当以指定"键"为下标给字典元素赋值时，有两种含义：①若该"键"存在，表示修改该"键"对应的值；②若该"键"不存在表示添加一个新的"键:值"对，也就是添加一个新元素；使用字典对象的 update()方法可以将另一个字典的"键:值"一次性全部添加到当前字典对象，如果两个字典中存在相同的"键"，则以另一个字典中的"值"为准对当前字典进行更新；字典对象的 setdefault()方法也可以用来为字典添加新元素；如果需要删除字典中指定的元素，可以使用 del 命令；字典对象的 pop()和 popitem()方法可以弹出并删除指定的元素；字典对象的 clear()方法用于清空字典对象中的所有元素。

【例 4-11】 字典元素的添加、修改与删除。

```
km_dict = {'1001': '库存现金', '1002': '银行存款', '1123': '预收账款'}
km_dict['1123'] = '预付账款'              # 修改元素值
```

```python
km_dict['2001'] = '短期借款'              # "键"原来不存在，相当于增加元素
print(km_dict)
del km_dict['1123']                      # 删除元素
print(km_dict)
km_dict1 = {'6011': '利息收入', '1001': '现金'}   # 用另外一个字典更新自己
km_dict.update(km_dict1)
print(km_dict)
value = km_dict.pop('1001')              # 弹出指定键的元素值，键不存在则抛出异常
print(value)
print(km_dict)                           # 字典中元素减少
item = km_dict.popitem()                 # 弹出一个元素，若字典为空则抛出异常
print(item)
print(km_dict)                           # 字典中元素减少
```

运行结果：

{'1001': '库存现金', '1002': '银行存款', '1123': '预付账款', '2001': '短期借款'}
{'1001': '库存现金', '1002': '银行存款', '2001': '短期借款'}
{'1001': '现金', '1002': '银行存款', '2001': '短期借款', '6011': '利息收入'}
现金
{'1002': '银行存款', '2001': '短期借款', '6011': '利息收入'}
('6011', '利息收入')
{'1002': '银行存款', '2001': '短期借款'}

4.4 集　　合

集合（set）属于 Python 无序可变序列，使用一对花括号{}作为定界符，元素之间使用逗号分隔，同一个集合内的每个元素都是唯一的，元素之间不允许重复。集合中只能包含数字、字符串、元组等不可变类型的数据，不能包含列表、字典、集合等可变类型的数据。

4.4.1 集合对象的创建与访问

直接将集合赋值给变量即可创建一个集合对象；也可以使用 set()函数将列表、元组、字符串、range 对象及其他可迭代对象转换为集合。如果原来的数据中存在重复元素，则在转换为集合的时候只保留一个；如果原序列或迭代器对象中有不可哈希的值，则无法转换成为集合，此时会抛出异常。

集合对象的 add()方法可以增加新元素，如果该元素已存在则忽略该操作，不会抛出异常；update()方法合并另外一个集合中的元素到当前集合中，并自动去除重复元素。集合对象的 pop()方法随机删除并返回集合中的一个元素，如果集合为空则抛出异常；remove()方法删除集合中特定值的元素，如果不存在则抛出异常；discard()方法从集合中删除一个特定元素，如果元素不存在则忽略该操作；clear()方法清空集合。

【例 4-12】 集合的创建与访问。

```
km_set = {'库存现金', '银行存款', '预付账款'}
code_set = {'1001', '1002'}
km_set.add('在建工程')              # 添加元素
print(km_set)
pop_v = km_set.pop()                # 随机弹出元素
print(pop_v, km_set)
# 如果此处pop()方法正好弹出了'库存现金',则remove('库存现金')会报错
km_set.remove('库存现金')           # 删除'库存现金'
print(km_set)
km_set.discard('库存现金')          # 删除'库存现金'
print(km_set)
km_set.update(code_set)             # 更新当前集合,自动去重
print(km_set)
km_set.clear()                      # 清空集合
print(km_set)
```

运行结果:

```
{'银行存款', '库存现金', '预付账款', '在建工程'}
银行存款 {'库存现金', '预付账款', '在建工程'}
{'预付账款', '在建工程'}
{'预付账款', '在建工程'}
{'预付账款', '1002', '1001', '在建工程'}
set()
```

例 4-12 中,因为 km_set 的 pop()方法随机弹出一个元素,所以运行结果每一次可能都不相同,如果正好弹出了"库存现金",则 km_set.remove('库存现金')这条语句会抛出异常。

4.4.2 集合运算

内置函数 len()、max()、min()、sum()、sorted()、map()、filter()、enumerate()等也适用于集合。另外,Python 集合还支持数学意义上的交集、并集、差集等运算:方法 union() 求并集,intersection()求交集,difference()求差集,symmetric_difference()求对称差集,issubset()判断是否为子集。关系运算符>、>=、<、<=作用于集合时表示集合之间的包含关系,而不是比较集合中元素的大小关系。

【例 4-13】 集合的运算。

```
km_set1 = {'1001', '1011', '1002', '1012'}
km_set2 = {'1002', '1121', '1012', '1703'}
print(km_set2 | km_set1)                            # 并集
print(km_set1.union(km_set2))                       # 并集
print(km_set1 & km_set2)                            # 交集
print(km_set1.intersection(km_set2))                # 交集
print(km_set1 - km_set2)                            # 差集
print(km_set1.difference(km_set2))                  # 差集
print(km_set1.symmetric_difference(km_set2))        # 对称差集
print(km_set1 ^ km_set2)                            # 对称差集
```

```
km_set1 = {'1001', '1011', '1002', '1012'}
km_set2 = {'1002', '1001'}
km_set3 = {'1003', '1211'}
print(km_set2 < km_set1)                    # 比较集合包含关系：真子集
print(km_set3 <= km_set1)                   # 子集
print(km_set2.issubset(km_set1))            # 子集
print(km_set2.isdisjoint(km_set3))          # 交集为空，则结果为 True
```

运行结果：

```
{'1703', '1001', '1011', '1012', '1121', '1002'}
{'1703', '1001', '1011', '1012', '1121', '1002'}
{'1002', '1012'}
{'1002', '1012'}
{'1001', '1011'}
{'1001', '1011'}
{'1703', '1001', '1011', '1121'}
{'1703', '1001', '1011', '1121'}
True
False
True
True
```

4.5　字符串常用方法

关于字符串的基本概念、对运算符和内置函数的支持，本书第 2 章已经介绍，本节主要介绍字符串对象自身提供的常用方法。由于字符串本身属于不可变序列，所以这些方法都是返回处理后的字符串或字节串，均不对原字符串进行任何修改。

4.5.1　encode()、decode()

字符串有很多编码规则，常见的编码格式有：GB/T 2312-1980、GBK、CP936、UTF8等。其中，GB2312、GBK 和 CP936 都规定使用 2 个字节表示一个汉字，一般不对这 3 种编码格式进行区分。UTF-8 对全世界所有国家用到的字符都进行了编码，使用 1 个字节表示英文字符（兼容 ASCII 码），3 个字节表示一个汉字。

对于中文字符，不同编码格式之间的实现细节相差很大，同一个中文字符使用不同编码格式得到的字节串是完全不一样的。在理解字节串内容时必须清楚使用的编码规则并进行正确的解码，如果解码方式不正确就无法还原信息。同样的中文字符存入使用不同编码格式的文本文件时，实际写入的二进制串可能会不同，但这并不影响使用，文本编辑器会自动识别和处理。

字符串的 encode()方法使用指定的编码格式把字符串编码为字节串，默认使用 UTF-8 编码格式。与之对应，字节串的 decode()方法使用指定的编码格式把字节串解码为字符串，默认使用 UTF-8 编码格式。由于不同编码格式的规则不一样，使用一种编码格式编码得到的字节串一般无法使用另一种编码格式进行正确解码，这两个方法的使用在 2.2.6

节介绍过，在此不再赘述。

4.5.2　index()、rindex()、count()

字符串方法 index()返回指定字符串在当前字符串中首次出现的位置，如果当前字符串中不存在此字符串，则抛出异常；rindex()用来返回指定字符串在当前字符串中最后一次出现的位置，如果不存在此字符串，则抛出异常；count()方法用来返回指定字符串在当前字符串中出现的次数，如果不存在，则返回 0。

【例 4-14】字符串的方法调用。

```
km_str = 'xj1001库存现金1002银行存款'
print(km_str.index('现金'))      # 输出 8
print(km_str.rindex('银行'))     # 输出 14
print(km_str.count('1'))         # 输出 3
```

运行结果：

```
8
14
3
```

需要说明的是，在 Python 中无论是一个数字、英文字符，还是一个汉字都被认为是一个字符。

4.5.3　replace()、maketrans()、translate()

（1）字符串方法 replace()用来替换字符串中指定字符或子字符串的所有重复出现，每次只能替换一个字符或一个字符串，把指定的字符串参数作为一个整体对待，返回替换后的新字符串，原字符串不变。

（2）字符串对象的 maketrans()方法用来生成字符映射表；translate()方法用来根据映射表中定义的对应关系转换字符串并替换其中的字符，使用这两个方法的组合可以同时处理多个不同的字符。

【例 4-15】字符串的方法调用。

```
km_str = 'xj1001 库存现金 1002 银行存-款'
print(km_str.replace(' ', '').replace('-', ''))  # 将' '和'-'替换为''，（相当于删除）
digit = '0123456789'
ch_digit = '零一二三四五六七八九'
table = ''.maketrans(digit, ch_digit)
print('14036542'.translate(table))
```

运行结果：

xj1001库存现金1002银行存款
一四零三六五四二

4.5.4 ljust()、rjust()、center()

字符串方法 ljust()、rjust()和 center()用于对字符串进行排版，返回指定宽度的新字符串，原字符串分别居左、居右或居中出现在新字符串中，如果指定的宽度大于原字符串长度，使用指定的字符（默认是空格）进行填充。

【例 4-16】 字符串的方法调用。

```
print('1001'.ljust(20)+'库存现金')
print('1001'.rjust(20, '*'))
print('库存现金'.center(20, '*'))
```

运行结果：

```
1001                库存现金
****************1001
********库存现金********
```

4.5.5 split()、rsplit()、join()

字符串方法 split()使用指定的字符串（如果不指定则默认为空格、换行符和制表符等空白字符）作为分隔符对原字符从左向右进行分隔；rsplit()从右向左进行分隔，这两个方法都返回分隔后的字符串列表。字符串方法 join()使用指定的字符串作为连接符对可迭代对象中的若干字符进行连接。

【例 4-17】 字符串的方法调用。

```
km_code = '1001,1002,1003,1012'
km_name = ['现金', '存款', '利息', '票据']
print(km_code.split(','))
print(km_code.rsplit(',', maxsplit=2))
print('-'.join(km_name))
```

运行结果：

```
['1001', '1002', '1003', '1012']
['1001,1002', '1003', '1012']
现金-存款-利息-票据
```

4.5.6 lower()、upper()、capitalize()、title()、swapcase()

字符串方法 lower()把字符串中的英文字母全部转换为小写字母；upper()把字符串中的英文字母全部转换为大写字母；capitalize()把每个句子的第一个字母转换为大写字母；title()把每个单词的第一个字母转换为大写字母；swapcase()把小写字母转换为大写字母并把大写字母转换为小写字母。

【例 4-18】 字符串的方法调用。

```
s = 'I am Studying python'
print(s.upper())
```

```
print(s.lower())
print(s.capitalize())
print(s.title())
print(s.swapcase())
```

运行结果:

```
I AM STUDING PYTHON
i am studing python
I am studing python
I Am Studing Python
i AM sTUDING PYTHON
```

4.5.7 startswith()、endswith()

字符串方法 startswith()和 endswith()分别用来测试字符串是否以指定的一个或几个字符开始和结束。

【例 4-19】 字符串的方法调用。

```
name_list = ['保费收入','赔付支出', '利息收入', '租赁收入', '利息支出']
code_list = ['1001', '1002', '1003', '1012', '2001', '2002', '2111']
km_name = '提取保险责任准备金'
print(km_name.startswith('提取'), km_name.startswith('保险'))
print(km_name.endswith('金'), km_name.endswith('准备'))
startswith_1 = [code for code in code_list if code.startswith('1')]
print('资产类科目代码:', startswith_1)
zc_names = [name for name in name_list if name.endswith('支出')]
print('支出类科目名称: ', zc_names)
```

运行结果:

```
True False
True False
资产类科目代码: ['1001', '1002', '1003', '1012']
支出类科目名称: ['赔付支出', '利息支出']
```

4.5.8 strip()、rstrip()、lstrip()

字符串方法 strip()、rstrip()和 lstrip()分别用来删除字符串两侧、右侧或左侧的空白字符或指定的字符。

【例 4-20】 字符串的方法调用。

```
txt = '  &&&&1001库存现金~~~~~\t   '
print(txt.strip())
print(txt.strip(' &~'))
print(txt.lstrip(' &'))
print(txt.rstrip(' ~'))
```

运行结果:

&&&&&1001 库存现金~~~~~
1001 库存现金~~~~~
1001 库存现金~~~~~
&&&&&1001 库存现金~~~~~

4.6 推导式与生成器推导式

推导式也称为解析式,是 Python 的一种独有特性。推导式是可以从一个数据序列构建另一个新的数据序列的结构体。Python 有列表推导式、字典推导式、集合推导式以及元组的生成器推导式。

4.6.1 列表推导式

列表推导式也称为列表生成式或列表解析式,可以使用非常简洁的方式对列表或其他可迭代对象的元素进行遍历、过滤或再次计算,快速生成满足特定需求的新列表,是 Python 程序开发时应用较多的技术之一。Python 的内部实现对列表推导式做了大量优化,可以保证很快的运行速度。列表推导式的语法格式为:

```
[expression for expr1 in sequence1 if condition1
            for expr2 in sequence2 if condition2
            ……
]
```

【例 4-21】 2021 年某产品 1—12 月份销售额如下(万元):45, 68, 70, 60, 47, 69, 50, 61, 70, 46, 56, 64。(1)找出最大销售额及出现的月份;(2)求出销售额低于 50 的月份及销售额。

```
saleroom = [45, 68, 70, 60, 47, 69, 50, 61, 70, 46, 56, 64]
# (1).求最大销售额及出现的月份
highest = max(saleroom)
highest_m = [m for m, v in enumerate(saleroom, start=1) if v==highest]
print(f'最大销售额:{highest}')
print('最大销售额出现在:', end='')
for m in highest_m:
    print(f'第{m}', end=' ')
print('月份!')
# (2).求销售额小于 50 的月份及销售额。
less50 = [(m,s) for m,s in enumerate(saleroom, start=1) if s<50]
print('销售额小于 50 的月份有:')
for m, s in less50:
    print(f'{m}月份,销售额:{s}')
```

运行结果:

最大销售额:70
最大销售额出现在:第 3 第 9 月份!

销售额小于 50 的月份有：
1 月份，销售额:45
5 月份，销售额:47
10 月份，销售额:46

4.6.2 生成器推导式

生成器推导式也称为生成器表达式，用法与列表推导式非常相似，在形式上生成器推导式使用圆括号，而不是列表推导式所使用的方括号。与列表推导式最大的不同是，生成器推导式的结果是一个生成器对象。生成器对象属于迭代器对象，具有惰性求值的特点，只在需要时生成新元素，比列表推导式具有更高的效率，空间占用非常少，尤其适合大数据处理的场合。

使用生成器对象的元素时，可以将其转化为列表或元组，也可以使用生成器对象的_next_()方法或内置函数 next()进行遍历，或者直接使用 for 循环来遍历其中的元素。但是不管用哪种形式，只能从前往后正向访问其中的元素，一个元素一旦访问过以后便不能再访问，也不支持使用下标直接访问其中任意位置的元素。当所有元素访问结束以后，如果需要重新访问其中的元素，必须重新创建该生成器对象。

例 4-21 中，把列表推导式的[]换成()，则生成的 highest_m 和 less50 不再是列表，而是一个可迭代的生成器对象，但程序运行结果相同。如果处理的数据量大，则建议使用生成器表达式，会节省空间并提升运行效率。

4.6.3 字典推导式

字典推导式和列表推导式的使用方法类似，只不过将方括号替换为花括号，并且有两个表达式，一个生成键，一个生成对应的值，中间用冒号隔开，最后生成的是字典，其语法格式如下：

```
[key_expression:value_expression for expr1 in sequence1 if condition1
                                for expr2 in sequence2 if condition2
                                ……
]
```

例 4-21 的问题，也可以用字典推导式实现，代码如下：

```
saleroom = [45, 68, 70, 60, 47, 69, 50, 61, 70, 46, 56, 64]
# 1.求最大销售额以及出现的月份
highest = max(saleroom)
highest_m = {m: v for m, v in enumerate(saleroom, start=1) if v==highest}
print(f'最大销售额:{highest}')
print('最大销售额出现在:', end='')
for m in highest_m.keys():
    print(f'第{m}', end=' ')
print('月份！')
# 2.求销售额小于 50 的月份以及销售额。
less50 = {m: s for m, s in enumerate(saleroom, start=1) if s < 50}
```

```
print('销售额小于 50 的月份有：')
for m, s in less50.items():
    print(f'{m}月份，销售额：{s}')
```

4.6.4 集合推导式

集合也有自己的推导式，跟列表推导式类似，只不过将方括号替换为花括号，最后生成的是集合。如果生成元素中有重复，会自动去重。

【例 4-22】 从列表 codes 中众多会计科目中筛选出资产类科目代码（以 1 打头的代码），分别用列表推导式和集合推导式求得，并观察二者的区别。

```
codes = ['1003', '2221', '1003', '1002', '2001', '2201', '1002', '1001',
'2002', '2021', '2221', '2002', '1002', '1001', '2001', '1531', '1001', '1111',
'1012', '1012', '1201', '2021', '1601', '2011', '1201', '2001']
codes_list = [code for code in codes if code.startswith('1')]   #列表推导式
codes_set = {code for code in codes if code.startswith('1')}    #集合推导式
print(codes_list)
print(codes_set)
```

运行结果：

```
['1003', '1003', '1002', '1002', '1001', '1002', '1001', '1531', '1001',
'1111', '1012', '1012', '1201', '1601', '1201']
{'1003', '1601', '1002', '1201', '1531', '1111', '1001', '1012'}
```

4.6.5 序列解包用法

序列解包（sequence unpacking）是 Python 中非常重要且常用的一种功能，可以使用非常简洁的形式完成复杂的功能，提高了代码的可读性，减少了程序员的代码输入量。序列解包可以用于列表、字典、enumerate 对象、filter 对象、zip 对象等。对字典使用时，默认是对字典"键"进行操作，如果对"键：值"进行操作应使用字典的 items() 方法说明，如果需要对字典"值"进行操作应使用字典的 values() 方法明确指定。

通过巧妙地应用序列解包，可以实现多个变量同时赋值、交换两个变量的值、同时遍历多个序列等功能。

【例 4-23】 序列解包的用法。

```
c, n, v = '1001', '库存现金', 1000.00        # 多个变量同时赋值
print(c, n, v)
a_tuple = (1002, '银行存款', 2000.00)
c, n, v = a_tuple                            # 解包元组
print(c, n, v)
print('交换两个变量的值：')
c, n = n, c                                  # 交换两个变量的值
print(c, n)
km_dict = {'1001': '库存现金', '1002': '银行存款', '1123': '预付账款'}
print('字典的 keys()、values()、items()：')
```

```
c1, c2, c3 = km_dict.keys()            # 字典中的 keys()
print(c1, c2, c3)
c1, c2, c3 = km_dict.items()           # 字典中的 values()
print(c1, c2, c3)
for k, v in km_dict.items():           # 对字典中的 item()分别解包
    print(k, v)
print('同时遍历多个序列:')
codes = ['1001', '1002', '1123']
names = ['库存现金', '银行存款', '预付账款']
for c, n in zip(codes, names):         # 同时遍历多个序列
    print(c, n)
```

运行结果:

1001 库存现金 1000.0
1002 银行存款 2000.0
交换两个变量的值:
银行存款 1002
字典的 keys()、values()、items():
1001 1002 1123
('1001', '库存现金') ('1002', '银行存款') ('1123', '预付账款')
1001 库存现金
1002 银行存款
1123 预付账款
同时遍历多个序列:
1001 库存现金
1002 银行存款
1123 预付账款

4.7 综 合 案 例

【例 4-24】 模拟会计信息系统用户登录过程,通过对字典和列表的应用,实现用户登录模块功能模拟。

```
user_info = {'user1':{'name':'admin1','password':'123456','sex':'F'},
             'user2':{'name':'admin2','password':'654321','sex':'M'},
             'user3':{'name':'admin3','password':'234567','sex':'M'}
             }  # 存储登录用户的信息:用户名、密码、性别等
name_list = [ ]
pass_list = [ ]
for key1, value1 in user_info.items():
                  # 遍历字典,将其中的用户信息存储于两个列表
    name_list.append(value1['name'])
    pass_list.append(value1['password'])
print('用户管理系统登录界面'.center(30, '='))
times = 0
name = input('请输入用户的姓名:')
```

```
while True:                          # 进行用户名和密码正确的判断,并通过循环 4 次判断
    if not name in name_list:
        if times == 3:
            print('登录失败!')
            break
        print('用户不存在,请重新输入!')
        times += 1
        print(f'你还有{4-times}次机会(共有 4 次机会)')
        name = input('请输入用户的姓名:')
    else:
        pwd = input('请输入用户的密码:')
        if pass_list[name_list.index(name)] == pwd:
            print("恭喜你登录成功")
            break
        else:
            if times == 3:
                print('登录系统失败! ')
                break
            print('密码不正确,请重新输入!')
            times += 1
            print(f'你还有{4-times}次机会(共有四次机会)')
```

【例 4-25】 某家商店根据客户消费总额的不同将客户分为不同的类型。如果消费总额不小于 10 万元,为铂金卡客户(platinum);如果消费总额大于等于 5 万元且小于 10 万元,为金卡客户(gold);如果消费总额大于等于 3 万元且小于 5 万元,为银卡客户(silver);如果消费总额小于 3 万元,为普卡客户(ordinary)。现有一批顾客的消费金额(单位:万元)存放于列表中,con_list = [2.3, 4.5, 6.7, 8.5, 0.5, 1.5, 0.3, 17, 7, 20.4, 2.9, 3.9],输出一个字典,分别以 platinum、gold、silver、ordinary 为键,以各客户类型人数为值。

```
con_list = [2.3, 4.5, 6.7, 8.5, 0.5, 1.5, 0.3, 17, 7, 20.4, 2.9, 3.9]
user_dict = {}
for con in con_list:
    if con >= 10.0:
        user_dict['platinum'] = user_dict.get('platinum', 0) + 1
    elif con >= 5:
        user_dict['gold'] = user_dict.get('gold', 0) + 1
    elif con >= 3:
        user_dict['silver'] = user_dict.get('silver', 0) + 1
    else:
        user_dict['ordinry'] = user_dict.get('ordinry', 0) + 1
print(user_dict)
```

运行结果:

  {'ordinry': 5, 'silver': 2, 'gold': 3, 'platinum': 2}

【例 4-26】 某企业为职工发放奖金:如果入职超过 5 年,且销售业绩超过 15 000 元的员工,奖金比例为 0.2;销售业绩超过 10 000 元的员工,奖金比例为 0.15;销售业绩超过 5 000 元的员工,奖金比例为 0.1;其他奖金比例为 0.05。如果入职不超过 5 年,且销售业绩超过 4 000 的员工,奖金比例为 0.045;否则为 0.01。输入入职年限、销售业绩,

输出奖金比例、奖金,并将奖金存放到列表中,最后输出该列表及总奖金。入职年限(为整数)输入–1 的时候结束输入,为了简化所有输入均假定正确,无须判断小于 0 的情况。奖金为销售业绩与奖金比例的乘积。

```
years = int(input('请输入入职年限:'))
bonus_lst = []
while years > 0:
    performance = float(input('请输入销售业绩:'))
    if years > 5:
        if performance > 15000:
            p = 0.2
        elif performance > 10000:
            p = 0.15
        elif performance > 5000:
            p = 0.1
        else:
            p = 0.05
    else:
        if performance > 4000:
            p = 0.045
        else:
            p = 0.01
    bonus = performance * p
    print(f'奖金比例:{p}')
    print(f'所获奖金:{bonus}')
    bonus_lst.append(bonus)
    years = int(input('请输入入职年限:'))
print(f'各奖金数额是:{bonus_lst}')
print(f'总奖金是:{sum(bonus_lst)}')
```

运行结果:

请输入入职年限:10
请输入销售业绩:20000
奖金比例:0.2
所获奖金:4000.0
请输入入职年限:8
请输入销售业绩:13652
奖金比例:0.15
所获奖金:2047.8
请输入入职年限:0
各奖金数额是:[4000.0, 2047.8]
总奖金是:6047.8

思考练习题

一、填空题

1. 表达式 list(map(str, [2, 5, 8, 0]))的值为_____。

2. 执行语句 a, b, c = 'GPT' 之后，变量 c 的值为_____。

3. 表达式[1, 2, 3][-4:]的值为_____。

4. 已知 dic = {'a': 97, 'b': 98, 'c': 99}，那么表达值 dic.get('b', 100)的值为_____。

5. 表达式[1, 2, 3]*2 的执行结果为_____。

6. 列表对象的_____方法删除首次出现的指定元素，如果不存在则抛出异常。

7. 有列表 x = [1, [2], (3, 4), {5, 6, 7}]，则表达式 len(x)的值为_____。

8. 从有序与无序的角度来说，列表、元组、字符串是 Python 的_____序列。

9. 列表对象的 reverse()方法用来对列表中的元素原地翻转，该方法的返回值为_____。

10. 假设列表对象 lst 的值为[1, 3, 4, 6, 7, 12, 15, 17]，那么切片 lst[3:7]得到的值是_____。

11. 对于长度大于 3 的列表，如果使用负数作为索引，那么列表中倒数第 3 个元素的下标为_____。

12. 表达式 len(set([2, 3, 4, 3, 6, 7]))的值为_____。

二、编程与思考题

1. 生成 500 个随机整数([1,100]之间)，统计每个整数出现的次数。

2. 生成含有 20 个元素的列表，利用切片，生成该列表的逆序列表及介于索引[3, 9]之间（包括）的所有元素的子列表。

3. 第 3 章编程题第 5 题的"百钱买百鸡"问题，用列表推导式解决。

4. 为什么要尽量从列表的尾部进行插入和删除操作？

5. 试比较列表、元组、字典、集合 4 种序列结构的异同点？

即测即练

自学自测　扫描此码

第 5 章

函　　数

编写程序过程中，会经常遇到很多相同或相近的操作在不同的位置多次被执行，那么相应的代码段就要多次出现，这种做法势必会影响开发效率。在实际开发中，如果有若干段代码的执行逻辑完全相同，可以考虑将这些代码封装为一个函数，这样不仅可以提高代码的重用性，降低代码维护的难度，还可以使代码条理清晰，可靠性更高。

函数就是将一段具有独立功能的代码块整合到一个整体中并为之命名，在需要的位置调用其名称即可完成对应的需求，但是如果不主动调用函数，代码是不会执行的。在调用函数的过程中需要外部代码将数据传入函数，而函数也需要将内部的处理结果传给函数外部。因此，完成数据交换需要两个要素：参数和返回值。如果外部代码需要调用函数，也需要有个名字，即函数名。因此在 Python 中函数的定义是一个拥有名称、参数和返回值的代码块。本章内容将介绍函数的定义和调用，以及参数传递、变量的作用域等内容。

5.1　函数的定义和调用

在 Python 中，函数的应用非常广泛，前面章节已经多次介绍过相关函数。例如，用于输出的 print()函数、用于输入的 input()函数，以及用于生成一系列整数的 range()函数。这些都是 Python 的内置函数，可以直接使用。Python 中还有标准库函数、扩展库函数，只要导入了相关标准库和扩展库也就可以使用了。除此之外，Python 还支持自定义函数。

5.1.1　定义函数

函数有 3 个重要元素——函数名、函数参数和返回值，其中，函数名是必需的，函数参数和返回值是可选的。Python 定义函数以 def 开头，基本格式为：

```
def  函数名([参数列表]):
    ''' 函数注释字符串 '''
    函数体
```

定义函数时，语法上需要注意的有：

（1）函数定义以 def 开头，后面紧跟的是函数名和圆括号，以冒号结束，因此函数内部的代码需要缩进。

（2）函数名的命名规则遵循一般标识符命名规则并且不能跟关键字重名。

（3）函数的参数是可选项，用于指定向函数中传递的数据。如果有多个参数，各参数间使用逗号分隔。如果不指定，则表示该函数没有参数。在调用时，也不传递参数。参数必须放在圆括号中，即使函数没有参数，也必须保留一对空的圆括号，否则将显示语法错误。由于 Python 是动态语言，所以函数参数与返回值不需要事先指定数据类型。

（4）函数注释字符串是对函数的说明，其内容通常包括该函数的功能、要传递的参数及返回值等。通常使用三单引号或三双引号将多行注释内容括起来。

（5）函数体即函数被调用时要执行的功能代码，如果函数有返回值，使用 return 语句返回，结束函数，返回值传给调用方。return 语句可以返回任何值，可以是一个值、一个变量，或者另外一个函数的返回值。不带表达式的 return 相当于返回 None。如果想定义一个什么也不做的空函数，要使用 pass 语句作为占位符。

5.1.2 调用函数

定义了函数之后，就相当于有了一段具有某种功能的代码，要想让这些代码能够执行，需要调用它。当调用一个函数时，程序控制权就会转移到被调用的函数上并执行函数，执行完成之后，被调用函数就将程序控制权交还给调用者。调用函数的基本语法格式如下：

函数名称（[参数]）

函数调用时的"参数"称为实际参数，而函数定义时的"参数列表"称为形式参数，调用时的实参需要和定义时的形参对应起来，具体细节将在 5.2 节中详细介绍。

【例 5-1】定义一个求现金和银行存款之和并打印其他信息的函数。

```
def first_func(cash, deposit, other):    # 定义函数
    s = cash + deposit
    print(f'现金加银行存款共有:{s}')
    print(f'其他信息是:{other}')
first_func(20, 30, '这是一个测试函数')         # 调用函数
```

运行结果：

现金加银行存款共有:50
其他信息是:这是一个测试函数

5.1.3 函数的返回值

例 5-1 定义的函数 first_func()，执行完了就结束了，没有任何值的返回，但实际应用中，经常需要函数执行完成之后，把某些结果返回给调用者。在 Python 中，可以在函

数体内使用 return 语句为函数指定返回值，并且无论 return 语句出现在函数的什么位置，只要得到执行，就会直接结束函数的执行。

return 语句的语法格式为：

return [value]

return 为函数指定返回值后，在调用函数时，可以把它赋给一个变量（如 result），用于保存函数的返回结果。如果返回一个值，那么 result 中保存的就是返回的一个值，该值可以是任意类型。如果返回多个值，那么这些值会聚集起来并以元组形式返回，如例 5-2 所示。

【例 5-2】 定义函数，接收三个数，返回三个数的和及平均值。

```
def sum_aver(a, b, c):
    s = a + b + c
    a = (a + b + c) / 3
    return s, a
s, a = sum_aver(6, 8, 10)
print(f'平均值为{a},和为{s}')
```

运行结果：

平均值为8.0,和为24

函数可以没有 return 语句，也可以有 return 语句但其后面没有返回值，这两种情况下，函数的返回值都是 None。另外，函数中可以有多个 return 语句，但只要某一个被执行，程序控制权就返还给了调用者，其他 return 语句不可能再被执行，也就是说，多个 return 语句中，一次调用被执行的只会有一个。

5.2 函 数 参 数

在调用函数时，大多数情况下，主调函数和被调用函数之间有数据传递，这就是有参数的函数形式。参数的作用是传递数据给函数，函数利用接收的数据进行具体的操作。函数参数在定义函数时放在函数名称后面的一对小括号中，而且不需要规定其数据类型。

5.2.1 函数的形参和实参

在函数定义中，函数名后面括号中的参数为"形式参数"，简称"形参"。形参只在函数内部使用，函数外部并不可见；在调用一个函数时，函数名后括号中的参数为"实际参数"，也就是将函数的调用者提供给函数的参数，简称"实参"。定义函数时不需要声明参数类型，解释器会根据实参的类型自动推断形参类型，在一定程度上类似于重载和泛型函数的功能。

一般情况下，在函数内部直接修改形参的值不会影响实参的值。

【例 5-3】 不可变数据类型作为实参传递。

```
def change(a):
```

```
    a += 10
    print(f'a={a}')
a = 10
change(a)
print(f'x={a}')
```

运行结果:

```
a=20
x=10
```

例 5-3 程序当中,实参变量和形参变量同名,从运行结果可以看出,在被调用函数内部改变了形参变量 a 的值,当函数运行结束返回主调函数之后,实参变量 a 的值并没有改变,这说明实参变量 a 和形参变量 a 并非同一个 a。然而,当列表、字典、集合等可变序列作为实参传递时,情况会有所不同。

【例 5-4】 可变序列作为实参传递。

```
def modify(l, d, s):
    l[0] = l[0] + 3
    l.append(10)
    d.update({'add':'new_value'})
    d['new'] = 'new_value'
    s.add('new_value')
    print(f'函数中输出形参变量的值: \n{l}\n{d}\n{s}\n')
    return

lst = [1 001, 1 002, 2 002]
dic = {'a': 100, 'b': 200}
st = {'库存现金', '银行存款'}
print('调用函数之前:', lst, dic, st)
modify(lst, dic, st)    # 调用函数
print('调用函数之后:')
print(f'{lst}\n{dic}\n{st}\n')
```

运行结果:

```
调用函数之前: [1001, 1002, 2002] {'a': 100, 'b': 200} {'银行存款', '库存现金'}
函数中输出形参变量的值:
[1004, 1002, 2002, 10]
{'a': 100, 'b': 200, 'add': 'new_value', 'new': 'new_value'}
{'银行存款', '库存现金', 'new_value'}

调用函数之后:
[1004, 1002, 2002, 10]
{'a': 100, 'b': 200, 'add': 'new_value', 'new': 'new_value'}
{'银行存款', '库存现金', 'new_value'}
```

从运行结果可以看出,在被调函数内部改变了形参变量 l、d、t 的值,当执行结束之后,实参变量 lst、dic、st 的值也发生了相应的变化。也就是说,如果传递给函数的是列表、字典、集合等可变序列,且在函数内部通过下标或自身的相关方法增加、修改或删除形参序列中元素的值,则修改之后的结果可以反馈到函数之外,即实参变量也得到了相应的改变。

Python 采用的是基于值的自动内存管理模式，变量并不直接存储值，而是存储值的引用，从这个角度来说，在 Python 中调用函数时，实参到形参都是传递引用，也就是说，Python 不存在传值调用。

5.2.2 位置参数

位置参数也称必备参数，调用函数时根据函数定义的形参位置来传递实参。当调用函数时，传入的参数位置是和定义函数的参数位置对应的，即调用时的数量和位置必须和定义时是一样的。

【例 5-5】 位置参数传递。

```
def posi_para(x, y, z):
    print(f'x={x}, y={y}, z={z}')
posi_para(3, 4, 5)
posi_para(4, 5, 3)
posi_para(1, 2, 3, 4)     # 实参个数和形参个数不同，会抛出异常
```

运行结果：

```
x=3, y=4, z=5
x=4, y=5, z=3
TypeError: posi_para() takes 3 positional arguments but 4 were given
```

由 5-5 可以看出，实参与形参是按位置对应的，另外，调用函数时传递的实参个数多于形参个数时，会抛出异常。

5.2.3 关键字参数

关键字参数也称关键参数，指使用形式参数的名字来确定传入的参数值。函数调用时，通过"键=值"的形式明确指定给哪个形参传递哪个实参，与形式参数的顺序无关，即实参的传递顺序可以和形参的位置顺序不同。调用函数时不必知道形式参数的位置和顺序，只要将参数名书写正确即可，这样可以避免用户需要牢记参数位置的麻烦，使得函数的调用和参数传递更加灵活方便。

在混合使用时，关键参数必须放在位置参数后面，否则会抛出异常。

例 5-5 中，如果调用函数时用关键参数的形式，则 posi_para(y=4, z=5, a=3)与 posi_para(3, 4, 5)传递参数的值和运行结果完全相同。

5.2.4 默认值参数

Python 支持默认值参数，在定义函数时为形参设定一个值，这个参数就称之为默认值参数。调用带有默认值参数的函数时，如果没有为设置了默认值的形参传递值，则被调函数在执行时就使用其默认值，当然如果给该参数传递了值，则默认值被忽略。定义带有默认值参数函数的语法格式如下：

```
def 函数名(…, 形参名=默认值):
    函数体
```

特别要注意的是，在定义函数时，指定默认值的形式参数必须在所有参数的最后，否则将产生语法错误。

【例 5-6】 函数定义时设置默认参数，调用并验证其功能。

```
def default_value(code='1001', name='现金'):
    print(f'代码:{code}, 名称:{name}')
default_value('1002', '银行存款')         # 传递实参
default_value()                          # 未传递实参
```

运行结果：

```
代码:1002, 名称:银行存款
代码:1001, 名称:现金
```

从例 5-6 可以看出，第一次调用时，给被调函数传递了实参，则 code 和 name 使用的是传递给它的值；第二次调用时，没有传递实参，则 code 和 name 使用了定义时给定的默认值。

多次调用函数且不为默认值参数传值时，默认值参数只在函数定义时进行一次解释和初始化，对于列表、字典等可变类型的默认值参数，这种用法可能导致很严重的逻辑错误。

【例 5-7】 形参默认值为列表的函数定义与调用。

```
def default_lst(new_value, old_list=[]):
    old_list.append(new_value)
    return old_list
print(default_lst(2, [3, 4, 5]))         # 传值调用
print(default_lst('a', ['b', 'c', 'd'])) # 传值调用
print(default_lst('a'))                  # old_list 使用默认值
print(default_lst('b'))                  # old_list 使用默认值
```

运行结果：

```
[3, 4, 5, 2]
['b', 'c', 'd', 'a']
['a']
['a', 'b']
```

例 5-7 的结果显示，连续调用过程中，如果形参 old_list 不使用默认值，则前面调用不影响后面调用。如果连续多次调用而不给该参数传值时，再次调用时该参数会保留上一次调用结束时的结果（最后一次输出的结果['a', 'b']中就包含了上一次运行的结果['a']），一般来说，要避免使用列表、字典、集合或其他可变序列作为函数参数的默认值。对于例 5-7 中的函数，建议使用下面的写法：

```
def default_lst(new_value, old_list=None):
    if old_list is None:
        old_list = []
    new_list = old_list[::]
    new_list.append(new_value)
    return new_list
```

改成以上写法之后再次运行,则最后两行的输出结果为

```
['a']
['b']
```

另外一个需要特别注意的问题是,如果在定义函数时某个参数的默认值为另外一个变量,那么参数的默认值只依赖于函数定义当时该变量的值,或者说函数的默认值参数是在函数定义时确定其值的,所以只会被初始化一次。

5.2.5 可变长度参数

在 Python 中,还可以定义可变长度参数,用于不确定调用的时候会传递多少个参数的场景。可变参数即传入函数中的实际参数可以是零个、一个、两个或任意多个。可变长度参数在定义函数时主要有两种形式:*parameter 和 **parameter。前者用来接收任意多个位置实参并将其存放在一个元组中,后者接收类似于关键参数一样显式赋值形式的多个实参并将其存放在一个字典中。

【例 5-8】可变长度参数在函数中的使用。

```
def var_para1(*p):
    print(p)                    # 此时 p 为一个元组
def var_para2(**p):
    print(p.items())            # 此时 p 为一个字典
    print(p.keys())
    print(p.values())
var_para1(1, 2, 3, 4)
var_para2(a=1, b=2, c=3)
```

运行结果:

```
(1, 2, 3, 4)
dict_items([('a', 1), ('b', 2), ('c', 3)])
dict_keys(['a', 'b', 'c'])
dict_values([1, 2, 3])
```

例 5-8 中,第一个函数演示了第一种形式可变长度参数的用法,无论调用该函数时传递了多少实参,都将所有的实参存放在一个元组中。第二个函数演示了第二种形式的可变长度参数的用法,调用该函数时自动将接收的关键参数存放到字典中。

另外,使用可变长度参数需要考虑形参位置问题,如果在函数定义中既有普通参数,又有可变长度参数,则可变长度参数一定要放在最后。特别需要说明的是,Python 定义函数时可以同时使用位置参数、关键参数、默认值参数、可变长度参数,但除非真的很有必要,否则不建议这么做,因为这会使得代码非常混乱而严重降低可读性,并导致程序查错非常困难。另外,设计函数的时候尽量不要定义过多的参数。

5.3 lambda 表达式

lambda 表达式常用来声明匿名函数,即没有函数名字的临时使用的小函数,常用在

临时需要一个类似于函数的功能但又不想定义函数的场合。例如，内置函数 sorted()和列表方法 sort()的 key 参数，内置函数 map()和 filter()的第一个参数等。lambda 表达式功能上等价于函数，但只可以包含一个表达式，不允许包含其他复杂的语句，在表达式中可以调用其他函数，该表达式的计算结果相当于函数的返回值。

【例 5-9】 lambda 表达式的使用方法。

```
from random import sample
lst1 = sample(range(1, 100), 10)        # 从1～99这些数中任意取10个不重复的数
lst2 = list('abcdefghij')
print(lst1)
print(lst2)
lst1.sort(key=lambda d: len(str(d))) # 根据数字转换成字符串后的宽度排序
print(lst1)
pair_lit = list(zip(lst1, lst2))
print(pair_lit)
pair_lit.sort(key=lambda pair: pair[0])     # 根据每对数据的第一个值排序
print(pair_lit)
filter_lst = list(filter(lambda x: x>50, lst1)) # 过滤掉不大于50的元素
print(filter_lst)
                        # 利用内置函数 sorted()函数，根据每对数据的第二个值排序
pair_lit = sorted(pair_lit, key=lambda pair: pair[1])
lst1 = list(map(lambda d: str(d), lst1))   # 将lst1中的每一个值都转换成字符串
print(lst1)
```

运行结果（lst1 随机产生，每一次运行结果不完全相同）

```
[74, 5, 45, 6, 94, 80, 93, 86, 24, 77]
['a', 'b', 'c', 'd', 'e', 'f', 'g', 'h', 'i', 'j']
[5, 6, 74, 45, 94, 80, 93, 86, 24, 77]
[(5, 'a'), (6, 'b'), (74, 'c'), (45, 'd'), (94, 'e'), (80, 'f'), (93, 'g'), (86, 'h'), (24, 'i'), (77, 'j')]
[(5, 'a'), (6, 'b'), (24, 'i'), (45, 'd'), (74, 'c'), (77, 'j'), (80, 'f'), (86, 'h'), (93, 'g'), (94, 'e')]
[74, 94, 80, 93, 86, 77]
['5', '6', '74', '45', '94', '80', '93', '86', '24', '77']
```

使用 lambda 表达式时，参数可以有多个，用逗号","分隔，但表达式只能有一个，即只能返回一个值。

5.4　变量的作用域

变量的作用域指程序代码能够访问该变量的区域，如果超出该区域，再访问时就会出现错误，即变量的有效范围。在程序中，一般会根据变量的"有效范围"将变量分为"局部变量"和"全局变量"。

5.4.1　局部变量

局部变量指在函数内部定义并使用的变量，它只在函数内部有效，即函数内部的名

字只在函数运行时才会创建，在函数运行之前或运行完毕之后，所有的名字就都不存在了。所以，如果在函数外部使用函数内部定义的变量，就会抛出 NameError 异常。

定义在函数内的变量名，只能在函数内使用，它与函数外具有相同名称的其他变量没有任何关系。不同的函数，可以定义相同名字的局部变量，并且各个函数内的同名变量相互之间不会产生影响。局部变量的作用是在函数体内部临时保存数据，即当函数调用完成后，则销毁局部变量。

【例 5-10】 局部变量的使用。

```
def demo1():
    num = 10
    print(f'函数 demo1 中的 num 值为:{num}')
def demo2():
    num = 20
    print(f'函数 demo2 中的 num 值为:{num}')

demo1()            # 调用 demo1
demo2()            # 调用 demo2
print(num)         # 此时再访问，会抛出异常
```

运行结果：

```
函数 demo1 中的 num 值为:10
函数 demo2 中的 num 值为:20
NameError: name 'num' is not defined
```

虽然在 demo1()和 demo2()两个函数中都存在变量'num'，但其作用范围仅限本函数内部，离开 demo1()和 demo2()之后，变量'num'就不存在了，所以最后 print(num)执行时，会抛出 NameError 异常。

5.4.2 全局变量

全局变量是在函数外部定义的变量。无论是局部变量还是全局变量，其作用域都是从定义的位置开始的，在此之前无法访问。

全局变量主要有以下两种情况：①在函数外定义变量：如果一个变量在函数外定义，那么不仅在函数外可以访问，在函数内也可以访问到。②在函数体内定义变量：在函数体内定义，并且使用 global 关键字修饰后,该变量变为全局变量,在函数体外也可以访问到该变量，并且在函数体外还可以对其进行修改。

【例 5-11】 全局变量与局部变量的比较。

```
num1 = 10
num2 = 20
def demo():
    num1 = 30
    print(f'num1 的值:{num1}')
    global num2       # 此时用 global 声明 num2,即表明 num2 即为外部变量 num2
    num2 = 40
    print(f'num2 的值:{num2}')
```

```
demo()
print(f'num1 的值:{num1}, num2 的值:{num2}')
```

运行结果:

num1 的值:30
num2 的值:40
num1 的值:10, num2 的值:40

从例 5-11 运行的结果可以看出,在函数内部定义的变量如果与全局变量同名,对其操作也不会影响全局变量的值(如 num1),也就是说局部变量和全局变量同名时,在局部变量的作用域内,全局变量会被暂时屏蔽。那么想要在函数体内部使用全局变量,需要在使用之前,用 global 关键字声明(如 num2)。

尽管 Python 允许全局变量和局部变量重名,但是在实际开发时不建议这么做,因为这样容易让代码混乱,很难分清哪些是全局变量,哪些是局部变量。

5.5 综合案例

【例 5-12】将例 4-21 中,求"销售额最高值及月份"和"销售额低于 50 的月份及销售额"两个问题用函数完成。

```
def sales(saleroom):
    '''求销售额最高值及月份'''
    highest = max(saleroom)
    highest_m = [m for m, v in enumerate(saleroom, start=1) if v==highest]
                                                # 列表推导式
    return highest, highest_m
def less_50(saleroom):
    '''求销售额低于 50 的月份及销售额'''
    less50 = {m: s for m, s in enumerate(saleroom, start=1) if s < 50}
                                                # 字典推展式
    return less50
def main():
    saleroom = [45, 68, 70, 60, 47, 69, 50, 61, 70, 46, 56, 64]
    highest, highest_m = sales(saleroom)        # 调用函数
    print(f'1.最大销售额:{highest}')
    print(f'最大销售额出现在:{highest_m}月份', sep=',')
    less50_dict = less_50(saleroom)             # 调用函数
    print('2.销售额小于 50 的月份有: ')
    for m, s in less50_dict.items():
        print(f'{m}月份,销售额:{s}')

if __name__ == "__main__":
    main()
```

运行结果:

1.最大销售额:70
最大销售额出现在:[3, 9]月份
2.销售额小于50的月份有:
1月份,销售额:45
5月份,销售额:47
10月份,销售额:46

【例5-13】 编写函数,函数接收月收入,返回月应缴个人所得税。

方法1:

```
def caculate_tax1(profit):
    TAXBASE = 5000
    TaxTable = [(0, 3000, 0.03),
                (3000, 12000, 0.1),
                (12000, 25000, 0.2),
                (25000, 35000, 0.25),
                (35000, 55000, 0.3),
                (55000, 80000, 0.35),
                (80000, 1e10, 0.45)]
    tax = 0.0
    profit -= TAXBASE
    if profit <= 0:
        return 0
    for i in range(len(TaxTable)):
        if (profit > TaxTable[i][0]):
            if (profit > TaxTable[i][1]):
                tax += (TaxTable[i][1] - TaxTable[i][0]) * TaxTable[i][2]
            else:
                tax += (profit - TaxTable[i][0]) * TaxTable[i][2]
                return round(tax, 2)
```

方法2:

```
def caculate_tax2(salary):
    if salary <= 5000:
        tax = 0
    elif salary <= 8000:
        tax = (salary-5000)*0.03
    elif salary <= 17000:
        tax = 3 000*0.03 + (salary-8000)*0.1
    elif salary <= 30000:
        tax = 90 + 900 + (salary-17000)*0.2
    elif salary <= 40000:
        tax = 90 + 900 + 2 600 + (salary-30000)*0.25
    elif salary <= 60000:
        tax = 90 + 900 + 2 600 + 2500 + (salary-40000)*0.3
    elif salary <= 85000:
        tax = 90 + 900 + 2 600 + 2500 + 6000 + (salary-60000)*0.35
    else:
        tax = 90 + 900 + 2600 + 2500 + 6000 + 8 750 + (salary-85000)*0.45
    return round(tax, 2)
```

在列表profits中有若干值(收入),分别让两个函数计算每一个对应的所得税,测试计算结果。代码如下:

```
if __name__ == '__main__':
    profits = [4000, 5300, 6400, 7800, 8300, 10003, 12000, 15000, 21000,
28000, 31000, 60000, 70000, 90000, 200000]
    for profit in profits:
        print(caculate_tax1(profit), end=', ')
        print(caculate_tax2(profit))
```

运行结果:

方法1: 0,   方法2: 0
方法1: 9.0,   方法2: 9.0
方法1: 42.0,   方法2: 42.0
方法1: 84.0,   方法2: 84.0
方法1: 120.0,   方法2: 120.0
方法1: 290.3,   方法2: 290.3
方法1: 490.0,   方法2: 490.0
方法1: 790.0,   方法2: 790.0
方法1: 1790.0,   方法2: 1790.0
方法1: 3190.0,   方法2: 3190.0
方法1: 3840.0,   方法2: 3840.0
方法1: 12090.0,   方法2: 12090.0
方法1: 15590.0,   方法2: 15590.0
方法1: 23090.0,   方法2: 23090.0
方法1: 72590.0,   方法2: 72590.0

【例 5-14】 已知资产未来现金流量现值公式为

$$\sum_{i=1}^{n} \frac{\text{第}n\text{年预计资产未来现金流量}}{(1+\text{折现率})^n}$$

假设某无形资产折现率为 6%,未来第一年现金流量为 300,未来第二年现金流量为 210,未来第三年现金流量为 45,未来第四年现金流量为 10。

要求:编写函数,计算该无形资产未来现金流量现值,函数接收"折现率"和"未来现金流量"作为参数,返回流量现值。

```
def r_ncf(r, ncf):
    '''
    :param r:折现率
    :param ncf: 接收每年预计资产未来现金流量
    :return: 资产未来现金流量现值
    '''
    pv = 0
    for i, n in enumerate(ncf, start=1):
        pv += n / (1+r)**i
    return round(pv, 2)

if __name__ == "__main__":
    r = 0.06
    ncf = [300, 210, 45, 10]
    print('未来现金流量现值为:', r_ncf(r, ncf))
```

运行结果：

未来现金流量现值为：515.62

思考练习题

一、填空题

1. 有函数定义 def func(a,b,c):return a*b+c，那么表达式 demo(2,3,4)的值为_____。
2. 有函数定义 def func(*p):return sum(p)，那么表达式 demo(2,4,5)的值为_____。
3. 在函数内部可以通过关键字_____来定义全局变量，也可以用来声明使用已有的全局变量。
4. 如果函数中没有 return 语句或 return 语句不带任何返回值，那么该函数的返回值为_____。
5. 已知 f = lambda x: x+5，那么表达式 f(4)的值为_____。
6. 表达式 list(map(len,['d', 'ee', 'fff']))的值为_____。
7. 已知 g = lambda x,y=4,z=6: x+y+z,那么表达式 g(3)的值为_____。
8. 假设已从标准库 functools 导入 reduce()函数,那么表达式 reduce(lambda x,y: x*y,[1,4,5]) 的值为_____。
9. 有函数定义 def func(a, b, c,*p):print(len(p))，那么语句 func(7,2,4,5,9)输出结果为_____。
10. 表达式 list(filter(lambda x: x>4,range(11)))的值为_____。
11. 已知 funcs = [lambda x=n: x ** 2 for n in range(5)]，那么表达式 funcs[3]()的值为_____。
12. 已知 f =lambda x: 'ab'，那么表达式 f(4)的值为_____。
13. 下面代码的运行结果为_____。

```
X=2
def modify():
    X=7
modify()
print(x)
```

14. 可以使用内置函数_____查看包含当前作用域内所有全局变量和值的字典。
15. 表达式 list(filter(lambda x:x>2,[0,1,3,4,9,0,0])) 的值为_____。

二、编写程序题

1. 编程程序，接收一个字符串，统计其中大写、小写、数字及其他字符的个数，将统计结果以元组的形式返回。
2. 编写函数，模拟报数游戏。有 n 个人围成一圈，顺序编号，第一个人开始报数，从 1～k（假设 k=3），数到 k 的人退出，圈子缩小，下一个人继续从 1 开始报数，直到最后只剩一个人，问最后留下来的是第几号。
3. 编写函数，接收一个整数，判断其是否为素数，返回 True 或 False。

4. 编函数，接收任意多个整数，以元组的形式返回这些数的和、平均值、最大值、最小值。

5. 编写函数，接收三角形的三条边 a、b、c，判断能否构成三角形，或能由返回周长，不能则返回 None。

即测即练

自学自测　扫描此码

第 6 章

文件与文件夹操作

为了长期保存以便重复使用、修改和共享，数据通常以文件的形式存储于磁盘等外部存储介质当中。存储简单字符的文件称之为文本文件；具有复杂格式的 Word、Excel、PPT 等文档，图像、多媒体声音、视频文件及其他可执行文件、资源文件、各种数据文件等都称之为二进制文件。

文本文件基于字符编码，如 ASCII 码、Unicode 编码等，文本文件存储的是普通字符串，能够用记事本等文本编辑器直接打开并进行编辑。二进制文件则把文件内容以字节串（bytes）进行存储，无法用记事本或其他文件编辑器直接进行编辑，通常也无法被人直接阅读和理解，需要使用专门的软件进行解码后读取、显示、修改或执行。

6.1 文件操作基础

6.1.1 内置函数 open()

Python 的内置函数 open()使用指定的模式打开指定文本文件并创建文件对象，该函数的语法格式为：

```
open(file, mode='r', buffering=-1, encoding=None, errors=None, newline=None, closefd=True, opener=None)
```

主要参数的含义如下。

（1）参数 file 指定要操作的文件，如果该文件不在当前文件夹或子文件夹中，可以使用带路径的文件名（应用当中不建议使用绝对路径），确保从当前工作文件夹出发可以访问到该文件。为了减少路径中分隔符"\"的输入，可以使用原始字符串。

（2）参数 mode 指定打开文件后的处理方式，取值如表 6-1 所示。例如'r' (文本文件只读模式)、'w' (文本文件只写模式)、'a' (文本文件追加模式)、'rb' (二进制文件只读模式)、'wb' (二进制文件只写模式)等，默认为'r' (文本只读模式)。使用'r'、'w'、'x'等模式打开文件时文件指针位于文件头，而使用'a'、'ab'、'a+'这样的模式打开文件时文件指针位于文件尾。另外，' w'和' x'都是写模式，在目标文件不存在时处理结果是一样的，但如果目标文件已存在的话'w'模式会清空原有内容，而'x'模式会抛出异常。

表 6-1　文件打开模式

模式	说　　明
r	读模式（默认模式，可省略）。如果文件不存在，抛出异常
w	写模式。如果文件已存在，先清空原有内容；如果文件不存在，创建新文件
x	写模式。创建新文件，如果文件已存在，则抛出异常
a	追加模式。不覆盖文件中原有内容
b	二进制模式（可与 r、w、x 或 a 模式组合使用）。使用二进制模式打开文件时不允许指定参数 encoding
t	文本模式（默认模式，可省略）
+	读、写模式（可与其他模式组合使用）

（3）参数 encoding 指定对文本进行编码和解码的方式，只适用于文本模式，可以使用 Python 支持的任何格式，最常用的有 GBK、UTF-8、CP936 等。

如果执行正常，open()函数返回 1 个文件对象，通过该文件对象可以对文件进行读写操作。如果指定文件不存在、访问权限不够、磁盘空间不够或其他原因导致创建文件对象失败，则会抛出 IOError 或 FileNotFoundError 异常。

6.1.2　文件对象常用方法

正常执行 open()函数后，系统会返回一个文件对象，通过该文件对象可以对文件进行读写操作，文件对象的常用方法如表 6-2 所示。

表 6-2　文件对象的常用方法

方　　法	功　　能
close()	把缓冲区的内容写入文件，同时关闭文件，释放文件对象
read([size])	从文本文件中读取并返回 size 个字符，或从二进制文件中读取并返回 size 个字节，省略 size 参数表示读取文件中全部内容
readline()	从文本文件中读取并返回一行内容
readlines()	返回包含文本文件中每行内容的列表
write(s)	把 s 的内容写入文件，如果写入文本文件则 s 应为字符串；如果写入二进制文件则应为字节串
writelines(s)	把列表 s 中的所有字符串写入文本文件，但并不在 s 中每个字符串后面自动增加换行符。也就是说，如果想让 s 中的每个字符串写入文本文件时各占一行，应由程序员保证每个字符串以换行符结束

使用 read()、readline()和 write()方法读写文件内容时，表示当前位置的文件指针会自动向后移动，并且每次都是从当前位置开始读写。例如，使用'r'模式打开文件之后文件指针位于文件头，调用方法 read(n)读取 n 个字符，此时文件指针指向第 $n+1$ 个字符，当再次使用 read()方法读取内容时，从第 $n+1$ 个字符开始读取。

对文件内容操作完以后，一定要关闭文件。然而，即使关闭文件的代码，也无法保证文件一定能够正常关闭。例如，如果在打开文件之后、关闭文件之前的代码发生了错误导致程序崩溃，这时文件就无法正常关闭。因此在读写文件时推荐使用 with 语句，可以避免这个问题（参见本书 3.4.4 节）。

【例 6-1】 读取 test.txt 文件中的内容，增加部分数据，写入另外一个文件 new.txt 中（这里读取、写入文件都在当前目录下 data 文件夹中）

```
with open(r'./data/test.txt', 'r', encoding='utf8') as fp:  # 读出文件内容
    item_list = fp.read().split('\n')
    print(item_list)
item_list.append('8 008,增加的新内容,999')
print(item_list)
with open(r'./data/new.txt', 'w', encoding='utf8') as fp:   # 将字符串写入文件
    for item in item_list:
        fp.write(item + '\n')
    # fp.write('\n'.join(item_list))     # 也可以用这一句代替以上 for 循环。
```

运行结果：

['1 001,库存现金,200', '1 002,银行存款,300', '2 001,短期借款,400', '4 001,实收资本,200', '4 002,资本公积,130']
['1001,库存现金,200', '1 002,银行存款,300', '2 001,短期借款,400', '4 001,实收资本,200', '4 002,资本公积,130', '8 008,增加的新内容,999']

可以看出，当前目录下，生成一个新文件"new.txt"，比较其内容，增加了一行新的内容：'8008,增加的新内容,999'

6.2　JSON 文件操作

JSON（JavaScript Object Notation）是一种轻量级的数据交换格式，具有简洁和清晰的层次结构，易于人阅读和编写、机器解析和生成，网络传输效率高。Python 标准库 json 中的函数完美实现了对该格式的支持。JSON 模块提供了 4 个方法。

json.dump(obj,fp,…)方法：将 Python 对象序列化为 JSON 格式流到文件对象 fp。

json.dumps(obj, …)方法：把 python 对象或者 str 序列化成 JSON 对象。

json.load()方法：针对文件句柄，将文件对象 fp 反序列化到 Python 对象中。（JSON 格式的字符串转换为 dict）。

json.loads()方法：针对内存对象（直接读取 JSON），将 string 转换为 dict。

【例 6-2】 把包含若干固定资产信息的列表写入 JSON 文件，然后再读取并输出这些信息。

```
import json
information = [
    {'资产名称': '厂房', '原值': 5 000 000, '年折旧额': 200 000},
    {'资产名称': '生产设备', '原值': 1 500 000, '年折旧额': 150 000},
    {'资产名称': '运输车辆', '原值': 150 000, '年折旧额': 15 000},
    {'资产名称': '仓库', '原值': 3 000 000, '年折旧额': 120 000}
]
# 将 information 对象序列化到文件中
with open(r'./data/固定资产信息.json', 'w') as fp:
```

```
        json.dump(information, fp, indent=4, separators=[',', ':'])
        # separators 指定分隔符，indent 指定缩进格式
with open(r'./data/固定资产信息.json') as fp:
    information = json.load(fp)  # 此时 infomation 为列表
    for info in information:
        print(info)
```

运行结果：

{'资产名称': '厂房', '原值': 5 000 000, '年折旧额': 200 000}
{'资产名称': '生产设备', '原值': 1 500 000, '年折旧额': 150 000}
{'资产名称': '运输车辆', '原值': 150 000, '年折旧额': 15 000}
{'资产名称': '仓库', '原值': 3 000 000, '年折旧额': 120 000}

可以看出，指定目录下，生成了一个新文件"固定资产信息.json"，是一个 JSON 格式的文件。

6.3　CSV 文件操作

CSV（Comma Separated Values）是一种纯文本形式的文件格式，一般由若干字段数量相同的行组成，常用于在不同程序之间进行数据交换，也是一种常用的数据存储格式。CSV 文件中每行存储一个样本或记录，一行内多个数据之间使用逗号分隔，表示样本特征或字段。

Python 标准库 csv 提供了对 CSV 文件的读写操作，常用函数有：用来创建读对象的函数 reader()和用来创建写对象的函数 writer()。

其中 reader()函数的语法格式如下：

```
csv_reader = reader(iterable[,dialect='excel'] [,optional keyword args])
```

该函数根据文本文件对象或其他类似对象创建并返回可迭代的读对象，每次迭代时返回文件中的一行数据。

writer()函数的语法格式如下：

```
csv_writer = csv.writer(fileobj [,dialect = 'excel'] [,optional keyword args])
```

该函数根据文本文件对象或其他类似对象创建并返回写对象，写对象支持使用 writerow()和 writerows()方法把数据写入目标文件。

【例 6-3】编写程序，模拟生成某游泳圈生产企业自 2022 年 4 月 1 日开始，连续 100 天逐渐进入销售旺季的每日销售收入数据，并写入 CSV 文件。文件中共两列，第一列为日期，第二列为销售收入，文件第一行为表头或字段名称。假设该游泳圈生产企业每日销售收入的基数为 50 万元，每天增加 3 万元，除此之外每天还会随机增加 2 万~5 万元不等。

```
from csv import reader, writer
from random import randrange
from datetime import date, timedelta
```

```
fn = r'./data/csv_data.csv'
with open(fn, 'w', encoding='utf-8', newline='') as fp:
    wr = writer(fp)                              # 创建 csv 文件写对象
    wr.writerow(['日期', '销售收入'])            # 写入表头
    startDate = date(2022, 4, 1)                 # 第一天的日期,2022 年 4 月 1 日
    for i in range(100):                         # 生成 100 个模拟数据
        amount = 50 + i * 2 + randrange(2, 5)    # 生成一行模拟数据,写入 csv 文件
        wr.writerow([str(startDate), amount])
        startDate = startDate + timedelta(days=1)  # 后一天

with open(fn, 'r', encoding='utf-8') as fp:      # 读取并显示上面代码生成的 csv 文件内容
    for line in reader(fp):
        print(*line)
```

运行结果:

```
日期 销售收入
2022-04-01 52
2022-04-02 56
2022-04-03 58
2022-04-04 59
2022-04-05 60
2022-04-06 63
............
```

6.4 文件级与文件夹级操作

在 Python 的 os 模块及子模块 os.path 中包含大量涉及文件及文件夹操作的函数和方法,包括遍历、复制、删除、压缩、重命名等,本节介绍其中的一些常用函数。

6.4.1 文件级操作

标准库 os 除了提供使用操作系统功能和访问文件系统的简便方法之外,还提供了大量文件级别的函数,如表 6-3 所示。os.path 模块提供了大量用于路径判断、切分、连接以及文件夹遍历的函数,如表 6-4 所示。标准库 shutil 中提供了相关与文件及文件夹操作的函数,如表 6-5 所示。

表 6-3 os 模块常用文件操作函数

函 数	功 能 说 明
chmod(path,mode,*,dir_fd=None, follow_symlinks=True)	改变文件的访问权限
remove(path)	删除指定的文件
rename(src,dst)	重命名文件或目录
stat(path)	返回文件的所有属性
listdir(path)	返回 path 目录下的文件和目录列表
startfile(filepath[,operation])	使用关联的应用程序打开指定文件

表 6-4 os.path 模块常用文件操作函数

函数	功能说明
basename(p)	返回路径中最后一个分隔符后面的部分
dirname(p)	返回路径中最后一个分隔符前面的部分
exists(path)	判断路径是否存在
getatime(filename)	返回文件的最后访问时间
getctime(filename)	返回文件的创建时间
getmtime(filename)	返回文件的最后修改时间
getsize(filename)	返回文件的大小
isabs(path)	判断 path 是否为绝对路径
isdir(path)	判断 path 是否为目录
isfile(path)	判断 path 是否为文件
join(path,*paths)	连接两个或多个 path
split(path)	对路径进行分割，以元组形式返回
splitext(path)	从路径中分割文件的扩展名，返回元组
splitdrive(path)	从路径中分割驱动器的名称，返回元组

表 6-5 shutil 模块常用函数

方法	功能说明
copy(src,dst)	复制文件，新文件具有同样的文件属性，如果目标文件已存在则抛出异常
copy2(src,dst)	复制文件，新文件具有与原文件完全一样的属性，包括创建时间、修改时间和最后访问时间等，如果目标文件已存在则抛出异常
copyfile(src,dst)	复制文件，不复制文件属性，如果目标文件已存在则直接覆盖
copyfileobj(fsrc,fdst)	在两个文件对象之间复制数据，如 copyfileobj(open('123.txt'), open('456.txt','a'))
copymode(src,dst)	把 src 的模式位（mode bit）复制到 dst 上，之后两者具有相同的模式
copystat(src,dst)	把 src 的模式位、访问时间等所有状态都复制到 dst 上
copytree(src,dst)	递归复制文件夹
disk_usage(path)	查看磁盘的使用情况
move(src,dst)	移动文件或递归移动文件夹，也可以给文件和文件夹重命名

【例 6-4】 编写函数，返回指定文件夹下文件的个数、所有文件的大小之和，以及子文件夹的个数。

```
import os
def get_file_info(path):
    file_counts, total_size, dir_counts = 0, 0, 0   # 文件数、文件总大小、目录数
    for file in os.listdir(path):
        if os.path.isfile(file):                     # 文件
            file_counts += 1
            total_size += os.path.getsize(file)
        else:
```

```
            dir_counts += 1
    return file_counts, total_size, dir_counts

if __name__ == "__main__":
    path = r'../chap6'      # 此处 ".." 表示当前目录的上一级目录
    f_c, t_s, d_c = get_file_info(path)
    print(f'文件个数:{f_c}, 文件总大小:{t_s}, 目录个数:{d_c}')
```

运行结果:(路径不同, 结果会不同)

文件个数:6, 文件总大小:5023, 目录个数:1

【例 6-5】 编写函数,将指定目录下所有扩展名为.csv、.txt 和.json 的文件备份,主文件名不变,扩展名改为.bak 文件。

```
import os, os.path
import shutil

def rename_ext(path):
    # 筛选出要复制的文件
    files = [path+f for f in os.listdir(path) if f.endswith(('.txt', '.csv', '.json'))]
    for old_name in files:
        mname, exname = old_name.rsplit('.', 1)    # 分割主文件名、扩展名
        exname = '.bak'
        new_name = mname + exname                   # 新文件名
        if os.path.exists(new_name):
            os.remove(new_name)                     # 若目标文件已经存在则删除
        shutil.copy(old_name, new_name)             # 复制文件
        print(f'已经生成新文件:{new_name}')

if __name__ == "__main__":
    path = r'.data/'                                # 此处 ".." 表示当前目录的上级目录
    rename_ext(path)
```

运行结果:

已经生成新文件:./data/csv_data.bak
已经生成新文件:./data/data.bak
已经生成新文件:./data/new.bak
已经生成新文件:./data/test.bak
已经生成新文件:./data/存货信息.bak

6.4.2 文件夹操作

除了支持文件操作,os 和 os.path 模块还提供了大量的目录操作函数,os 常用目录操作函数与成员如表 6-6 所示,其他关于目录操作的函数可查阅相关手册或通过 dir(os.path) 查看。

表 6-6 os 模块常用目录操作函数

成员	功能说明
mkdir(path[,mode= 0o777])	创建目录
makedirs(path1/path2…,mode=511)	创建多级目录
rmdir(path)	删除目录
removedirs(path1/path2…)	删除多级目录
listdir(path)	返回指定目录下的文件和目录信息
getcwd()	返回当前工作目录
get_exec_path()	返回可执行文件的搜索路径
chdir(path)	把 path 设为当前工作目录
walk(top,topdown=True,onerror=None)	遍历目录树，该函数返回一个元组，包括 3 个元素：所有路径名、所有目录列表与文件列表

【例 6-6】 编写函数，采用"广度优先"的顺序遍历指定目录树下所有的文件，以列表的形式返回。

```
from os import listdir
from os.path import join, isdir

def traverse_width_first(path):
    files = []
    dirs = [path]
    while dirs:  # 列表dirs不空则循环
        current_dir = dirs.pop(0)
        for sub_path in listdir(current_dir):
            path = join(current_dir, sub_path)
            if isdir(path):
                dirs.append(path)
            else:
                files.append(path)
    return files

if __name__ == "__main__":
    path = r'./data/'
    files = traverse_width_first(path)
    for f in files:
        print(f)
```

运行结果：

```
./data/csv_data.bak
./data/csv_data.csv
./data/data.bak
./data/data.csv
./data/new.bak
./data/new.txt
./data/test.bak
./data/test.txt
./data/存货信息.bak
./data/存货信息.json
```

思考练习题

填空题

1. 按数据组织形式，可以把文件分为文本文件和_____两大类。
2. 使用上下文管理关键字_____可以自动管理文件对象，不论何种原因结束该关键字中的语句块，都能保证文件被正确关闭并且已写入的内容确实保持到硬盘上。
3. Python 标准库 os 中用来列出指定文件夹中的文件和子文件夹并返回列表的函数是_____。
4. 标准库 os 中的函数_____用来删除指定的文件，如果文件具有只读属性或当前用户不具有删除权限则无法删除并引发异常。
5. 标准库 os.path 中的函数_____用来把多个路径连接成一个完整的路径，并插入适当的路径分隔符。

即测即练

财务大数据分析篇

　　NumPy 是 Python 支持的有关科学计算的重要扩展库，是数据分析与科学计算领域的必备扩展库之一。Pandas 是一个功能强大、使用方便、高效的结构化数据分析工具，通过分析，可总结数据规律、挖掘数据价值、预测数据走向，为决策提供支持。完整的数据分析过程包括数据采集、清洗、加工、分组聚合、连接与合并、透视等。本篇主要学习 NumPy 和 Pandas 两个扩展库的基本使用方法，然后结合案例，讲解 Pandas 在财务数据处理方面的应用（本篇所有代码均在 Jupyter Notebook 里调试运行，读取磁盘文件时文件路径都采用"绝对路径"表示）。

第 7 章

NumPy 科学计算库

NumPy 作为高性能科学计算和数据分析的基础扩展库，提供了强大的 N 维数组及其相关的运算、复杂的广播函数、线性代数、傅里叶变换，以及随机数生成等功能。掌握 NumPy 的功能及用法，有助于后期其他数据分析工具的理解和学习，本章将重点介绍数组和矩阵及相关运算。

7.1 数组对象

NumPy 最重要的特点之一就是其 N 维数组，即 ndarray 对象，具有矢量自述能力和复杂的广播能力，可以执行较为复杂的科学计算，并拥有高维数组处理能力。

7.1.1 创建数组

创建 ndarray 对象的方式有多种，其中最简单的就是利用 array 函数，在调用 array 函数时，传入列表、元组这样的序列即可。除此之外，在创建数组的同时，可以声明数组中数据的类型，特别需要说明的是，ndarray 对象中的元素类型必须都是相同的。以下代码演示数组的几种创建方式。

```
from IPython.core.interactiveshell import InteractiveShell
InteractiveShell.ast_node_interactivity = "all"
                                              # 设置自动输出单元格所有变量的值
```

（1）通过 array() 函数创建一维、二维数组。

```
import numpy as np                            # 导入 numpy 扩展库
arr1 = np.array([5, 4, 3, 2])                 # 创建一维数组
arr1
arr2 = np.array([[2, 3, 4, 5], [6, 7, 8, 9]]) # 创建二维数组
arr2
```

运行结果：

```
array([5, 4, 3, 2])
array([[2, 3, 4, 5],
       [6, 7, 8, 9]])
```

（2）通过 zeros() 函数创建元素值都为 0 的数组。

```
np.zeros((4, 5))                              # 创建元素值全为 0 的数组
```

运行结果：

```
array([[0., 0., 0., 0., 0.],
       [0., 0., 0., 0., 0.],
       [0., 0., 0., 0., 0.],
       [0., 0., 0., 0., 0.]])
```

（3）通过 empty()函数创建一个只分配了存储空间的数组，其中填充的值都是随机的。

```
np.empty((3, 6))              # 创建只分配空间的空数组
```

运行结果：   # 此时数组中的值都是无意义的随机值

```
array([[6.23042070e-307, 4.67296746e-307, 1.69121096e-306,
        1.29061074e-306, 1.69119873e-306, 1.78019082e-306],
       [8.34441742e-308, 1.78022342e-306, 6.23058028e-307,
        9.79107872e-307, 6.89807188e-307, 7.56594375e-307],
       [6.23060065e-307, 1.78021527e-306, 8.34454050e-308,
        1.11261027e-306, 1.15706896e-306, 1.33512173e-306]])
```

（4）通过 arange()函数可以创建一个等差数组，其功能与 Python 的内置函数 range()有些类似，只不过 arange()返回的直接就是数组。

```
np.arange(1, 30, 4)           # 创建等差数组
```

运行结果：

```
array([ 1,  5,  9, 13, 17, 21, 25, 29])
```

（5）通过 ones()函数创建元素值都是 1 的数组。

```
np.ones((4, 5))               # 创建元素值全为 1 的数组
```

运行结果：

```
array([[1., 1., 1., 1., 1.],
       [1., 1., 1., 1., 1.],
       [1., 1., 1., 1., 1.],
       [1., 1., 1., 1., 1.]])
```

7.1.2 数组的属性

ndarray 对象中定义了一些重要属性，如表 7-1 所示。

表 7-1 ndarray 对象的常用属性

属性	具体说明
ndarray.ndim	维度个数，也就是数组轴的个数，如一维、二维、三维等
ndarray.shape	数组的维度，这是一个整数的元组，表示每个维度上数组的大小。例如，一个 m 行 n 列的数组，则其 shape 属性为（m,n）
ndarray.size	数组元素的总个数，等于 shape 属性中元组元素的乘积
ndarray.dtype	描述数组中元素类型的对象，既可以使用标准的 Python 类型创建或指定，也可以使用 NumPy 特有的数据类型来指定，比如 numpy.int32、numpy.float64 等
ndarray.itemsize	数组中每个元素的字节大小。例如，元素类型为 float64 的数组有 8(64/8)个字节，这相当于 ndarray.dtype.itemsize

以下代码演示相关属性的使用。

```
arr = np.arange(16).reshape(4,4)    # 创建 4 行 4 列的数组
arr
arr.ndim                             # 数组维度个数
arr.shape                            # 数组的维度(形状)
arr.size                             # 元素个数
arr.dtype                            # 数组元素的类型
arr.T                                # 数组的转置矩阵
```

运行结果：

```
array([[ 0,  1,  2,  3],
       [ 4,  5,  6,  7],
       [ 8,  9, 10, 11],
       [12, 13, 14, 15]])
2
(4, 4)
16
dtype('int32')
array([[ 0,  4,  8, 12],
       [ 1,  5,  9, 13],
       [ 2,  6, 10, 14],
       [ 3,  7, 11, 15]])
```

7.2 数组运算

NumPy 数组不需要循环遍历就可以对每个元素执行批量的算术运算操作，这种运算过程叫矢量化运算。在计算过程中，如果两个数组大小不同，则会自动广播，另外，数组还支持标量运算。

7.2.1 数据类型与转换

NumPy 能够支持比 Python 更多的数据类型，如表 7-2 所示。可以通过数组对象的 dtype 属性查看其数据类型，通过 astype()方法进行数据类型转换。

表 7-2　NumPy 中常用的数据类型

数据类型	含　　义	数据类型	含　　义
bool	布尔类型，值为 True 或 False	float64	半精度浮点数（64 位）
int8、uint8	有符号和无符号的 8 位整数	complex64	复数，分别用两个 32 位浮点数表示实部和虚部
int16、uint16	有符号和无符号的 16 位整数	complex128	复数，分别用两个 64 位浮点数表示实部和虚部
int32、uint32	有符号和无符号的 32 位整数	object	Python 对象
int64、uint64	有符号和无符号的 64 位整数	string_	固定长度的字符串类型
float16	半精度浮点数（16 位）	unicode	固定长度的 unicode 类型
float32	半精度浮点数（32 位）		

以下代码演示了查看数据类型及数据类型的转换。

```
int_arr = np.array([[5, 4, 3, 2],[6, 7, 8, 9]])        # 生成数组
int_arr.dtype                                           # 数组元素类型
float_arr = int_arr.astype(np.float64)                  # 转换成 float 型数组
float_arr.dtype
float_arr = np.array([[2.3, 4.5, 6.1], [2.5, 3.1, 2.7]])   # 创建 float 型数组
float_arr
int_arr = float_arr.astype(np.int64)                    # 转换成 int64 类型,截取整数部分
int_arr
str_arr = np.array(['3', '4', '5'])                     # 创建字符型数组
str_arr
int_arr = str_arr.astype(np.int64)                      # 转换成 int64 类型
int_arr
```

运行结果：

```
dtype('int32')
dtype('float64')
array([[2.3, 4.5, 6.1],
       [2.5, 3.1, 2.7]])
array([[2, 4, 6],
       [2, 3, 2]], dtype=int64)
array(['3', '4', '5'], dtype='<U1')
array([3, 4, 5], dtype=int64)
```

7.2.2 数组元素的访问与修改

可通过下标或切片的形式访问数组中的一个或多个元素，形式灵活多样；NumPy 还支持多种方式修改数组中元素的值，既可以使用 append()、insert()函数在原数组的基础上追加或插入元素并返回新数组，又可以使用下标的方式直接修改数组中的一个或多个元素的值。以下代码演示数组元素访问的几种形式。

```
print('访问二维数组的几种形式:')
arr = np.arange(30).reshape(5, 6)        # 创建二维数组：5 行 6 列
arr
arr[0]                                    # 0 行所有元素
arr[1][1]                                 # 1 行 1 列的元素
arr[2, 3]                                 # 2 行 3 列的元素,与 arr[2][3]等价
arr[[0, 1]]                               # 只指定行下标,表示 0 行、1 行所有元素
arr[[0,2],[2,1]]                          # 0 行 2 列、2 行 1 列共两个元素
arr[1, 2:4]                               # 1 行 2、3 号元素
arr[2:4, 1:4]                             # 2、3 行,1、2、3 列的所有元素
arr[[1,3], 2:5]                           # 1、3 行,2、3、4 列元素
print('访问一维数组的几种形式:')
arr = np.arange(10)      # 创建一维数组
arr
arr[: : -1]              # 逆向切片,数组的切片与 Python 里序列的切片操作类似
arr[0: 5]                # 前 5 个元素
```

运行结果：

访问二维数组的几种形式：
```
array([[ 0,  1,  2,  3,  4,  5],
       [ 6,  7,  8,  9, 10, 11],
       [12, 13, 14, 15, 16, 17],
       [18, 19, 20, 21, 22, 23],
       [24, 25, 26, 27, 28, 29]])
array([0, 1, 2, 3, 4, 5])
7
15
array([[ 0,  1,  2,  3,  4,  5],
       [ 6,  7,  8,  9, 10, 11]])
array([ 2, 13])
array([8, 9])
array([[13, 14, 15],
       [19, 20, 21]])
array([[ 8,  9, 10],
       [20, 21, 22]])
```
访问一维数组的几种形式：
```
array([0, 1, 2, 3, 4, 5, 6, 7, 8, 9])
array([9, 8, 7, 6, 5, 4, 3, 2, 1, 0])
array([0, 1, 2, 3, 4])
```

以下代码举例说明了修改一维、二维数组的几种形式。

```python
print('一维数组的修改:')
arr = np.arange(1, 11)
arr
np.append(arr, 88)              # 追加元素,返回新的数组
np.append(arr, [88,99])         # 追加多个元素,返回新数组
np.insert(arr, 3, 88)           # 数组3下标位置插入元素88
arr[6] = 88                     # 通过下标就地修改元素的值
arr                             # 下标为6的元素值发生了改变
print('二维数组的修改:')
arr = np.arange(20).reshape(4, 5)
arr
arr[1, 3] = 88                  # 1行、3列元素值改为88
arr[2:, 3:] = 99                # 行下标大于等于2、列下标大于等于3的元素都就成99
arr
```

运行结果：

一维数组的修改：
```
array([ 1,  2,  3,  4,  5,  6,  7,  8,  9, 10])
array([ 1,  2,  3,  4,  5,  6,  7,  8,  9, 10, 88])
array([ 1,  2,  3,  4,  5,  6,  7,  8,  9, 10, 88, 99])
array([ 1,  2,  3, 88,  4,  5,  6,  7,  8,  9, 10])
array([ 1,  2,  3,  4,  5,  6, 88,  8,  9, 10])
```
二维数组的修改：
```
array([[ 0,  1,  2,  3,  4],
       [ 5,  6,  7,  8,  9],
       [10, 11, 12, 13, 14],
       [15, 16, 17, 18, 19]])
```

```
array([[ 0,  1,  2,  3,  4],
       [ 5,  6,  7, 88,  9],
       [10, 11, 12, 99, 99],
       [15, 16, 17, 99, 99]])
```

7.2.3 数组与数组运算

大小相等的数组之间的任何算术运算都会应用到元素级,即只用于位置相同的元素之间,运算结果以新的数组返回,当两个数组形状不同时,则会对数组进行扩展,使参加运算的两个数组的 shape 属性相同,称之为广播机制。以下代码演示了数组之间的算术运算及广播。

```
arr1 = np.array([[1, 2, 3, 4], [2, 3, 4, 5]])
arr2 = np.array([[4, 3, 2, 1], [5, 4, 3, 2]])
arr1 + arr2        # 数组相加,对应位置元素相加,返回新数组
arr1 * arr2        # 数组相乘,对应位置元素相乘
arr1 - arr2        # 数组相减
arr1 / arr2        # 数组相除

arr1 = np.array([[1], [2], [3], [4]])
arr2 = np.array([1, 2, 3])
arr1, arr2
arr1 + arr2        # 先扩展,便arr1与arr2开关相同,再计算
```

运行结果:

```
array([[5, 5, 5, 5],
       [7, 7, 7, 7]])
array([[ 4,  6,  6,  4],
       [10, 12, 12, 10]])
array([[-3, -1,  1,  3],
       [-3, -1,  1,  3]])
array([[0.25      , 0.66666667, 1.5       , 4.        ],
       [0.4       , 0.75      , 1.33333333, 2.5       ]])
(array([[1],
        [2],
        [3],
        [4]]),
 array([1, 2, 3]))
array([[2, 3, 4],
       [3, 4, 5],
       [4, 5, 6],
       [5, 6, 7]])
```

7.2.4 数组与标量运算

NumPy 中的数组支持与标量的加、减、乘、除、幂运算,计算结果返回一个新的数组,其中每个元素为标量与原数组中的每个元素进行计算的结果。特别注意,标量在前和在后计算方法是不同的。以下代码演示了数组与标量的运算。

```
arr = np.array([5, 4, 3, 2, 1])
arr
```

```
arr * 2              # 数组乘以 2，每个元素都乘以 2，以新数组返回
arr / 2              # 数组与整数相除
arr // 2             # 数组与整数整除
arr ** 2             # 幂运算
arr + 3              # 数组加整数
2 / arr              # 整数与数组相除
```

运行结果：

```
array([5, 4, 3, 2, 1])
array([10, 8, 6, 4, 2])
array([2.5, 2. , 1.5, 1. , 0.5])
array([2, 2, 1, 1, 0], dtype=int32)
array([25, 16, 9, 4, 1], dtype=int32)
array([8, 7, 6, 5, 4])
array([0.4 , 0.5, 0.66666667, 1., 2.])
```

7.2.5 改变数组形状

NumPy 中的数组对象提供了 reshape() 和 resize() 两个方法，用来改变数组的形状，reshape() 返回新数组但不能改变数组中元素数量，而 resize() 对数组进行原地修改并且会根据需要补 0 或丢弃部分元素。另外，也可以通过修改数组的 shape 属性原地改变数组的大小。除了数组的上述两个方法之外，NumPy 还提供了两个同名函数来实现类似的功能。以下代码演示如何用这几种方法改变数组的形状。

```
arr = np.arange(12, 0, -1)
arr
arr.shape                              # 显示数组形状
arr.shape = (4, 3)                     # 改为 4 行 3 列，就地修改
arr.shape
arr.shape = (2, -1)                    # 这里 -1 表示自动计算列数
arr
arr.reshape(3, 4)                      # 改变形状，以新数组返回，原数组不变
np.resize(arr, (4, 3))                 # np 的 resize() 函数，返回新数组，原数组不变
arr
arr.resize((5, 8), refcheck=False)     # 参数 refcheck=False，会将缺少的部分全部补 0
arr
```

运行结果：

```
array([12, 11, 10, 9, 8, 7, 6, 5, 4, 3, 2, 1])
(12,)
(4, 3)
array([[12, 11, 10, 9, 8, 7],
       [ 6, 5, 4, 3, 2, 1]])
array([[12, 11, 10, 9],
       [ 8, 7, 6, 5],
       [ 4, 3, 2, 1]])
array([[12, 11, 10],
       [ 9, 8, 7],
       [ 6, 5, 4],
```

```
       [ 3,  2,  1]])
array([[12, 11, 10,  9,  8,  7],
       [ 6,  5,  4,  3,  2,  1]])
array([[12, 11, 10,  9,  8,  7,  6,  5],
       [ 4,  3,  2,  1,  0,  0,  0,  0],
       [ 0,  0,  0,  0,  0,  0,  0,  0],
       [ 0,  0,  0,  0,  0,  0,  0,  0],
       [ 0,  0,  0,  0,  0,  0,  0,  0]])
```

7.2.6 数组的布尔运算

数组可以和标量或等长数组进行关系运算，返回包含若干 True/False 的数组，其中每个元素是原数组中元素与标量或另一个数组中对应位置上元素的运算结果。数组也支持使用包含 True/False 的等长数组作为下标来访问其中的元素，返回 True 对应位置上元素组成的数组。以下代码演示了数组的布尔运算。

```
arr = np.random.rand(10)        #生成 10 个范围在[0,1],均匀分布的随机样本值,因为是随机值，所以每次运行结果都不相同
arr
arr < 0.5                       # 比较数组中每个元素是否小于0.5
arr[arr<0.5]                    # 获取数组中小于0.5的元素
sum((arr>0.3) & (arr<0.8))      # 求值在(0.3,0.8)之间的元素个数,True 等价 1
np.all(arr>0)                   # 测试所有元素是不是都大于0
np.any(arr>0.8)                 # 任何一个元素大于0.8
arr1 = np.array([4, 5, 6])
arr2 = np.array([6, 5, 4])
arr1 < arr2                     # 比较两个数组中对应位置上的元素
arr1[arr1 > arr2]               # 获取 arr1 中大于 arr2 对应位置元素的值
arr1 == arr2                    # 判断对应位置元素是否相等
arr = np.arange(10, 0, -1)
arr
arr[(arr>3) & (arr%2==1)]       # 大于3的奇数
arr[(arr<8) & (arr%2==0)]       # 小于8的偶数
```

运行结果：

```
array([0.77221747, 0.91714613, 0.8127343 , 0.31588856, 0.09159228, 0.66493697,
       0.93276425, 0.24332391, 0.81816056, 0.6141924 ])
array([False, False, False,  True,  True, False, False,  True, False, False])
array([0.31588856, 0.09159228, 0.24332391])
4
True
True
array([ True, False, False])
array([6])
array([False,  True, False])
array([10, 9, 8, 7, 6, 5, 4, 3, 2, 1])
array([9, 7, 5])
array([6, 4, 2])
```

7.2.7 数组的通用函数

NumPy 中，提供了如 sin、cos 和 exp 等这样的数学函数，NumPy 中称之为通用函数。这些函数针对 ndarray 中的数据执行元素级运算，返回新的数组，使用这些通用函数进行所需要的运算，速度比循环迭代快很多。通常又根据函数所需要的参数个数将这些函数分为一元和二元通用函数。表 7-3 和表 7-4 分别给出了一元和二元函数。

表 7-3 常用一元通用函数

函 数	描 述
abs、fabs	计算整数、浮点数或复数的绝对值
sqrt	计算各元素的平方根
square	计算各元素的平方
exp	计算各元素的指数 exp
log、log10、log2、log1p	分别为自然对数（底数为 e），底数为 10 的 log，底数为 2 的 log，log(1+x)
sign	计算各元素的正负号：1（正数）、0（零）、-1（负数）
ceil	计算各元素的 ceilling 值，即大于或者等于该值的最小整数
floor	计算各元素的 floor 值，即小于等于该值的最大整数
rint	将各元素四舍五入到最接近的整数
modf	将数组的小数和整数部分以两个独立数组的形式返回
isnan	返回一个表示"哪些值是 NaN"的布尔型数组
isfinite、isinf	分别返回表示"哪些元素是有穷的"或"哪些元素是无穷"的布尔型数组
sin、sinh、cos、cosh、tan、tanh	普通型和双曲型三角函数
arcos、arccosh、arcsin	反三角函数

表 7-4 常用二元通用函数

函 数	描 述
add	将数组中对应的元素相加
subtract	从第一个数组中减去第二个数组中的元素
multiply	数组元素相乘
divide,floor_divide	除法或向下整除法（舍去余数）
maximum、fmax	元素级的最大值计算
minimum、fmin	元素级的最小值计算
mod	元素级的求模计算
copysign	将第二个数组中的值的符号赋值给第一个数组中的值
greater、greater_equal、less、less_equal、equal、not_equal、logical_and、logical_or、logical_xor	执行元素级的比较运算，最终产生布尔型数组，相当于运算符>、≥、<、≤、==、!=

以下代码演示了部分通用函数的基本使用方法。

```
arr = np.array([3, 4, 9, 18])
arr
np.sqrt(arr)                    # 求数组中每个元素的算术平方根
arr[0] = -3
```

```
np.abs(arr)                    # 求绝对值
np.square(arr)
arr1 = np.array([1, 2, 3, 4])
np.add(arr, arr1)              # 数组相加
np.multiply(arr, arr1)         # 数组相乘
np.maximum(arr, arr1)          # 元素级最大值
np.greater(arr ,arr1)          # 元素级的比较
```

运行结果:

```
array([ 3,  4,  9, 18])
array([1.73205081, 2.        , 3.        , 4.24264069])
array([ 3,  4,  9, 18])
array([  9,  16,  81, 324], dtype=int32)
array([-2,  6, 12, 22])
array([-3,  8, 27, 72])
array([ 1,  4,  9, 18])
array([False, True, True, True])
```

7.2.8 随机模块

与 Python 的标准库 random 相比,NumPy 的 random 模块功能更多,含有可以高效生成多种概率分布的样本值的函数。表 7-5 列举了 NumPy 的 random 模块中用于生成大量样本值的函数。

表 7-5 random 模块的常用函数

函 数	描 述	函 数	描 述
seed()	生成随机数的种子	normal()	产生正态分布的样本值
rand()	产生均匀分布的样本值	beta()	产生 Beta 分布的样本值
randint()	从给定的上下限范围内随机选取整数	uniform()	产生在 [0,1]中的均匀分布的样本值

以下代码演示了随机模块部分函数使用的方法。

```
np.random.rand(5)        # 生成5个元素的一维数组,每个元素都是在[0,1]范围内的随机值
np.random.rand(3, 4)     # 生成3行4列二维数组,每个元素都是在[0,1]范围内的随机值
np.random.seed(0)        # 生成随机数种子
np.random.rand(5)        # 生成5个元素的一维数组
np.random.seed(0)
np.random.rand(5)        # 因 seed 的值相同,所以两次生成的数组完全相同
np.random.seed()
np.random.rand(5)        # 未指定 seed 的值,故生成数组与前面不同
```

运行结果:

```
array([0.78369917, 0.61186353, 0.27675542, 0.8614915 , 0.86716364])
array([[0.07888982, 0.84798149, 0.26542696, 0.73659945],
       [0.95064353, 0.91113684, 0.29857889, 0.5741112 ],
       [0.7084638 , 0.36641148, 0.948979  , 0.15379338]])
array([0.5488135 , 0.71518937, 0.60276338, 0.54488318, 0.4236548 ])
array([0.5488135 , 0.71518937, 0.60276338, 0.54488318, 0.4236548 ])
```

```
array([0.2409192 , 0.21842246, 0.76312379, 0.5159712 , 0.61335113])
```

表 7-5 的函数中，seed()函数可以保证生成的随机数具有可预测性，也就是说产生的随机数相同，其语法格式如下：

```
Numpy.random.seed(seed=None)
```

调用随机函数生成数据时，如果没有设定 seed 的值，则每次生成的随机数会因时间不同而不同，这是因为系统会根据时间来选择 seed 的值。

7.3 利用数组进行数据处理

利用 NumPy 数组可以使许多数据处理过程变得高效、简洁，所以利用数组是处理数据的首选。本节将介绍如何利用数组处理数据，包括统计、排序、分段、堆叠等。

7.3.1 数组统计运算

通过 NumPy 库中的相关方法，可以很方便地进行统计汇总，表 7-6 列举了 NumPy 数组中与统计运算相关的方法。

表 7-6 NumPy 数组中与统计运算相关的方法

方法	描述	方法	描述
sum()	对数组中全部或某个轴向的元素求和	argmax()	最大值的索引
mean()	算术平均值	argmin()	最小值的索引
min()	计算数组中最小值	cumsum()	所有元素的累计和
max()	计算数组中最大值	cumprod()	所有元素的累计积

以下代码演示了统计运算相关方法的使用。

```
arr = np.random.randint(1, 20, 10)      # 生成[10, 100)范围内随机整型数组
arr
arr.sum()                                # 求和
arr.mean()                               # 求平均值
arr.min()                                # 求最小值
arr.max()                                # 求最大值
arr.argmin(),arr.argmax()                # 求最小值、最大值的索引
arr.cumsum()                             # 计算元素的累计和
arr.cumprod()                            # 计算累计积
```

运行结果：

```
array([ 3, 18, 16, 2, 8, 5, 9, 8, 6, 16])
91
9.1
2
18
(3, 1)
```

```
array([ 3, 21, 37, 39, 47, 52, 61, 69, 75, 91], dtype=int32)
array([3, 54, 864, 1728, 13824, 69120,
       622080, 4976640, 29859840, 477757440], dtype=int32)
```

7.3.2 数组排序

数组的 sort()方法能够很轻易地实现就地排序。另外，NumPy 的 argsort()函数用来返回一个数组，其中的每个元素为原数组中元素的索引，表示应该把原数组中的哪个位置上的元素放在这个位置。以下代码演示了这几个函数和方法的使用。

```
arr = arr = np.random.randint(1, 20, 12)
arr
old_index = arr.argsort()        # 返回升序排序后各元素原来的下标
old_index                        # 也可以用 np.argsort(arr)
arr[old_index]                   # 按排序下标访问数组，得到有序数组
arr.resize(3, 4)                 # 改为3行4列二维数组
arr
arr.sort(axis=0)                 # 在0号轴上排序，即纵向排序
arr
arr.sort(axis=1)                 # 在1号轴上排序，即横向排序
arr
```

运行结果：

```
array([ 6, 19, 19, 11, 7, 12, 8, 15, 15, 10, 16, 15])
array([ 0, 4, 6, 9, 3, 5, 7, 8,11, 10, 1, 2], dtype=int64)
array([ 6, 7, 8, 10, 11, 12, 15, 15, 15, 16, 19, 19])
array([[ 6, 19, 19, 11],
       [ 7, 12,  8, 15],
       [15, 10, 16, 15]])
array([[ 6, 10,  8, 11],
       [ 7, 12, 16, 15],
       [15, 19, 19, 15]])
array([[ 6,  8, 10, 11],
       [ 7, 12, 15, 16],
       [15, 15, 19, 19]])
```

7.3.3 分段函数

NumPy 提供了 where()和 piecewise()两个函数支持分段函数对数组的处理，其中 where()函数适合对原数组中的元素进行"二值化"，根据数组中的元素是否满足指定的条件来决定返回 x 或 y，where()函数的语法格式如下：

```
where(condition, [x, y])
```

函数 piecewise()可以实现更复杂的处理，其函数语法格式如下：

```
piecewise(x, condlist, funclist, *args, **kw)
```

以下代码演示 where()和 piecewise()函数的使用方法及作用。

```
arr = np.random.randint(1, 20, 12)   # 创建随机整数一维数组
```

```
arr
np.where(arr < 10, True, False)        # 小于 10 的元素对应为 True,否则对应 False
arr.resize(3, 4)
arr
np.piecewise(arr, [arr<7, arr>14], [lambda x:x*2, lambda x:x*3])  # 小于
7 的元素乘以 2，大于 7 的元素乘以 3，其他元素变为 0，返回新数组
np.piecewise(arr, [arr<=7, (arr>7)&(arr<15), arr>=15], [0, 1, lambda
x:x*2])  # 小于等于 7 的元素变为 0，大于 7 小于 15 的元素变为 1，大于等于 15 的乘以 2
```

运行结果：

```
array([12, 5, 12, 4, 11, 15, 15, 13, 5, 14, 1, 16])
array([False, True, False, True, False, False, False, False, True, False,
       True, False])
array([[12, 5, 12, 4],
       [11, 15, 15, 13],
       [ 5, 14, 1, 16]])
array([[ 0, 10, 0, 8],
       [ 0, 45, 45, 0],
       [10, 0, 2, 48]])
array([[ 1, 0, 1, 0],
       [ 1, 30, 30, 1],
       [ 0, 1, 0, 32]])
```

7.3.4 数组堆叠与合并

堆叠数组是指沿着特定的方向把多个数组合并到一起，NumPy 提供了 hstack()和 vstack()两个函数分别用于实现多个数组的水平和垂直堆叠。另外，函数 concatenate()也提供了类似的数组合并功能，其参数 axis 用来指定沿哪个轴进行合并，默认为 0（按行合并）。

以下代码演示了数组堆叠函数的使用方法。

```
arr1 = np.random.randint(1, 10, 6)         # 生成数组
arr2 = np.random.randint(1, 10, 6)
arr1, arr2
np.hstack((arr1, arr2))                    # 水平堆叠，返回新数组
np.vstack((arr1, arr2))                    # 垂直堆叠，返回新数组
arr1.resize(2, 3)                          # 变为二维数组
arr2.resize(2, 3)
arr1, arr2
np.hstack((arr1, arr2))                    # 水平堆叠
np.vstack((arr1, arr2))                    # 垂直堆叠
np.concatenate((arr1, arr2))               # 使用函数 concatenate()合并数组，
np.concatenate((arr1, arr2), axis=1)       # 横向合并
```

运行结果：

```
(array([1, 1, 1, 7, 2, 1]), array([5, 4, 6, 6, 4, 3]))
array([1, 1, 1, 7, 2, 1, 5, 4, 6, 6, 4, 3])
array([[1, 1, 1, 7, 2, 1],
       [5, 4, 6, 6, 4, 3]])
 (array([[1, 1, 1],
       [7, 2, 1]]),
```

```
array([[5, 4, 6],
       [6, 4, 3]]))
array([[1, 1, 1, 5, 4, 6],
       [7, 2, 1, 6, 4, 3]])
array([[1, 1, 1],
       [7, 2, 1],
       [5, 4, 6],
       [6, 4, 3]])
array([[1, 1, 1],
       [7, 2, 1],
       [5, 4, 6],
       [6, 4, 3]])
array([[1, 1, 1, 5, 4, 6],
       [7, 2, 1, 6, 4, 3]])
```

7.3.5 检索、唯一化及其他集合逻辑

NumPy 除了提供 all()、any()等用于简单检索的布尔运算函数外，还提供了 in1d()函数用于元素检索，该函数检查第一个数组中的每个元素是否也存在于第二个数组中，其语法格式如下：

```
in1d(ar1, ar2, invert=False)
```

该函数返回与 ar1 长度相同的布尔数组，如果 ar1 的元素在 ar2 中，则对应位置的值为 True，否则为 False。若 invert 参数的值为 True，则返回的数组中的值将被反转，即不存在则返回 True，存在则返回 False。以下代码演示了相关函数的使用方法。

```
arr1 = np.random.randint(1, 10, 8)        # 生成数组
arr2 = np.random.randint(1, 10, 8)
arr1, arr2
np.unique(arr1)                            # 找出数组中唯一的元素
np.in1d(arr1, arr2)                        # 判断 arr1 中的每一个元素在 arr2 中是否存在
np.in1d(arr1, arr2, invert=True)           # 判断 arr1 中的每一个元素在 arr2 中是否不存在
```

运行结果：

```
(array([2, 9, 1, 7, 8, 8, 4, 5]), array([3, 9, 1, 5, 7, 9, 7, 8]))
array([1, 2, 4, 5, 7, 8, 9])
array([False,  True,  True,  True,  True,  True, False,  True])
array([ True, False, False, False, False, False,  True, False])
```

另外，NumPy 还提供了很多有关集合的函数，表 7-7 列举了常用的集合运算函数。

表 7-7 数组集合运算常用函数

函数	描述
unique(x)	计算 x 中的唯一元素，并返回有序结果
intersect1d(x,y)	计算 x 和 y 中的公共元素，并返回有序结果
union1d(x,y)	计算 x 和 y 的并集，并返回有序结果
setdiff1d(x,y)	集合的差，即元素在 x 中且不在 y 中
setxor1d(x,y)	集合的对称差，即存在于一个数组中但不同时存在于两个数组中的元素

7.4 矩阵常用操作

7.4.1 矩阵生成

矩阵和数组虽然在形式上很像，但矩阵是数学上的概念，而数组只是一种数据存储方式，二者还是有本质区别的。矩阵只能包含数字，而数组可以包含任意类型的数据；矩阵一定是二维的，数组可以是任意维的；乘法、幂运算等很多运算的规则在矩阵与数组也不一样。NumPy 中提供的 matrix()函数可以用来将列表、元组、range 对象等 Python 可迭代对象转换为矩阵。以下代码演示了该函数的用法。

```
arr1 = np.random.randint(1, 10, 8)
arr2 = np.random.randint(1, 10, 12).reshape(3, 4)
arr1, arr2
m1 = np.matrix(arr1)                  # 将数组转换成矩阵
m2 = np.matrix(arr2)
m1, m2
m3 = np.matrix(range(10))             # 将 range()对象转换成矩阵
m4 = np.matrix([[3,4,5],[7,6,2]])     # 将列表转换成矩阵
m3, m4
```

运行结果：

```
(array([6, 4, 3, 5, 1, 5, 3, 5]),
 array([[1, 6, 1, 6],
        [1, 8, 1, 1],
        [5, 6, 5, 8]]))
(matrix([[6, 4, 3, 5, 1, 5, 3, 5]]),
 matrix([[1, 6, 1, 6],
        [1, 8, 1, 1],
        [5, 6, 5, 8]]))
(matrix([[0, 1, 2, 3, 4, 5, 6, 7, 8, 9]]),
 matrix([[3, 4, 5],
        [7, 6, 2]]))
```

7.4.2 矩阵转置与逆矩阵

矩阵转置指对矩阵的行和列互换得到新矩阵的操作，原矩阵的第 *i* 行变为新矩阵的第 *i* 列，原矩阵中的第 *j* 列变为新矩阵的第 *j* 行，一个 m×n 的矩阵转置之后得到 n×m 的矩阵。与数组转置类似，矩阵对象的属性 T 实现了转置的功能。

NumPy 的线性代数子模块 linalg 中提供了用来计算逆矩阵的函数 inv()，要求参数为可逆矩阵，形式可以是 Python 列表、NumPy 中的数组或矩阵。

下面的代码演示矩阵转置及通过 inv()函数求逆矩阵的用法。

```
arr = np.random.randint(1, 10, 16).reshape(4, 4)
m = np.matrix(arr)
m
m.T                                   # 转置
```

```
m1 = np.linalg.inv(m)              # 求逆矩阵
m1
np.linalg.det(m)                   # 求矩阵的行列式
m * m1                             # 矩阵与逆矩阵相乘：对角线元素为1，其他为0或近似0
```

运行结果：

```
matrix([[3, 3, 9, 3],
        [3, 8, 2, 9],
        [1, 6, 3, 4],
        [7, 2, 5, 7]])
matrix([[3, 3, 1, 7],
        [3, 8, 6, 2],
        [9, 2, 3, 5],
        [3, 9, 4, 7]])
matrix([[-0.38518519, -0.57037037,  0.80740741,  0.43703704],
        [-0.24444444, -0.35555556,  0.71111111,  0.15555556],
        [ 0.22222222,  0.11111111, -0.22222222, -0.11111111],
        [ 0.2962963 ,  0.59259259, -0.85185185, -0.25925926]])
-405.0000000000002
matrix([[ 1.00e+00, -4.44e-16,  4.99e-16,  3.88e-16],
        [ 0.00e+00,  1.00e+00, -4.44e-16,  2.22e-16],
        [-3.33e-16, -2.49e-16,  1.00e+00,  1.94e-16],
        [ 2.22e-16,  0.00e+00,  0.00e+00,  1.00e+00]])
```

7.4.3 查看矩阵特征

矩阵特征主要指矩阵的最大值、最小值、元素求和、平均值等，NumPy 中的矩阵提供了相应的 max()、min()、sum()、mean()等方法。在大部分的矩阵方法中，都支持用参数 axis 来指定计算方向，axis=1 表示横向计算，axis=0 表示纵向计算。以 min()方法为例，其语法格式如下。

```
min(axis=None,out=None)
```

该方法返回矩阵中沿 axis 方向的最小元素，如果不指定 axis 参数，则对矩阵平铺后的所有元素进行操作，也就是返回矩阵中所有元素的最小值；axis=0 表示沿矩阵的第一个维度（行）进行计算，axis=1 表示沿矩阵的第二个维度（列）进行计算。以下代码演示查看矩阵特征和 axis 参数的使用方法。

```
arr = np.random.randint(0, 10, 20).reshape(4, 5)
m = np.matrix(arr)
m
m.mean(), m.mean(axis=0), m.mean(axis=1)    # 所有元素、每列、第行平均值
m.sum(), m.sum(axis=0), m.sum(axis=1)       # 所有元素、每列、第行求和
m.max(), m.max(axis=0), m.min(axis=1)
                                            # 所有元素、每列元素中的最大值，每行中的最小值
m.argmax(axis=0), m.argmin(axis=1)          # 每列最大值下标、每行最小值下标
m.diagonal()                                # 对角线元素
m.nonzero()                                 # 非0元素的下标：分析返回行、列下标
```

运行结果：

```
matrix([[3, 8, 6, 1, 1],
        [4, 1, 2, 0, 4],
        [0, 6, 3, 6, 8],
        [1, 6, 9, 0, 0]])
 (3.45,
 matrix([[2.  , 5.25, 5.  , 1.75, 3.25]]),
 matrix([[3.8],
         [2.2],
         [4.6],
         [3.2]]))
 (69,
 matrix([[ 8, 21, 20,  7, 13]]),
 matrix([[19],
         [11],
         [23],
         [16]]))
 (9,
 matrix([[4, 8, 9, 6, 8]]),
 matrix([[1],
         [0],
         [0],
         [0]]))
 (matrix([[1, 0, 3, 2, 2]], dtype=int64),
 matrix([[3],
         [3],
         [0],
         [3]], dtype=int64))
matrix([[3, 1, 3, 0]])
 (array([0,0,0,0,0,1,1,1,1,2,2,2,2,3,3,3], dtype=int64),
 array([0,1,2,3,4,0,1,2,4,1,2,3,4,0,1,2], dtype=int64))
```

7.4.4 矩阵相乘与相关系数矩阵

在扩展库 NumPy 中支持矩阵乘法运算，直接用"*"运算符计算即可。相关系数矩阵是一个对称矩阵，其中对角线上的元素都是 1，表示自相关系数。非对角线上的元素表示互相关系数，每个元素的绝对值都小于等于 1，反映变量变化趋势的相似程度。相关系数矩阵中非对角线元素的值大于 0，表示两个信号正相关，其中一个信号变大时另一个信号也变大，变化方向一致，或者说一个信号的变化对另一个信号的影响是"正面"的、积极的。相关系数的绝对值越大，表示两个信号互相影响的程度越大。NumPy 提供了 corrcoef()函数，用来计算矩阵的相关系数。以下代码演示了矩阵相乘及相关系数矩阵函数的用法。

```
arr1 = np.random.randint(0, 6, 12).reshape(4, 3)
arr2 = np.random.randint(0, 6, 6).reshape(3, 2)
m1 = np.matrix(arr1)
m2 = np.matrix(arr2)
m1, m2
m1 * m2        # 矩阵相乘
np.corrcoef(m1)    # 相关系数矩阵
```

运行结果：

```
 (matrix([[0, 5, 3],
         [4, 1, 2],
```

```
             [3, 4, 1],
             [2, 2, 3]]),
 matrix([[1, 1],
         [4, 1],
         [5, 0]]))
 matrix([[35,  5],
         [18,  5],
         [24,  7],
         [25,  4]])
 array([[ 1.,         -0.99717646,  0.21677749,  0.11470787],
        [-0.99717646,  1.,         -0.14285714, -0.18898224],
        [ 0.21677749, -0.14285714,  1.,         -0.94491118],
        [ 0.11470787, -0.18898224, -0.94491118,  1.        ]])
```

7.4.5 计算方差、协方差、标准差

扩展库 NumPy 提供了用来计算协方差的 cov()函数和用来计算标准差的 std()函数，以下代码演示了这两个函数的用法。

```
m1 = np.matrix([1, 1, 1, 1, 1, 1, 1])
m2 = np.matrix([-1.9, -0.5, 2.1, 1.3])
m3 = np.matrix([1.2, 2.1, 0.56, 1.88])
m1, m2, m3
np.cov(m1), np.std(m1)          # m1 的方差、标准差
np.cov(m2, m3)                  # 协方差
np.std(m2, axis=1)              # 标准差
M = np.vstack((m2, m3))         # 纵向堆叠
np.cov(M)                       # 协方差：反映两个维度之间的数据偏离值的相关性
np.std(M)                       # 所有元素的标准差
np.std(M, axis=1)               # 每行元素的标准差
np.cov(m2)                      # 方差
```

运行结果：

```
 (matrix([[1, 1, 1, 1, 1, 1, 1]]),
 matrix([[-1.9, -0.5,  2.1,  1.3]]),
 matrix([[1.2 , 2.1 , 0.56, 1.88]]))
 (array(0.), 0.0)
array([[ 3.23666667, -0.38166667],
       [-0.38166667,  0.48703333]])
matrix([[1.55804365]])
array([[ 3.23666667, -0.38166667],
       [-0.38166667,  0.48703333]])
1.3219091307650461
matrix([[1.55804365],
        [0.60437985]])
array(3.23666667)
```

7.4.6 计算特征值与特征向量

NumPy 的线性代数子模块 linalg 中提供了用来计算特征值与特征向量的 eig()函数，其参数可以是 Python 列表、numpy 中的数组或矩阵。以下代码演示了 eig()函数的用法。

```
M = np.array([[1, 3, -2], [1, -4, 3], [2, -4, 2]])   # 创建矩阵
M
e, v = np.linalg.eig(M)                               # 特征值与特征向量
e, v
np.dot(M ,v)                                          # 矩阵与特征向量的积
e * v                                                 # 特征值与特征向量的积
np.isclose(np.dot(M,v), e*v)                          # 验证二者是否相等
```

运行结果：

```
array([[ 1,  3, -2],
       [ 1, -4,  3],
       [ 2, -4,  2]])
 (array([ 1.31978207+0.j        , -1.15989104+2.17169509j,
         -1.15989104-2.17169509j]),
 array([[-0.70179158+0.j        , -0.20453085+0.21568439j,
         -0.20453085-0.21568439j],
        [-0.44543671+0.j        ,  0.49602532-0.30334448j,
          0.49602532+0.30334448j],
        [-0.55594488+0.j        ,  0.75735618+0.j        ,
          0.75735618-0.j        ]]))
array([[-0.92621195+0.j        , -0.23116724-0.69434904j,
        -0.23116724+0.69434904j],
       [-0.58787939+0.j        ,  0.08343639+1.4290623j ,
         0.08343639-1.4290623j ],
       [-0.73372609+0.j        , -0.87845064+1.6447467j ,
        -0.87845064-1.6447467j ]])
array([[-0.92621195+0.j        , -0.23116724-0.69434904j,
        -0.23116724+0.69434904j],
       [-0.58787939+0.j        ,  0.08343639+1.4290623j ,
         0.08343639-1.4290623j ],
       [-0.73372609+0.j        , -0.87845064+1.6447467j ,
        -0.87845064-1.6447467j ]])
array([[ True,  True,  True],
       [ True,  True,  True],
       [ True,  True,  True]])
```

思考练习题

填空题

1. 在 NumPy 中，执行科学计算的数组对象是_____。
2. 使用 np.arange(10)生成的数组中，最后一个元素的值是_____。
3. 有命令 arr = np.zeros((2,3))生成数组，则 arr.ndim 的值是_____。
4. 有命令 arr = np.array([2,6,9,8,7,1,3])，则表达式 arr[arr>4].sum()的值是_____。
5. 有命令 arr = np.array([2,6,9,8,7,1,3])，则表达式 arr.argmax()的值是_____。
6. 有命令 arr = np.array(range(1,6))，则表达式 arr.cumsum()的值是_____。
7. 有命令 arr = np.matrix([[1,3,5],[2,4,6]])，则表达式 arr.mean(axis=0)的值是_____。
8. 有命令 arr = np.matrix([[1,3,5],[2,4,6]])，则表达式 arr.shape 的值是_____。
9. 生成数组 arr = np.arange(1,13).reshape(3, 4)，则语句 print(arr[1,2])输出的值是_____。

10. 生成数组 arr = np.array([5, 4, 3, 2, 1])，则语句 print(arr*2)的输出结果是_____。

即测即练

第 8 章

认识 Pandas

扩展库 Pandas 是基于扩展库 NumPy 和 Matplotlib 的数据分析工具，专门为解决数据分析任务而创建，其中不仅纳入了大量的库和一些标准的数据模型，而且提供了高效操作大型数据集所需的工具，应用于很多领域，如经济、统计等学术和商业领域。

8.1 Pandas 的数据结构

要想在各领域中灵活自如地使用 Pandas 分析数据，首先要对其数据结构有清晰的理解。Pandas 常用的数据结构如下。
（1）Series，带标签的一维数组；
（2）DataFrame，带标签且大小可变的二维表格；
（3）DatatimeIndex，时间序列。

8.1.1 Series 及常用操作

Series 是一个类似于 NumPy 中一维数组的对象，它能够保存任何类型的数据，由数据和索引两部分组成，如果创建对象的时候没有指明索引，则会自动给出从 0 开始依次递增的整数序列作为索引。除了可以使用 Python 运算符和内置函数对其进行特定运算之外，Series 本身提供了大量的方法，其中许多运算与 NumPy 中的一维数组很类似。

Series 对象可以使用其构造方法创建，其语法格式如下：

```
Series(data=None, index=None, dtype=None, name=None, copy=False, fastpath=False)
```

参数含义：
`data`：传入的数据，可以是 `ndarray`、`list`、`dict` 等；
`index`：索引，必须是唯一的，且与数据长度相同；
`dtype`：数据的类型；
`copy`：是否复制数据。

以下代码演示了 Series 对象的生成及其部分方法和内置函数的用法。

```
s1 = pd.Series(range(0, 10, 2))    # 用 range()对象创建 Series,会自动创建索引
```

```python
print('用 range 对象创建 Series:\n', s1)
s2 = pd.Series({'1001':500, '1002':3000,'2001':600,'2003':700})
print('用字典创建 Series:\n', s2)        # 用字典创建 Series，键为索引
s2[0] = s2[0] + 500                      # 通过索引访问其值
print('改变了 0 索引的值:\n', s2)
print('Series 加标量:\n', s2 + 100)
print('Series 的最大值、最小值索引:\n',s2.argmax(), s2.argmin()) # s2 最大、最小的索引，类似数组
print('各元素是否在指定范围内:\n',s2.between(700, 2000, inclusive='left'))#
判断 Series 中各元素是否在指定区域内,返回 bool 数组
print('求中值:\n',s2.median())                   # 求中值
print('大于中值的值:\n',s2[s2>s2.median()])      # 筛选大于中值的数
print('最小的 2 个、最大的一个数:\n',s2.nsmallest(2),'\n', s2.nlargest(1))
# 求最小的 2 个数,最大的 1 个数
print('每一个数减 100:\n', s2.apply(lambda x:x-100))
                         # apply()方法用来对 Series 对象的每一个值进行函数运算
print('标准差、无偏方差、无偏标准差:\n', s2.std(), s2.var(), s2.sem())
                         # 标准差、无偏方差、无偏标准差
print('是否存在等价于 True 的值：', any(s2))      # 是否存在等价于 True 的值
print('是否所有元素都等价于 True: ', all(s2))    # 是否所有的元素都等价于 True
```

运行结果：

用 range 对象创建 Series:
0   0
1   2
2   4
3   6
4   8
dtype: int64
用字典创建 Series:
1001   500
1002   3000
2001   600
2003   700
dtype: int64
改变了 0 索引的值:
1001   1000
1002   3000
2001   600
2003   700
dtype: int64
Series 加标量:
1001   1100
1002   3100
2001   700
2003   800
dtype: int64
Series 的最大值、最小值索引:
 1 2

各元素是否在指定范围内：
1001   True
1002   False
2001   False
2003   True
dtype: bool
求中值：
 850.0
大于中值的值：
1001   1000
1002   3000
dtype: int64
最小的 2 个、最大的一个数：
2001   600
2003   700
dtype: int64
 1002   3000
dtype: int64
每一个数减 100：
1001   900
1002   2900
2001   500
2003   600
dtype: int64
标准差、无偏方差、无偏标准差：
1129.527924990495 1275833.3333333 564.7639624952475
是否存在等价于 True 的值：True
是否所有元素都等价于 True：True

8.1.2 时间序列及常用操作

时间序列对象一般使用 Pandas 的 date_range()函数生成，可以指定日期时间的起始到结束范围、时间间隔、数据数量等参数，其语法格式如下：

```
date_range(start=None, end=None, periods=None, freq='D', tz=None, normalize=False, name=Name, closed=None, **kwargs
```

参数含义：

（1）start 和 end 分别指定起、止日期；

（2）periods 指定要生成的数据量；

（3）freq 用来指定时间间隔，默认为 'D'，表示相邻两个日期间隔一天，其值还可以是 'W' 表示周，'H' 表示小时。

以下代码演示了 data_range()函数的使用方法。

```
print('5D 表示间隔 5 天:\n',pd.date_range(start='20220801', end='20220830', freq='5D'))
print('W 表示间隔 1 周:\n',pd.date_range(start='20220801', end='20220830', freq='W'))
print('periods=5 表示只产生 5 个数据:\n',pd.date_range(start='20220801', periods=5, freq='2D'))
```

```
print('6个数据,间隔5小时:\n', pd.date_range(start='20220801', periods=6, freq='5H'))
print('间隔 1 个月，月末最后一天:\n', pd.date_range(start='20220401', end='20220930', freq='M'))
print('间隔 1 年，6 个数据,每年最后一天:\n',pd.date_range(start='20220101', periods=6, freq='Y'))   # req='Y'与'A'等价
print('间隔 1 年，6 个数据,年初第一天:\n',pd.date_range(start='20220101', periods=6, freq='YS'))
idx = pd.date_range(start='20220701', periods=12, freq='h')
s = pd.Series(index=idx, data=range(12, 0, -1))
print('显示前5个:\n',s[0:5])
print('3小时重采样，求平均值:\n', s.resample('3H').mean())
print('5小时重采样，求和:\n',s.resample('5H').sum())
print('第一个、最高、最低、最后一个:\n',s.resample('3H').ohlc())
s.index = s.index + pd.Timedelta('1D') # 重新设置索引
print('指定日期是星期几:\n',pd.Timestamp('20220801').day_name())
print('指定日期所在年是不是闰年:\n', pd.Timestamp('20220801').is_leap_year)
print('指定日期所在季度、月份:\n', pd.Timestamp('20220801').quarter, pd.Timestamp('20220801').month)
print('指定日期转换成 Python 日期时间对象:\n',pd.Timestamp('20220801').to_pydatetime())
```

运行结果：

5D 表示间隔5天：
DatetimeIndex(['2022-08-01','2022-08-06', '2022-08-11','2022-08-16', '2022-08-21', '2022-08-26'],dtype='datetime64[ns]', freq='5D')
W 表示间隔1周：
 DatetimeIndex(['2022-08-07', '2022-08-14', '2022-08-21', '2022-08-28'], dtype='datetime64[ns]', freq='W-SUN')
periods=5 表示只产生5个数据：
DatetimeIndex(['2022-08-01','2022-08-03','2022-08-05','2022-08-07','2022-08-09'],dtype='datetime64[ns]', freq='2D')
6个数据，间隔5小时：
DatetimeIndex(['2022-08-01 00:00:00', '2022-08-01 05:00:00',
               '2022-08-01 10:00:00', '2022-08-01 15:00:00',
               '2022-08-01 20:00:00', '2022-08-02 01:00:00'],
              dtype='datetime64[ns]', freq='5H')
间隔1个月，月末最后一天：
DatetimeIndex(['2022-04-30','2022-05-31','2022-06-30','2022-07-31','2022-08-31','2022-09-30'],dtype='datetime64[ns]', freq='M')
间隔1年，6个数据,每年最后一天：
DatetimeIndex(['2022-12-31','2023-12-31','2024-12-31','2025-12-31','2026-12-31','2027-12-31'],dtype='datetime64[ns]', freq='A-DEC')
间隔1年，6个数据,年初第一天：
DatetimeIndex(['2022-01-01','2023-01-01','2024-01-01','2025-01-01','2026-01-01','2027-01-01'],dtype='datetime64[ns]',freq='AS-JAN')
显示前5个：
2022-07-01 00:00:00   12
2022-07-01 01:00:00   11

```
2022-07-01 02:00:00    10
2022-07-01 03:00:00     9
2022-07-01 04:00:00     8
Freq: H, dtype: int64
```
3小时重采样，求平均值：
```
2022-07-01 00:00:00    11.0
2022-07-01 03:00:00     8.0
2022-07-01 06:00:00     5.0
2022-07-01 09:00:00     2.0
Freq: 3H, dtype: float64
```
5小时重采样，求和：
```
2022-07-01 00:00:00    50
2022-07-01 05:00:00    25
2022-07-01 10:00:00     3
Freq: 5H, dtype: int64
```
第一个、最高、最低、最后一个：
```
                     open  high  low  close
2022-07-01 00:00:00    12    12   10     10
2022-07-01 03:00:00     9     9    7      7
2022-07-01 06:00:00     6     6    4      4
2022-07-01 09:00:00     3     3    1      1
```
指定日期是星期几：
```
Monday
```
指定日期所在年是不是闰年：
```
False
```
指定日期所在季度、月份：
```
3 8
```
指定日期转换成Python日期时间对象：
```
2022-08-01 00:00:00
```

8.1.3　DataFrame()结构

DataFrame()是二维数据结构，相当于二维表格，一个DataFrame()对象由三部分构成：行索引（index）、列索引（columns）、值（values）。其结构如图8-1所示。

图8-1　DataFrame对象的结构

DataFrame()对象的创建有多种方式，可以用Pandas的DataFrame()函数生成，也可以读取不同数据源创建 DataFrame()对象，本节主要讨论通过给定数据创建 DataFrame()对象的方法。DataFrame()函数的语法结构如下：

```
DataFrame( data, index, columns, dtype, copy)
```

参数含义：

（1）data 为输入的数据，可以是 ndarray，series，list，dict 等；

（2）index 为行标签，如果没有传递 index 值，则默认行标签是 np.arange(n)，n 代表 data 的元素个数；

（3）columns 是列标签，如果没有传递 columns 值，则默认列标签是 np.arange(n)；

（4）dtype 表示每一列的数据类型；

（5）默认为 False，表示复制数据 data；

以下代码演示了通过给定数据创建 DataFrame()对象的方法。

```
data = {'时间':['4-30','5-31','6-30','7-31'],
        '资产':[188, 199, 210, 212],
        '负债':[34, 36, 39, 41],
        '所有者权益':[154, 163, 171, 171]}
df = pd.DataFrame(data=data)    # 数据源为字典，生成 DataFrame()对象
print('数据源为字典生成的 df:\n', df)
import numpy as np
df = pd.DataFrame(data=np.random.randint(5, 15, (5, 3)),
                  index=pd.date_range(start='20220301', end='20220830', freq='M'),
                  columns = ['A', 'B', 'C'])   # 生成 DataFrame()对象，随机数据，指定 index 和 columns
print('指定 columns 和 index 生成 df:\n', df)
```

运行结果：

```
数据源为字典生成的 df:
   时间  资产  负债  所有者权益
0  4-30  188  34   154
1  5-31  199  36   163
2  6-30  210  39   171
3  7-31  212  41   171
指定 columns 和 index 生成 df:
             A   B   C
2022-03-31  11  10   5
2022-04-30   7  12   5
2022-05-31   7  12   9
2022-06-30   9  10   9
2022-07-31  11   9   8
```

8.2　Pandas 索引操作

8.2.1　重置索引

Pandas 中的索引都是 Index 类对象，又称之为索引对象，为确保数据安全，该对象

不能单独修改其中的某一个值。如需要整体上重置索引，Pandas 提供了 reindex()、reset_index()、set_index()这三个函数。

（1）set_index()函数：将原数据集中的列作为索引。其语法格式如下：

```
set_index(keys, drop=True, append=False, inplace=False)
```

参数含义：keys 为指定的原数据中的列；drop 默认为 True，将数据作为索引后，在表格中删除原数据；append 默认为 False，若为 True，则将新设置的索引设置为内层索引，原索引是外层索引；inplace 默认为 False,若为 True，则表示原地修改。

（2）reset_index()函数：常用于数据清洗过后，对数据重新设置连续行索引。其语法格式如下：

```
reset_index(level=None, drop=False, inplace=False)
```

参数含义：level 表示如果索引(index)有多个列，仅从索引中删除 level 指定的列，默认删除所有列；drop 默认为 False，表示重新设置索引后是否将原索引作为新的一列并入 DataFrame()。

（3）reindex()函数：用于对原索引和新索引进行匹配，也就是说，新索引含有原索引的数据，而原索引数据按照新索引排序。其语法格式如下：

```
reindex(labels=None, index=None, columns=None, axis=None, method=None,copy=True, level=None, fill_value=nan, limit=None, tolerance=None)
```

参数含义：index 表示用作索引的新序列；method 表示插值填充方式，取值可以是 ffill、bfill、nearest，分别表示前向填充、后向填充和从最近的索引值填充；fill_value 表示引入缺失值时使用的替代值；limit 表示前向或后向填充时的最大填充量。

以下代码演示了索引重置函数的用法。

```
date_lst = pd.date_range(start='20220530', end='20220930', freq='M')
data = {'日期':date_lst,
        '资产':[184000,235000,243200,253700,264830],
        '负债':[73600,105750,102144,103450,112100],
        '所有者权益':[110400,129250,141056,150250,152730]
        }
df = pd.DataFrame(data, index=[1,2,7,4,5])
                                # 生成 DataFrame 对象，索引为[1,2,7,6,5,4,3]
print('生成指定索引的 DataFrame 对象:\n',df)
df = df.reindex(index=range(1, 6))
                                # 重置索引，多出一个索引号"3"，默认填充 Nan
print('重置索引:\n',df)
df.dropna(inplace=True)         # 删除有空值的行(索引为"3"的行)
print('删除空值:\n',df)
df.reset_index(drop=True, inplace=True)
                                # 清洗空行之后，重置索引，产生连续的索引
print('重置索引:\n',df)
df.set_index('日期', inplace=True)       # 设置"日期"列为索引
print('将日期列设置为索引:\n', df)
```

运行结果：

生成指定索引的 DataFrame 对象：
```
     日期         资产      负债     所有者权益
1  2022-05-31  184000   73600   110400
2  2022-06-30  235000  105750   129250
7  2022-07-31  243200  102144   141056
4  2022-08-31  253700  103450   150250
5  2022-09-30  264830  112100   152730
```
重置索引：
```
     日期         资产       负债       所有者权益
1  2022-05-31  184000.0   73600.0   110400.0
2  2022-06-30  235000.0  105750.0   129250.0
3     NaT        NaN       NaN        NaN
4  2022-08-31  253700.0  103450.0   150250.0
5  2022-09-30  264830.0  112100.0   152730.0
```
删除空值：
```
     日期         资产       负债       所有者权益
1  2022-05-31  184000.0   73600.0   110400.0
2  2022-06-30  235000.0  105750.0   129250.0
4  2022-08-31  253700.0  103450.0   150250.0
5  2022-09-30  264830.0  112100.0   152730.0
```
重置索引：
```
     日期         资产       负债       所有者权益
0  2022-05-31  184000.0   73600.0   110400.0
1  2022-06-30  235000.0  105750.0   129250.0
2  2022-08-31  253700.0  103450.0   150250.0
3  2022-09-30  264830.0  112100.0   152730.0
```
将日期列设置为索引：
```
    日期         资产       负债       所有者权益
2022-05-31  184000.0   73600.0   110400.0
2022-06-30  235000.0  105750.0   129250.0
2022-08-31  253700.0  103450.0   150250.0
2022-09-30  264830.0  112100.0   152730.0
```

8.2.2 索引操作

Series()对象属于一维结构，只有行索引，而 DataFrame()对象属于二维结构，同时拥有行索引和列索引，由于它们的结构有所不同，所以索引操作也有所不同。

1. Series()的索引操作

Series()有关索引的用法类似于 NumPy 数组索引，只不过 Series()的索引值不只是整数。如果希望取得某个数据，可以通过索引的位置来获取，或使用索引名称来获取，还可以通过切片获取数据。如果使用的是位置索引切片，则结果与 list 切片类似，不包括结束位置，如果使用索引名进行切片，则切片结果包含结束位置。如果需要获取不连续数据，则可以通过不连续的索引来实现。以下代码演示 Series()对象的索引操作。

```
ser = pd.Series(data=range(1, 6), index=['a', 'b', 'c', 'd', 'e'])
print('生成 Series 对象:\n',ser)
```

```
print('通过索引位置获取数据:\n',ser[3])          # 使用索引位置获取数据
print('通过索引名称获取数据:\n',ser['d'])        # 使用索引名称获取数据
print('通过索引位置切片:\n',ser[1:4])            # 类似Python中的列表
print('通过索引名称切片:\n',ser['b':'e'])        # 使用索引名切片，包括结束位置
print('通过索引值获取不连续数据:\n', ser[[0, 1, 4]])   # 通过不连续位置索引获取不连续数据
print('通过索引名获取不连续数据:\n', ser[['a', 'e']])  # 通过不连续索引名获取不连续数据
bool_idx = ser > 3                               # 创建布尔索引对象
print('通过bool索引获取数据:\n',ser[bool_idx])   # 通过bool索引获取数据
```

运行结果：

```
生成Series对象:
a    1
b    2
c    3
d    4
e    5
dtype: int64
通过索引位置获取数据:
 4
通过索引名称获取数据:
 4

通过索引位置切片:
b    2
c    3
d    4
dtype: int64

通过索引名称切片:

b    2
c    3
d    4
e    5
dtype: int64
通过索引值获取不连续数据:
a    1
b    2
e    5
dtype: int64
通过索引名获取不连续数据:
a    1
e    5
dtype: int64
通过bool索引获取数据:
d    4
e    5
dtype: int64
```

2. DataFrame()的索引操作

DataFrame 结构既包括行索引，又包含列索引。其中，行索引可以通过 index 属性获取，列索引则通过 columns 属性获取。DataFrame()中每一列都是一个 Series 对象。以下代码演示 DataFrame()对象的索引操作。

```
date_lst = pd.date_range(start='20220530', end='20221231', freq='M')
data = {'日期':date_lst,
        '资产':[184000,235000,243200,253700,264830,278690,298600,309650],
        '负债':[73600,105750,102144,103450,112100,132180,142500,158740],
        '所有者权益':[110400,129250,141056,150250,152730,146510,156100,150910]
        }
df = pd.DataFrame(data)                              # 生成 DataFrame()对象
print('df 的前五行:\n', df.head(5))
print('获取一列数据:\n', df['资产'].to_list())         # 获取一列数据，返回一个 Series 对象
print('不连续两列数据:\n',df[['资产','所有者权益']].head(5))  # 获取不连续两列数据，返回 DataFrame 对象
print('切片:\n',df[0:2])         # 通过切片获取前两行数据，返回 DataFrame 对象
print('指定行、列数据:\n', df[0:3][['日期','负债']])   # 获取前三行"日期"、"负债"两列
```

运行结果：

```
df 的前五行:
        日期      资产      负债    所有者权益
0  2022-05-31  184000   73600   110400
1  2022-06-30  235000  105750   129250
2  2022-07-31  243200  102144   141056
3  2022-08-31  253700  103450   150250
4  2022-09-30  264830  112100   152730
获取一列数据:
 [184000, 235000, 243200, 253700, 264830, 278690, 298600, 309650]
不连续两列数据:
      资产    所有者权益
0  184000   110400
1  235000   129250
2  243200   141056
3  253700   150250
4  264830   152730
切片:
        日期      资产      负债    所有者权益
0  2022-05-31  184000   73600   110400
1  2022-06-30  235000  105750   129250
指定行、列数据:
        日期      负债
0  2022-05-31   73600
1  2022-06-30  105750
2  2022-07-31  102144
```

虽然 DataFrame 对象能够通过这种方式满足基本的数据查看需求，但不够灵活，为此，Pandas 库中还提供了 loc 和 iloc 等方法，这两种方法分别基于索引名称和位置索引来定位数据，具体操作参见第 10 章"数据筛选和查询"。

8.3 文件读取与写入

8.3.1 Excel 文件的读与写

1. 读取文件

扩展库 Pandas 提供了用来读取 Excel 文件内容的 read_excel()函数，其语法格式如下：

```
pandas.read_excel(io, sheet_name=0, header=0, names=None, index_col=None, usecols=None, squeeze=False, dtype=None, engine=None, converters=None, true_values=None, false_values=None, skiprows=None, nrows=None, na_values=None, keep_default_na=True, verbose=False, parse_dates=False, date_parser=None, thousands=None, comment=None, skipfooter=0, convert_float=True, mangle_dupe_cols=True, **kwds)
```

该函数的参数非常多，部分参数含义如下：

（1）io 用来指定要读取的 Excel 文件，可以是字符串形式的文件路径、url 或文件对象；

（2）sheet_name 用来指定要读取的 sheet 名称，可以是表示 sheet 序号的整数或表示 sheet 名称的字符串，如果同时读取多个 sheet，可以使用形如[0, 1, 'sheet2']的列表，如果指定该参数为 None，则读取所有的 sheet 并返回包含多个 DataFrame 对象的字典，字典的键为 sheet_name，值为 DataFrame 对象；

（3）header 用来指定 sheet 中表示表头列名的行索引，默认为 0，如果没有作为表头的行，必须显式指定为 None；

（4）skiprows 用来指定要跳过的行索引组成的列表；

（5）names 用来指定读取数据后使用的列名；

（6）index_col 用来指定作为 DataFrame 索引的列下标，如果是由若干列下标构成的列表，则形成复合索引；

（7）usecols 用来指定要读取的列的索引或名字；

（8）converters 指定列数据类型转换函数，包括了 dtype 的功能，也可以对某一列使用 Lambda 函数；

（9）na_values 用来指定哪些值被解释为缺失值。

以下代码，演示了如何读取本地"D:\财务大数据分析与决策\财务大数据分析\data"下的 data.xlsx 文件。

```
df = pd.read_excel(r' D:\财务大数据分析与决策\财务大数据分析\data\data.xlsx',
        converters={'年':str,'月':str}) # converters参数将年、月转换成str型
print(df.head())         # 显示前 5 行
```

运行结果：

年	月	平均流动资产	平均非流动资产	平均流动负债	平均非流动负债	平均所有者权益
2019	1	644977.56	3780673.82	572266.12	2120000	1733385.26
2019	2	668209.90	3820905.96	584387.34	2120000	1784728.52
2019	3	675872.23	3872786.78	607200.23	2120000	1821458.78
2019	4	692674.56	4105445.53	610013.12	2324750	1863356.97
2019	5	707906.90	4176813.56	642826.01	2324750	1917144.45

2. 写入文件

DataFrame()对象的 to_excel()方法就是用来写入 Excel 文件内容的，其语法格式如下：

```
DataFrame.to_excel(excel_writer, sheet_name='Sheet1', na_rep='', float_format=None, columns=None, header=True, index=True, index_label=None, startrow=0, startcol=0, engine=None, merge_cells=True, encoding=None, inf_rep='inf', verbose=True, freeze_panes=None)
```

该函数的参数非常多，部分参数含义如下：

（1）excel_writer：带路径的文件名或现有的 ExcelWriter；

（2）sheet_name：字符串，默认 sheet1，将包含 DataFrame 对象的名称；

（3）columns：序列，可选要编写的列；

（4）header：布尔或字符串列表，默认为 Ture，写出列名。如果给定字符串列表，则假定它是列名称的别名；

（5）index：布尔，默认为 Ture，写行名（索引）；

（6）engine：可选参数，默认值为"xlwt"，对于 xls 文件该参数值为"xlwt"有效，对于 xlsx 文件该参数值为"openpyxl"有效。

以下代码演示 to_excel()函数的用法。将之前打开的 excel 文件分别计算出"平均资产合计"和"平均负债合计"，再将"年"和"月"合计成"年月"后写入文件"data1.xlsx"中。

```
# 写入单个 sheet
df['年月'] = df['年'] + df['月'].map(lambda x:x.zfill(2))    # 生成"年月"列
df.drop(['年','月'], axis=1, inplace=True)                  # 删除"年","月"两列
df['平均资产合计'] = df['平均流动资产'] + df['平均非流动资产']
df['平均负债合计'] = df['平均流动负债'] + df['平均非流动负债']
df.to_excel(r' D:\财务大数据分析与决策\财务大数据分析\data\data1.xlsx', index=None, sheet_name='资产负债表')   # index=None 表示不写入 index
```

如果需要将多个 DataFrame()对象的数据写入同一个文件的多个 sheet 当中，或将 DataFrame 中的数据写入一个已经存在的文件时，就会产生数据覆盖的情况，解决这个问题，需要使用 ExcelWriter()函数，其语法格式如下：

```
ExcelWriter(path, engine=None, date_format=None, datetime_format=None, mode='w')
```

其中：参数 path 表示要写入文件的路径和文件名；而 mode 表示写文件的模式，默认为"w"，表示重写，如果为"a"，则表示追加。

以下代码演示 ExcelWriter()函数的用法。打开"data1.xlsx"，将"资产负债表"中 2019

年、2020 年数据分别存放同一个 excel 文件的不同 sheet 中，sheet_name 分别为'2019'、'2020'。

```
# converters={'年月':str}表示打开表格的同时，就把'年月'列转换成字符型数据
df = pd.read_excel(r' D:\财务大数据分析与决策\财务大数据分析\data\data1.xlsx',
converters={'年月':str})
df_19 = df[df['年月'].str.contains('2019')]    # 筛选 2019 年数据
df_20 = df[df['年月'].str.contains('2020')]    # 筛选 2020 年数据
with pd.ExcelWriter(r' D:\财务大数据分析与决策\财务大数据分析\data\data2.xlsx') as writer:
    df_19.to_excel(writer, sheet_name='2019', index=None)
    df_20.to_excel(writer, sheet_name='2020', index=None)
```

8.3.2　其他类型文件的读与写

Pandas 支持多种文件读写，包括文本文件、二进制文件、数据库文件，如表 8-1 所示。

表 8-1　Pandas 读写各种类型文件函数

数据源	读(Reader)	写(Writer)
CSV	read_csv()	to_csv()
JSON	read_json	to_json
HTML	read_html	to_html
Local clipboard	read_clipboard	to_clipboard
Fixed-Width Text File	read_fwf	
MS Excel	read_excel	to_excel
OpenDocument	read_excel	
HDF5 Format	read_hdf	to_hdf
Feather Format	read_feather	to_feather
Parquet Format	read_parquet	to_parquet
ORC Format	read_orc	
Msgpack	read_msgpack	to_msgpack
Stata	read_stata	to_stata
SAS	read_sas	
SPSS	read_spss	
Python Pickle Format	read_pickle	to_pickle
SQL	read_sql	to_sql
Google BigQuery	read_gbq	to_gbq

8.4　财务案例实践

新华公司固定资产折旧情况如表 8-2 所示。

表 8-2 新华公司固定资产折旧表

单位：万元

资产名称	资产原值	残值率	残值额	期限/月	累计折旧	本月折旧
办公楼	10000	10%	1000	240	2250	37.5
A机床	200	5%	10	120	38	1.58
办公台式电脑	300	3%	9	60	174.6	4.85
专业图书	1	50%	0.5	60	0.4	0.0083
运输货车	15	2%	0.3	96	9.19	0.15

（1）根据以上数据创建 DataFrame()对象。

```
import pandas as pd
data = {'资产名称':['办公楼', 'A机床','办公台式电脑','专业图书','运输货车'],
        '资产原值':[10000, 200, 300, 1, 15],
        '残值率': [0.1, 0.05, 0.03, 0.5, 0.02],
        '残值额': [1000, 10, 9, 0.5, 0.3],
        '期限(月)':[240, 120, 60, 60, 96],
        '累计折旧':[2250, 38, 174.6, 0.4, 9.19],
        '本月折旧':[37.5, 1.58, 4.85, 0.0083, 0.15]
        }
df = pd.DataFrame(data)
df
```

资产名称	资产原值	残值率	残值额	期限/月	累计折旧	本月折旧	期末净值
办公楼	10000	0.10	1000.0	240	2250.00	37.5000	7750.00
A机床	200	0.05	10.0	120	38.00	1.5800	162.00
办公台式电脑	300	0.03	9.0	60	174.60	4.8500	125.40
专业图书	1	0.50	0.5	60	0.40	0.0083	0.60
运输货车	15	0.02	0.3	96	9.19	0.1500	5.81

（2）将生成的 DataFrame()添加"期末净值"列（期末净值=资产原值-累计折扣旧）。

```
df['期末净值'] = df['资产原值'] - df['累计折旧']
df
```

资产名称	资产原值	残值率	残值额	期限(月)	累计折旧	本月折旧	期末净值
办公楼	10000	0.10	1000.0	240	2250.00	37.5000	7750.00
A机床	200	0.05	10.0	120	38.00	1.5800	162.00
办公台式电脑	300	0.03	9.0	60	174.60	4.8500	125.40
专业图书	1	0.50	0.5	60	0.40	0.0083	0.60
运输货车	15	0.02	0.3	96	9.19	0.1500	5.81

（3）将"资产名称"一列数据设置为行索引。

```
df.set_index('资产名称', inplace=True)
df
```

	资产原值	残值率	残值额	期限(月)	累计折旧	本月折旧	期末净值
资产名称							
办公楼	10000	0.10	1000.0	240	2250.00	37.5000	7750.00

A 机床	200	0.05	10.0	120	38.00	1.5800	162.00
办公台式电脑	300	0.03	9.0	60	174.60	4.8500	125.40
专业图书	1	0.50	0.5	60	0.40	0.0083	0.60
运输货车	15	0.02	0.3	96	9.19	0.1500	5.81

（4）将处理好的 DataFrame()对象写入文件"固定资产折旧表.xlsx"。

df.to_excel(r'D:\财务大数据分析与决策\财务大数据分析\data\固定资产折旧表.xlsx')

思考练习题

填空题

1. Pandas 常用的数据结构有 Series、_____及 DatatimeIndex。
2. Series 是一个类似于 NumPy 中的一维数组的对象，它能够保存任何类型的数据，由_____和索引两部分组成。
3. 时间序列对象一般使用 Pandas 的_____函数生成，可以指定日期时间的起始到结束范围、时间间隔、数据数量等参数。
4. DataFrame 是二维数据结构，相当于二维表格，一个 DataFrame 对象由行索引(index)、列索引(columns)和_____三部分构成。
5. Pandas 提供的用来读取 Excel 文件内容的函数是_____。

即测即练

自学自测　扫描此码

第 9 章

数据清洗与预处理

数据分析结果的优劣很大程度上依赖于数据的质量,无论从哪种途径获取数据之后,都需要检查数据缺失、数据重复、数据异常等问题,如果不处理这些问题就直接统计分析,往往会导致分析结论偏离实际。因此,在数据分析之前通常要对数据进行清洗和预处理,对数据审查和校验,目的是将不符合要求的"脏"数据删除或做相应的处理,使数据符合质量要求。

通常,数据清洗主要包括重复值处理、缺失值处理、其他异常值处理。一般情况下,数据清洗之前,首先要明确数据中存在哪些问题,再根据具体问题——处理。图 9-1 展示了某公司利润表原始数据中需要清洗的异常值。

	期间	营业收入	营业成本	税金附加	销售费用	管理费用	财务费用
0	1月	30000.0	40000.0	NaN	$6300	2000.0	300
1	2 月	200.9	NaN	NaN	NaN	NaN	NaN
2	3月	NaN	39000.0	NaN	$3000	3000.0	200
3	4月	86000.0	2300.0	NaN	$4000	2000.0	400
4	4月	86000.0	2300.0	NaN	4000	2000.0	400
5	5月	73000.0	3655.0	NaN	2600	4000.0	300
6	6月	49000.0	40000.0	NaN	3000	3000.0	160
7	7月	65000.0	32650.0	NaN	$3000	3000.0	180
8	8.月	59000.0	6000.0	NaN	$3000	1500.0	

标注:多余空格、空值、重复行、多余$、多余逗号、空格值

图 9-1 某公司利润表中部分原始数据

通过简单观察,图 9-1 中所表示的数据存在的问题有:
(1)重复值:索引为 3、4 的两行重复;
(2)缺失值:表中有很多 NaN(空值);
(3)其他异常值:包含$、逗号、空格的为异常值。

9.1 重复值处理

首先需要先检验是否存在重复值,如果存在则进行处理。DataFrame()对象提供了两个检查和删除重复值的方法。

9.1.1 duplicated()函数

该方法用来检测哪些行是重复的，返回布尔值，将重复项标记为 True。其语法格式为：

```
duplicated(subset=None, keep='first')
```

参数含义：

（1）subset：指定判断不同行的数据是否重复时所依据的一列或多列，默认使用整行所有的列的数据进行比较；

（2）keep：确定要标记的重复项，可以是 first、last、False 3个值：first 表示将第一次出现标记为 False（保留第一次出现），last 表示将最后一次出现标记为 False（保留最后一次出现），False 表示将重复项都标记为 True（都不保留）。

9.1.2 drop_duplicates()

drop_duplicates()函数用来删除重复数据，其语法格式如下：

```
drop_duplicates(subset=None, keep='first', inplace=False, ignore_index=False)
```

参数含义：

（1）subset 和 keep 的含义与 duplicated()方法类似；

（2）参数 inplace=True 时表示原地修改，此时 drop_duplicates()方法没有返回值；inplace=False 时，表示返回新的 DataFrame 对象而不对原来的 DataFrame 对象做任何修改；

（3）ignore_index 若为 True,表示重建索引。

以下代码演示了筛选、删除重复数据的基本用法。

```
import pandas as pd
df = pd.read_excel(r'D:\财务大数据分析与决策\财务大数据分析\data\任务03.xlsx', converters={'销售费用':str}, sheet_name=0)
print('数据前五行:\n', df.head())
print('True 对应的行是重复的:\n', df.duplicated(keep=False).to_list()) # 重复的行都保留 df.duplicated(keep=False)
print('显示所有的重复行:\n', df[df.duplicated(keep=False)])
df.drop_duplicates(keep='first', inplace=True) # 删除重复值,保留第一次出现的行
print('再次显示所有的重复行:\n', df[df.duplicated(keep=False)]) # 此时输出应为空
```

运行结果：

数据前五行：

	期间	营业收入	营业成本	税金附加	销售费用	管理费用	财务费用
0	1月	30000.0	40000.0	NaN	$6300	2000.0	300
1	2月	200.9	NaN	NaN	NaN	NaN	NaN
2	3月	NaN	39000.0	NaN	$3000	3000.0	200
3	4月	86000.0	2300.0	NaN	$4000	2000.0	400
4	4月	86000.0	2300.0	NaN	$4000	2000.0	400

True 对应的行是重复的:
[False, False, False, True, True, False, False, False, False]
显示所有的重复行:

	期间	营业收入	营业成本	税金附加	销售费用	管理费用	财务费用
3	4月	86000.0	2300.0	NaN	$4000	2000.0	400
4	4月	86000.0	2300.0	NaN	$4000	2000.0	400

显示所有的重复行:
Empty DataFrame
Columns: [期间, 营业收入, 营业成本, 税金附加, 销售费用, 管理费用, 财务费用]
Index: []

9.2 缺失值的处理

和重复值处理一样,在处理缺失值之前,应该检查缺失值的具体情况,再根据数据分析要求,来决定如何处理缺失值。通常处理缺失值的方法有:

(1) 删除缺失值所在的行或列;

(2) 使用特定的值填充,如 NaN(空值)、0、空串等;

(3) 使用某个统计值填充,如中位数、平均值、众数等。

DataFrame 对象有关处理缺失值的方法有 isna()、dropna()、fillna()等函数。

9.2.1 isna()函数

检测缺失值情况,返回布尔值,缺失被映射为 True,非缺失被映射为 False。isna()常用的方法如表 9-1 所示。

表 9-1 isna()常见用法

方 法	描 述
df.isna()	查看缺失值的位置
df.isna().any()	判断每一列是否有缺失值,有则 True,无则 False
df.isna().sum()	统计每列缺失值的数量
deries.value_counts()	统计 series 对象中每个值出现的次数

以下代码为演示上表函数的基本用法(接 9.1.2 节代码)。

```
print('空值对应位置显示为 True:\n', df.isna().head())
print('有空值的列显示为 True:\n', df.isna().any().head())
print('每列缺失值的数量:\n', df.isna().sum().head())
```

```
print('指定列各值出现的次数:\n',df['管理费用'].value_counts())
print('各列缺失值出现的次数:\n',df.isna().apply(lambda x:x.value_counts()))
```

运行结果:

空值对应位置显示为 True:

	期间	营业收入	营业成本	税金附加	销售费用	管理费用	财务费用
0	False	False	False	True	False	False	False
1	False	False	True	True	True	True	True
2	False	True	False	True	False	False	False
3	False	False	False	True	False	False	False
5	False	False	False	True	False	False	False

有空值的列显示为 True:

期间	False
营业收入	True
营业成本	True
税金附加	True
销售费用	True

dtype: bool

每列缺失值的数量:

期间	0
营业收入	1
营业成本	1
税金附加	8
销售费用	1

dtype: int64

指定列各值出现的次数:

3000.0	3
2000.0	2
4000.0	1
1500.0	1

Name: 管理费用, dtype: int64

各列缺失值出现的次数:

	期间	营业收入	营业成本	税金附加	销售费用	管理费用	财务费用
False	8.0	7	7	NaN	7	7	7
True	NaN	1	1	8.0	1	1	1

9.2.2 dropna()函数

dropna()函数用来删除缺失值，其语法格式如下:

```
dropna( axis=0, how='any', thresh=None, subset=None, inplace=False)
```

参数含义:

（1）axis=0 表示删除含有缺失值的行，axis=1 删除含有缺失值的列;

（2）how='all'时表示删除全是缺失值的行（列），how='any'时，某行（列）只要含有缺失值就删除;

（3）thresh 指定保留包含几个非空值数据的行；

（4）subset 指定判断缺失值时考虑哪些列。

以下代码演示了函数 dropna() 的基本用法（接 9.2.1 节代码）。

```
df.dropna(axis=1, how='all', inplace=True)    # 删除全为空值的列（'税金附加'）
print('删除值全部为空的列之后:\n',df.head())    # "附加税金"列被删除
df.dropna(subset=['营业成本','销售费用','管理费用','财务费用'], how='all',
inplace=True)    # 删除指定列值都为空的值
print('删除指定数据项全为空行:\n', df.head())    # index 为 1 的行被删除
```

运行结果：

删除值全部为空的列之后：

	期间	营业收入	营业成本	销售费用	管理费用	财务费用
0	1月	30000.0	40000.0	$6300	2000.0	300
1	2月	200.9	NaN	NaN	NaN	NaN
2	3月	NaN	39000.0	$3000	3000.0	200
3	4月	86000.0	2300.0	$4000	2000.0	400
5	5月	73000.0	3655.0	2600	4000.0	300

删除指定数据项全为空行：

	期间	营业收入	营业成本	销售费用	管理费用	财务费用
0	1月	30000.0	40000.0	$6300	2000.0	300
2	3月	NaN	39000.0	$3000	3000.0	200
3	4月	86000.0	2300.0	$4000	2000.0	400
5	5月	73000.0	3655.0	2600	4000.0	300
6	6月	49000.0	40000.0	3000	3000.0	160

9.2.3 fillna()函数

fillna()用于填充缺失值，其语法格式如下：

```
fillna(value=None, method=None, axis=None, inplace=False, limit=None,
downcast=None, **kwargs)
```

参数含义：

（1）value 指定要替换的值，该值可以是标量、字典、Series 或 DataFrame 对象；

（2）method 用来指定填充缺失值的方式，其值可以是：'backfill'、'bfill'、'pad'、'ffill'、None，pad/ffill 表示用前一个非缺失值填充，backfill/bfill 表示用缺失值后面的第一个非缺失值填充；

（3）limit 用来指定最多填充连续多少个缺失值。

以下代码演示了函数 fillna() 的基本用法（接 9.2.2 节代码）。

```
print('前一个值填充:\n', df.fillna(method='ffill').head()) # 用前一个值填充
print('后一个值填充:\n', df.fillna(method='bfill').head()) # 用后一个值填充
```

```
values = {'营业收入':20000,'管理费用':3000}
print(df.fillna(value=values).head())      # 按列填充不同的特定值
df1 = df[['营业收入','营业成本','管理费用']]
print('每列平均值填充该列的空值:\n', df1.fillna(value=df1.mean()).head())
# 当然还可以用 df.median()中值、df.max()最大值、df.min()最小值等填充。
```
运行结果:
前一个值填充:

	期间	营业收入	营业成本	销售费用	管理费用	财务费用
0	1月	30000.0	40000.0	$6300	2000.0	300
2	3月	30000.0	39000.0	$3000	3000.0	200
3	4月	86000.0	2300.0	$4000	2000.0	400
5	5月	73000.0	3655.0	2600	4000.0	300
6	6月	49000.0	40000.0	3000	3000.0	160

后一个值填充:

	期间	营业收入	营业成本	销售费用	管理费用	财务费用
0	1月	30000.0	40000.0	$6300	2000.0	300
2	3月	86000.0	39000.0	$3000	3000.0	200
3	4月	86000.0	2300.0	$4000	2000.0	400
5	5月	73000.0	3655.0	2600	4000.0	300
6	6月	49000.0	40000.0	3000	3000.0	160

	期间	营业收入	营业成本	销售费用	管理费用	财务费用
0	1月	30000.0	40000.0	$6300	2000.0	300
2	3月	20000.0	39000.0	$3000	3000.0	200
3	4月	86000.0	2300.0	$4000	2000.0	400
5	5月	73000.0	3655.0	2600	4000.0	300
6	6月	49000.0	40000.0	3000	3000.0	160

每列平均值填充该列的空值:

	营业收入	营业成本	管理费用
0	30000.000000	40000.0	2000.0
2	60333.333333	39000.0	3000.0
3	86000.000000	2300.0	2000.0
5	73000.000000	3655.0	4000.0
6	49000.000000	40000.0	3000.0

需要说明的是:当批量用统计值填充的时候,那些包含有其他特殊字符的列中,需要先处理完这些特殊字符再用特定统计值填充。

9.3 其他异常值的处理

除了重复值、缺失值以外,往往还存在其他异常值,常见的有:
(1)特殊字符处理:将所有数据转换为字符串,使用replace()函数进行替换;
(2)数据类型转换:根据需求使用astype()函数更改数据类型;
(3)无法识别数据处理:替换为默认值或替换为NaN。

9.3.1 替换特殊字符

利用 DataFrame()对象的 applymap 方法，结合 lambda 函数和字符串的 replace()方法，根据数据的具体情况，将其中的特殊字符替换成空字符。本例中，出现的特殊字符有：'$'、' '、','，替换这些特殊字符的代码如下（接 9.2.3 节代码）

```
import numpy as np
df = df.astype(str)        # 将所有数据转换成 str
df['期间'] = df['期间'].map(lambda x:x.replace(' ','').replace(',','')) # 删除'期间'列中的空格和逗号
df['销售费用'] = df['销售费用'].map(lambda x:x.replace('$', ''))         # 删除"销售费用"列中的$
print('处理完特殊字符后:\n', df.head())
df = df.applymap(lambda x:x.replace(' ','').replace(',','').replace('$',''))
print('一次处理 df 中所有的特殊字符:\n', df.head())
df['财务费用'] = df['财务费用'].map(lambda x:np.nan if x=='' else x)# 将空字符替换成 np.nan，即最后一个财务费用
print('将空字符换成 np.nan:\n', df.tail())
```

运行结果：

处理完特殊字符后：

	期间	营业收入	营业成本	销售费用	管理费用	财务费用
0	1月	30000.0	40000.0	6300	2000.0	300
2	3月	nan	39000.0	3000	3000.0	200
3	4月	86000.0	2300.0	4000	2000.0	400
5	5月	73000.0	3655.0	2600	4000.0	300
6	6月	49000.0	40000.0	3000	3000.0	160

一次处理 df 中所有的特殊字符：

	期间	营业收入	营业成本	销售费用	管理费用	财务费用
0	1月	30000.0	40000.0	6300	2000.0	300
2	3月	nan	39000.0	3000	3000.0	200
3	4月	86000.0	2300.0	4000	2000.0	400
5	5月	73000.0	3655.0	2600	4000.0	300
6	6月	49000.0	40000.0	3000	3000.0	160

将空字符换成 np.nan：

	期间	营业收入	营业成本	销售费用	管理费用	财务费用
3	4月	86000.0	2300.0	4000	2000.0	400
5	5月	73000.0	3655.0	2600	4000.0	300
6	6月	49000.0	40000.0	3000	3000.0	160
7	7月	65000.0	32650.0	3000	3000.0	180
8	8月	59000.0	6000.0	3000	1500.0	NaN

9.3.2 astype()方法

astype()方法可以将整个 Pandas 对象或其中的某一列强制转换为指定的数据类型，其

语法格式如下:

astype(dypte, copy=True, errors = 'raise', **kwargs)

参数含义:

(1) dtype: 表示数据类型,允许使用 numpy.dtype 或 Python 中的数据类型;

(2) copy: 是否建立副本,默认为 True;

(3) errors: 错误处理方式,可以取值为 raise 或 ignore,默认为 raise。raise 表示允许引发异常,ignore 则表示忽略异常。

9.3.3　to_numeric()函数

Pandas 提供了函数 to_numeric(),可以强制转换数据类型,但它不能直接操作 DataFrame()对象。其语法格式如下:

pandas.to_numeric(arg, errors='raise', downcast=None)

参数含义:

(1) arg: 表示要转换的数据,可以是 list、tuple、Series(DataFrame 对象中的一列即为一个 Series);

(2) errors: 指定当函数遇到无法转换为数值的值的时候该如何处理,默认值为 raise,表示遇到无法转换的情况就会抛出异常,coerce: 表示遇到无法转换的情况便返回 NaN(缺失值),ignore: 表示遇到无法转换的情况便放弃转换,直接返回整列(什么都不做);

(3) downcast: 允许把列转换为数值类型之后,把数值类型更改为最小的数值类型,默认值为 None,其他可能的值有 integer、signed、unsigned 和 float。

以下代码演示了 astype()、to_numeric()函数的基本用法(接 9.3.1 节代码)。

```
df.set_index('期间', inplace=True)     # 将'期间'列设置为索引
df = df.astype(float)                  # 将所有数据转换成 float
print('将指定列设置为索引,整体转换成 float:\n', df.head(5))
df.fillna(df.mean().round(2), inplace=True)   # 平均值填充空值,保留两位有效数字
print('用平均值填充空值:\n', df.head())
# 以上将'财务费用'一列转换成 float 时,也可以用 pandas 的 to_numeric()函数,而且不用在转换之前处理非法字符,加参数"errors='coerce'",则将不能转换的值变成 NaN
df['财务费用'] = pd.to_numeric(df['财务费用'], errors='coerce')
```

运行结果:

将指定列设置为索引,整体转换成 float:

	营业收入	营业成本	销售费用	管理费用	财务费用
期间					
1月	30000.0	40000.0	6300.0	2000.0	300.0
3月	NaN	39000.0	3000.0	3000.0	200.0
4月	86000.0	2300.0	000.0	2000.0	400.0
5月	73000.0	3655.0	2600.0	4000.0	300.0

6月	49000.0	40000.0	3000.0	3000.0	160.0

用平均值填充空值：

期间	营业收入	营业成本	销售费用	管理费用	财务费用
1月	30000.00	40000.0	6300.0	2000.0	300.0
3月	60333.33	39000.0	3000.0	3000.0	200.0
4月	86000.00	2300.0	4000.0	2000.0	400.0
5月	73000.00	3655.0	2600.0	4000.0	300.0
6月	49000.00	40000.0	3000.0	3000.0	160.0

9.4 数据预处理

数据处理过程中，经常需要对 DataFrame() 对象逐行、逐列、逐元素操作。Pandas 提供了 map()、apply()、applymap() 函数专门处理此类问题，这 3 个函数可以解决绝大部分的数据处理需求，被称为数据预处理的"三板斧"。

9.4.1 map()方法

map()是 Series 对象的方法，和 Python 内置函数 map()类似，根据提供的函数对序列逐一映射，可以接收一个函数或含有映射关系的字典型对象，其语法结构如下：

```
map(function/dict, na_action=None)
```

参数含义：

（1）function/dict：可接收 lambda 表达式、自定义函数、Python 内置函数、字典；

（2）na_action：默认为 None，表示将函数应用于缺失值，na_action='ignore'，表示忽略缺失值，即函数不应用于缺失值，保留其原来的"缺失状态"。

以下代码演示 map()方法的使用方法。打开文件"任务 03.xlsx"，读取第二个 sheet 中数据，其为某企业利润简表。计算营业净利率，如果超过 18%，则标记为"业绩达标"，否则标记为"业绩不达标"，实现代码如下：

```
df = pd.read_excel(r'D:\财务大数据分析与决策\财务大数据分析\data\任务 03.xlsx', sheet_name=1)
print('原始数据:\n', df.head())
df['营业净利率'] = df['净利润'] / df['营业收入']      # 求营业净利率
df['业绩评价'] = df['营业净利率'].map(lambda x:'达标' if x>0.18 else '不达标')  # 业绩评价,参数为 lambda 表达式
print('计算营业净利率和业绩评价:\n', df.head())
df['是否发放奖金'] = df['业绩评价'].map({'达标':'发放', '不达标':'不发放'})  # map 的参数为字典
print('增加"是否发放奖金"一列:\n', df.tail(5))
```

运行结果：

原始数据：
```
       年     月    营业收入    营业成本        净利润
0   2020     1    273166    166114.00    54501.15
1   2020     2    328566    201174.40    63278.87
2   2020     3    247616    152988.79    45012.62
3   2020     4    284176    178593.35    51472.53
4   2020     5    293266    169640.50    66334.14
```
计算净利率和业绩评价：
```
       年     月    营业收入    营业成本        净利润    营业净利率    业绩评价
0   2020     1    273166    166114.00    54501.15    0.199517    达标
1   2020     2    328566    201174.40    63278.87    0.192591    达标
2   2020     3    247616    152988.79    45012.62    0.181784    达标
3   2020     4    284176    178593.35    51472.53    0.181129    达标
4   2020     5    293266    169640.50    66334.14    0.226191    达标
```
增加"是否发放奖金"一列：
```
        年     月    营业收入    营业成本        净利润    营业净利率    业绩评价    是否发放奖金
19   2021     8    422766    263842.00    78175.79    0.184915    达标        发放
20   2021     9    390766    238242.00    77382.19    0.198027    达标        发放
21   2021    10    353586    218197.97    68112.28    0.192633    达标        发放
22   2021    11    342266    218915.50    58490.94    0.170893    不达标      不发放
23   2021    12    399966    261427.84    61686.99    0.154231    不达标      不发放
```

9.4.2 apply()方法

apply()作用于 Series 或 DataFrame()对象，其功能是遍历整个 Series 或 DataFrame，对 Series 每个元素（或 DataFrame 的每行、每列）运行指定的函数。

1. Series.apply()

在 Series 上应用 apply()方法，与 Series.map()类似，区别在于 apply 能够传递功能更复杂、带参数的函数，参数必须以元组的形式传入，其语法格式如下：

```
Series.apply(function, args)
```

其中，args 参数用于接收 function 函数所需要的参数。

对于 Series 的一般操作，map()就可以完成，然而当 function 函数需要增加参数时，map()就无能为力了，此时需要用 apply()。

以下代码演示 Series.apply()方法的使用。将上述案例中每月的营业收入都增加 1200元，也可以用 apply()函数实现（接 9.4.1 节代码）。

```python
def add_v(x, y):      # 自定义函数
    return x + y
df['营业收入'] = df['营业收入'].apply(add_v, args=(1200,))
print('增加营业收入之后:\n', df.head()
```

运行结果：

增加营业收入之后：

```
     年    月   营业收入    营业成本      净利润    营业净利率   业绩评价   是否发放奖金
0   2020   1    275566    166114.00   54501.15   0.199517    达标       发放
1   2020   2    330966    201174.40   63278.87   0.192591    达标       发放
2   2020   3    250016    152988.79   45012.62   0.181784    达标       发放
3   2020   4    286576    178593.35   51472.53   0.181129    达标       发放
4   2020   5    295666    169640.50   66334.14   0.226191    达标       发放
```

当然，也可以不定义函数，直接给 series 加一个标量来实现，这里只是简单举例来说明 apply() 的使用方法，当需要进行复杂处理时，更能体现 apply 的作用。总而言之，对于 Series，map() 可以解决绝大多数的数据处理需求，但如果需要使用较为复杂的函数，则需要用到 apply 方法。

2. DataFrame.apply()

传递给函数 function 的参数是 Series，也就是逐个取出 DataFrame 的每行或每列调用 function() 函数，其语法格式如下：

```
DataFrame.apply(function, args, axis=0)
```

其中：args 参数作用同 Series.apply()，axis 默认为 0 或 'index'，表示沿 0 轴操作，即将函数应用于每一列；1 或 'columns'，表示沿 1 轴操作，表示将函数应用于每一行。对于 DataFrame() 对象而言，apply() 是非常重要的数据处理方法，可以接收各种参数，使用相当灵活。

以下代码演示 DataFrame.apply() 方法的使用。将以上案例中的"营业收入""营业成本""净利润"变成"万元"为单位显示。

```
df1 = df[['营业收入', '营业成本', '净利润']]
df1 = df1.apply(lambda x:round(x/10000, 2), axis=0)   # axis=0 表示以一列作为实参调用函数(lambda)
print('转换单位之后:\n', df1.head())
```

运行结果：

```
转换单位之后:
    营业收入    营业成本    净利润
0   27.56    16.61    5.45
1   33.10    20.12    6.33
2   25.00    15.30    4.50
3   28.66    17.86    5.15
4   29.57    16.96    6.63
```

根据业绩评价，计算每月应该发放的奖金额度，如果不发放则为 0。

```
def caculate_bonus(x):
    if x['是否发放奖金'] == '发放':
        x['奖金额'] = round(x['净利润'] * 0.1, 2)
    else:
        x['奖金额'] = 0
    return x
df = df.apply(caculate_bonus, axis=1)    # axis=1,以一行作为实参调用
```

caculate_bonus()函数
```
print('计算每月发放资金额度:\n', df[['年','净利润','业绩评价','奖金额']].head())
```

运行结果:

```
计算每月发放资金额度:
    年      净利润    业绩评价   奖金额
0  2020  54501.15   达标    5450.12
1  2020  63278.87   达标    6327.89
2  2020  45012.62   达标    4501.26
3  2020  51472.53   达标    5147.25
4  2020  66334.14   达标    6633.41
```

9.4.3 applymap()方法

对 DataFrame()对象中的每一个元素都映射以指定的函数。其语法格式为:

```
DataFrame.applymap(function)
```

以下代码演示 applymap()的使用方法。选取 df 中"营业收入""营业成本""净利润""净利率""奖金额"几列数据,转换成字符数据型,并在每个数据前加上"¥"符号。

```
df1 = df[['营业收入','营业成本','净利润','营业净利率','奖金额']]
print(df1.applymap(lambda v:'¥'+str(round(v,2))).head())
```

运行结果:

```
     营业收入      营业成本       净利润     营业净利率    奖金额
0   ¥275566   ¥166114.0   ¥54501.15    ¥0.2    ¥5450.12
1   ¥330966   ¥201174.4   ¥63278.87    ¥0.19   ¥6327.89
2   ¥250016   ¥152988.79  ¥45012.62    ¥0.18   ¥4501.26
3   ¥286576   ¥178593.35  ¥51472.53    ¥0.18   ¥5147.25
4   ¥295666   ¥169640.5   ¥66334.14    ¥0.23   ¥6633.41
```

9.5 财务案例实践

"任务 03.xlsx"中第三个 sheet 中的内容为某公司部分财务指标,读取数据并完成以下任务。

(1)读取数据。
```
import pandas as pd
df = pd.read_excel(r'D:\财务大数据分析与决策\财务大数据分析\data\任务 03.xlsx', converters={'年份':str}, sheet_name=2)
print(df)
```
运行结果:

```
     年份    营业净利率    资产周转率    权益乘数
0    2017    0.112356    0.300112    1.982563
1    2018    0.123569    0.602354    1.789875
2    NaN     NaN         NaN         NaN
3    2019    0.091235    0.296584    1.999985
4    2020    0.100235    0.479685    NaN
5    2021    0.112235    0.400236    2.136524
```

（2）删除空行。

```
df.dropna(how='all', inplace=True)     # 删除全为空的行
print('删除空行之后:\n', df)print(df)
```

运行结果：

删除空行之后：
```
     年份    营业净利率    资产周转率    权益乘数
0    2017    0.112356    0.300112    1.982563
1    2018    0.123569    0.602354    1.789875
3    2019    0.091235    0.296584    1.999985
4    2020    0.100235    0.479685    NaN
5    2021    0.112235    0.400236    2.136524
```

（3）将缺失的"权益乘数"用该列的平均值填充。

```
df.fillna(value=df.mean(), inplace=True)     # 用平均值填充缺失值
print('用平均值填充缺失值:\n', df)
```

运行结果：

营业净利率减少 0.01：
```
     年份    营业净利率    资产周转率    权益乘数
0    2017    0.072356    0.320112    1.982563
1    2018    0.083569    0.622354    1.789875
3    2019    0.051235    0.316584    1.999985
4    2020    0.060235    0.499685    1.977237
5    2021    0.072235    0.420236    2.136524
```

（4）营业净利率都减少 0.01。

```
# df['营业净利率'] = df['营业净利率'] -0.01
# df['营业净利率'] = df['营业净利率'].apply(lambda x,y:x-y, args=(0.01,))
df['营业净利率'] = df['营业净利率'].map(lambda x:x-0.01)
print('营业净利率减少 0.01:\n',df)     # 本问题中，以上 3 种方法等价
```

运行结果：

营业净利率减少 0.01：
```
     年份    营业净利率    资产周转率    权益乘数
0    2017    0.072356    0.320112    1.982563
1    2018    0.083569    0.622354    1.789875
3    2019    0.051235    0.316584    1.999985
4    2020    0.060235    0.499685    1.977237
```

```
5    2021    0.072235    0.420236    2.136524
```

(5)资产周转率都增加 0.02。

```
# df['资产周转率'] = df['资产周转率'] + 0.02
# df['资产周转率'] = df['资产周转率'].apply(lambda x,y:x+y, args=(0.02,))
df['资产周转率'] = df['资产周转率'].map(lambda x:x+0.02)
print('资产周转率增加0.02:\n', df)    # 本问题中,以上3种方法等价
```

运行结果:

```
资产周转率增加0.02:
    年份     营业净利率    资产周转率    权益乘数
0   2017    0.072356   0.340112   1.982563
1   2018    0.083569   0.642354   1.789875
3   2019    0.051235   0.336584   1.999985
4   2020    0.060235   0.519685   1.977237
5   2021    0.072235   0.440236   2.136524
```

(6)每个数都保留小数点后四位。

```
df = df.applymap(lambda x:x if type(x) is str else round(x,4))    # 原来是
float的数据,保留四位小数,str(年份)不变
print('保留小数点后四位:\n',df)
```

运行结果:

```
保留小数点后四位:
    年份     营业净利率    资产周转率    权益乘数
0   2017    0.0724     0.3401     1.9826
1   2018    0.0836     0.6424     1.7899
3   2019    0.0512     0.3366     2.0000
4   2020    0.0602     0.5197     1.9772
5   2021    0.0722     0.4402     2.1365
```

(7)计算每年的净资产收益率。

```
df['净资产收益率'] = df[['营业净利率','资产周转率','权益乘数']].apply(lambda
x:round(x.prod(),4), axis=1)
# 此时,axis=1 表示横向计算,series.prod()的功能是求乘积
print('计算净资产收益率:\n',df)
```

运行结果:

```
计算净资产收益率:
    年份     营业净利率    资产周转率    权益乘数    净资产收益率
0   2017    0.0724     0.3401     1.9826    0.0488
1   2018    0.0836     0.6424     1.7899    0.0961
3   2019    0.0512     0.3366     2.0000    0.0345
4   2020    0.0602     0.5197     1.9772    0.0619
5   2021    0.0722     0.4402     2.1365    0.0679
```

思考练习题

填空题

1. 数据清洗时,通常都要进行重复值、_____、其他异常值的处理。
2. DataFrame 对象检查重复数据的方法是_____。
3. DataFrame 对象的 drop_duplicates ()方法中,keep 表示确定要标记的重复项,可以是 first、_____、False。
4. DataFrame 对象的 isna()方法用来检查缺失情况,缺失值映射为_____,非缺失值映射为 False。
5. DataFrame 对象的方法 dropna()用来删除有缺失值的行或列,其中参数_____用来指定判断缺失值时要考虑哪些列。

即测即练

自学自测 扫描此码

第10章

数据筛选与查询

从各种渠道获取的信息，往往包含了方方面面、形形色色的数据，而数据分析需要的可能只是其中的一部分，这就需要对获取的数据做有针对性的筛选和查询。Pandas 提供了数据筛选和查询的方法，常用的方法包括对行和列进行切片、访问特定的行和列、条件筛选、访问器筛选等。

10.1 直 接 筛 选

DataFrame 直接筛选使用[]，根据需求不同，一般有 df['列']、df[['列1','列2',…]]、df[m:n]等几种形式。

以下代码演示直接筛选的用法。文件"任务04.xlsx"中第一个 sheet 的内容为某单位工资表，本节以此表为例，说明数据筛选与查询的基本用法。

```
import pandas as pd
df = pd.read_excel(r'D:\财务大数据分析与决策\财务大数据分析\data\任务 04.xlsx',
usecols=['员工编号','姓名','工资等级','奖金','部门编码','职位编码','岗位工资'],
sheet_name=0)
print('读取数据，选择部分列:\n')
print(df.head())
```

运行结果：

读取数据，选择部分列：

	员工编号	姓名	工资等级	岗位工资	奖金	部门编码	职位编码
0	WL001	孙伟	A5	10000	2250.0	b01	z01
1	WL002	凌祯	A4	9000	2115.0	b01	z01
2	WL003	邹新文	A3	8500	1394.0	b01	z01
3	WL004	李明	B6	7000	1246.0	b01	z02
4	WL005	翁国栋	B1	5000	697.5	b01	z02

```
print('选择取某一列数据:\n',df['员工编号'].head(5))     # 选择某一列数据
print('各部门人数:\n', df['部门编码'].value_counts().head())  # 求各部门人数
```

```
print('切片选取数据:\n',df[5:10])     # 切片,与 Python 里的切片类似
print('选取指定行、指定列数据:\n', df[['姓名','工资等级','部门编码']][10:15])
# 选择指定列、指定行数据
```

运行结果:

选择取某一列数据:
0   WL001
1   WL002
2   WL003
3   WL004
4   WL005
Name: 员工编号, dtype: object
各部门人数:
b11   155
b12   126
b13   65
b14   35
b23   35
Name: 部门编码, dtype: int64
切片选取数据:

	员工编号	姓名	工资等级	岗位工资	奖金	部门编码	职位编码
5	WL006	康书	B1	5000	675.0	b03	z02
6	WL007	孙坛	D7	3400	326.4	b03	z03
7	WL008	张一波	D7	3400	306.0	b03	z03
8	WL009	马鑫	D3	2700	218.7	b03	z03
9	WL010	倪国梁	D3	2700	261.9	b03	z03

选取指定行、指定列数据:

	姓名	工资等级	部门编码
10	程桂刚	C8	b04
11	陈希龙	D7	b04
12	李龙	D6	b04
13	桑玮	A3	b05
14	张娟	D3	b05

10.2 条件筛选

条件筛选也称为布尔索引,相当于使用布尔数组作为下标来访问符合特定条件的数据。以下代码演示了条件筛选的使用方法(接10.1节代码)。

```
print('岗位工资大于 4000 的员工:\n', df[df['岗位工资']>4000].head(3))
print('部门编号为"b01"的记录员工:\n', df[df['部门编码']=='b01'].head(3))
print('"b02"部门员工的平均工资:', df[df['部门编码']=='b02']['岗位工资'].mean())
print('多条件并列选取数据:\n', df[(df['部门编码']=='b02') & (df['职位编码']=='z03')].head(3))
print('多条件或选取数据:\n', df[(df['部门编码']=='b01') | (df['部门编码']
```

```
=='b02')].head(3))
    # print('多条件或选取数据:\n', df[df['部门编码'].isin(['b01','b02'])]) # 另
一种表达方式，结果同上
```

运行结果：

岗位工资大于 4000 的员工：

	员工编号	姓名	工资等级	岗位工资	奖金	部门编码	职位编码
0	WL001	孙伟	A5	10000	2250.0	b01	z01
1	WL002	凌祯	A4	9000	2115.0	b01	z01
2	WL003	邹新文	A3	8500	1394.0	b01	z01

部门编号为"b01"的记录员工：

	员工编号	姓名	工资等级	岗位工资	奖金	部门编码	职位编码
0	WL001	孙伟	A5	10000	2250.0	b01	z01
1	WL002	凌祯	A4	9000	2115.0	b01	z01
2	WL003	邹新文	A3	8500	1394.0	b01	z01

"b02"部门员工的平均工资：4600.0

多条件并列选取数据：

	员工编号	姓名	工资等级	岗位工资	奖金	部门编码	职位编码
476	WL477	王禹	D8	3600	345.6	b02	z03
477	WL478	胡红星	D8	3600	345.6	b02	z03
478	WL479	杨成庆	D7	3400	272.0	b02	z03

多条件或选取数据：

	员工编号	姓名	工资等级	岗位工资	奖金	部门编码	职位编码
0	WL001	孙伟	A5	10000	2250.0	b01	z01
1	WL002	凌祯	A4	9000	2115.0	b01	z01
2	WL003	邹新文	A3	8500	1394.0	b01	z01

```
# 通过between()函数进行区间筛选：岗位工资在 5000~9000 之间的员工
print('区间筛选:\n',df[df['岗位工资'].between(4000, 9000)].head())
# 姓名中第一个字是"李"的员工:startswith()的使用
print('姓"李"的员工',df[df['姓名'].str.startswith('李')].head())
# 姓名中包含"湘"字的员工:contains()的使用
print('姓名中包含"湘"字的员工:\n',df[df['姓名'].str.contains('湘')])
# 姓名中最后一个字是"江"字的员工:endswith()的使用
print('姓名最后一个字是"江"字的员工:\n',df[df['姓名'].str.endswith('江')])
```

运行结果：

区间筛选：

	员工编号	姓名	工资等级	岗位工资	奖金	部门编码	职位编码
1	WL002	凌祯	A4	9000	2115.0	b01	z01
2	WL003	邹新文	A3	8500	1394.0	b01	z01
3	WL004	李明	B6	7000	1246.0	b01	z02
4	WL005	翁国栋	B1	5000	697.5	b01	z02
5	WL006	康书	B1	5000	675.0	b03	z02

姓"李"的员工

| | 员工编号 | 姓名 | 工资等级 | 岗位工资 | 奖金 | 部门编码 | 职位编码 |

3	WL004	李明	B6	7000	1246.0	b01	z02
12	WL013	李龙	D6	3200	304.0	b04	z03
41	WL042	李魁	D5	3000	291.0	b09	z03
72	WL073	李佩越	D4	2800	271.6	b11	z03
78	WL079	李玲	D1	2500	197.5	b11	z03

姓名中包含"湘"字的员工：

	员工编号	姓名	工资等级	岗位工资	奖金	部门编码	职位编码
208	WL209	鲁湘敏	D8	3600	345.6	b11	z03
464	WL465	黄湘江	D3	2700	216.0	b17	z03
564	WL565	刘湘江	D2	2600	226.2	b24	z03

姓名最后一个字是"江"字的员工：

	员工编号	姓名	工资等级	岗位工资	奖金	部门编码	职位编码
239	WL240	熊镇江	D9	3800	342.0	b12	z03
290	WL291	姜镇江	D3	2700	243.0	b12	z03
298	WL299	余镇江	D1	2500	200.0	b12	z03
464	WL465	黄湘江	D3	2700	216.0	b17	z03
564	WL565	刘湘江	D2	2600	226.2	b24	z03

10.3 访问器筛选

在 Pandas 的两种数据结构 Series 和 DataFrame 中，原始索引（位置信息）和自定义索引（标签信息）是同时存在的，其中原始索引是 Pandas 自动设定的且不可以改变，表示绝对位置，而自定义索引是可以设定的，例如，10.1 打开的文件"任务04.xlsx"生成的 df，将"员工编号"设置为行索引后，原始索引与自定义索引如图 10-1 所示。

```
df.set_index(keys='员工编号',drop=True,inplace=True)# 设置"员工编号为行索引"
```

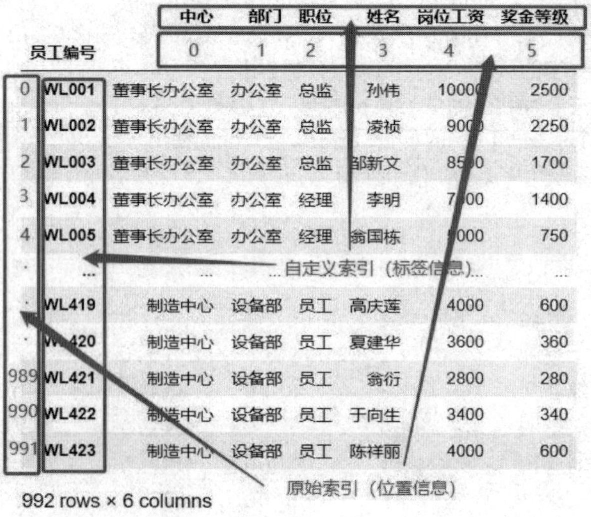

图 10-1 原始索引与自定义索引

DataFrame 结构还提供了 loc、iloc、at、iat 等访问器来访问指定的数据。其中：iloc 和 iat 使用原始索引来访问绝对位置。而 loc、at 则使用自定义索引来访问行索引、列索引位置。特别需要说明的是，如果用户打开数据之后没有设置行索引，则默认的行索引与原始行索引（位置信息）相同。

10.3.1 loc、at 访问器

访问器的使用非常灵活，可以使用 loc 选择单行多列、多行多列数据，也可以进行布尔选择，以及通过切片选择连续的多行多列，还可以列表和切片联合使用进行数据筛选。特别需要说明的是，与 Python 里的切片有所不同，loc 切片时，左右都是闭区间。以下代码演示了 loc、at 的用法（接 10.2 节代码）。

```
# 获取指定索引的一行数据，返回series
print('loc定位一行数据:\n', df.loc['WL003'])
print('loc定位一列数据:\n', df.loc[:,'部门编码'].head())# 指定列索引的一列数据
print('loc筛选不连接多行数据:\n',df.loc[['WL001','WL030','WL570'], :])
# 不连续多行数据
print('loc指定行、指定列数据:\n',df.loc[['WL001','WL030','WL570'],['部门编码','姓名']])      # 指定行、指定列数据
# 通过切片获取连续数据，与Python里不同，左右都是闭区间
print('通过切片获取连续数据:\n',df.loc['WL010':'WL012','姓名':'部门编码'])
# 获取指定行、列的某一项数据(两种方法结果相同)
print('at/loc 定位到某一个位置:\n',df.at['WL002', '职位编码'],
df.loc['WL002', '职位编码'])
df.at['WL002', '职位编码'] = 'z03'        # 修改指定位置数据
# df1.loc['WL002', '职位编码'] = 'z05'    # 功能同上
print('修改之后值:', df.at['WL002', '职位编码'])
```

运行结果：

```
指定行索引的一行数据:
  姓名           邹新文
  工资等级         A3
  岗位工资         8500
  奖金           1394.0
  部门编码         b01
  职位编码         z01
Name: WL003, dtype: object
指定列索引的一列数据:
员工编号
WL001    b01
WL002    b01
WL003    b01
WL004    b01
WL005    b01
Name: 部门编码, dtype: object
```

不连接多行数据：
姓名　工资等级　岗位工资　奖金　部门编码　职位编码
员工编号
WL001　孙伟　　A5　10000　　2250.0　b01　　　z01
WL030　练世明　B8　8000　　1328.0　b08　　　z02
WL570　韩静秋　D4　2800　　249.2　　b24　　　z03
指定行、指定列数据：
部门编码　姓名
员工编号
WL001　b01　孙伟
WL030　b08　练世明
WL570　b24　韩静秋
通过切片获取连续数据：
　　　　　姓名　　工资等级　　岗位工资　　奖金　　部门编码
员工编号
WL010　倪国梁　　D3　　2700　　261.9　　b03
WL011　程桂刚　　C8　　4800　　604.8　　b04
WL012　陈希龙　　D7　　3400　　282.2　　b04
定位到某一个位置：
at/loc 定位到某一个位置：
z01 z01
修改之后值：z03

10.3.2　iloc、iat 访问器

iloc 访问器与 loc 功能几乎相同，所不同的是，iloc 访问器中使用的都是原始索引，不能使用自定义索引，而且使用 iloc 切片时与 Python 类似，左闭右开。以下代码演示 iloc 和 iat 的用法。

```
# 获取指定索引的一行数据，返回 series
print('iloc 定位一行数据：\n',df.iloc[2])
print('iloc 筛选多行不连续数据：\n',df.iloc[[0,10,20]])   # 获取不连续多行数据
# 获取指定行、指定列数据
print('iloc 定位指定行、列数据：\n',df.iloc[[0,10,20],[0,2,4]])
# 通过切片获取连续数据，与python里相同，左闭右开，与loc 不同
print('iloc 切片定位连续数据：\n',df.iloc[10:13,0:4])
# 获取指定行、列的某一项数据(两种方法结果相同)
print('iloc/iat 定位到具体位置：',df.iat[1, 2], df.iloc[1, 2])
df.iat[1, 2] = 10000    # 修改指定位置数据
print('修改之后：', df.iat[1, 2])
```

运行结果：

iloc 定位一行数据：
姓名　　　邹新文

工资等级   A3
岗位工资   8500
奖金   1394.0
部门编码   b01
职位编码   z01
Name: WL003, dtype: object
iloc筛选多行不连续数据：
         姓名   工资等级   岗位工资   奖金   部门编码   职位编码
员工编号
WL001   孙伟   A5   10000   2250.0   b01   z01
WL011   程桂刚   C8   4800   604.8   b04   z04
WL021   王晓琴   D7   3400   312.8   b06   z03
iloc定位指定行、列数据：
         姓名   岗位工资   部门编码
员工编号
WL001   孙伟   10000   b01
WL011   程桂刚   4800   b04
WL021   王晓琴   3400   b06
iloc切片定位连续数据：
         姓名   工资等级   岗位工资   奖金
员工编号
WL011   程桂刚   C8   4800   604.8
WL012   陈希龙   D7   3400   282.2
WL013   李龙   D6   3200   304.0
iloc/iat定位到具体位置： 9000 9000
修改之后： 10000

10.4 财务案例实践

文件"D:\python与财务管理\财务大数据分析\data\任务04.xlsx"中第2个sheet为某公司2月份工资明细表，打开该文件，读取数据，完成以下任务。

（1）读取数据，选择需要的列。

```
import pandas as pd
df = pd.read_excel(r'D:\python与财务管理\财务大数据分析\data\任务04.xlsx',
            usecols=['员工编号','姓名','岗位工资','奖金','部门编码','职务编码','职位编码'],
            sheet_name=1,
            index_col='员工编号'
            )
print(df.head())
```

运行结果：

姓名	岗位工资	奖金	部门编码	职位编码	职务编码	员工编号

WL001	孙伟	10000	2500.0	b01	z01	w01
WL002	凌祯	9000	2092.5	b01	z01	w02
WL003	邹新文	8500	1649.0	b01	z01	w03
WL004	李明	7000	1218.0	b01	z02	w04
WL005	翁国栋	5000	645.0	b01	z02	w04

（2）统计各职位人数。

```
df['职位编码'].value_counts()
```
运行结果：
```
z03    376
z04     20
z02     17
z01     10
Name: 职位编码, dtype: int64
```

（3）查看岗位工资大于 8000 的员工信息。

```
df[df['岗位工资'] > 8000].head(3)
```

运行结果：

员工编号	姓名	岗位工资	奖金	部门编码	职位编码	职务编码
WL001	孙伟	10000	2500.0	b01	z01	w01
WL002	凌祯	9000	2092.5	b01	z01	w02
WL003	邹新文	8500	1649.0	b01	z01	w03

（4）计算所有职务为"……主管"的平均岗位工资（职务编码表在文件"任务 04.xlsx"的第 5 个 sheet 中）。

```
dfzw = pd.read_excel(r'D:\python 与财务管理\财务大数据分析\data\任务 04.xlsx',
sheet_name=4)           读取职务编码表
zg_idx = dfzw[dfzw['职务名称'].str.endswith('主管')].index
                # 各主管的 index
zg_bm = dfzw.loc[zg_idx,'职务编码'].to_list()       # 获取各主管的职务编码
print(zg_bm)         # 输出所有主管的职务编码
print('所有主管的岗位工资平均值是：, end='')
print(df[df['职务编码'].isin(zg_bm)]['岗位工资'].mean())
                # 计算所有主管的平均岗位工资
```

运行结果：

```
['w09', 'w13', 'w14', 'w15', 'w17', 'w18']
所有主管的岗位工资平均值是：4800.0
```

（5）姓名为"邹新文"的员工部门编码原为"b01"，现修改为"b03"。

```
idx = df[df['姓名']=='邹新文'].index             # 求"邹新文"的行索引
df.loc[idx[0],'部门编码'] = 'b03'
print(df.head())
```

运行结果：

员工编号	姓名	岗位工资	奖金	部门编码	职位编码	职务编码
WL001	孙伟	10000	2500.0	b01	z01	w01
WL002	凌祯	9000	2092.5	b01	z01	w02
WL003	邹新文	8500	1649.0	b03	z01	w03
WL004	李明	7000	1218.0	b01	z02	w04
WL005	翁国栋	5000	645.0	b01	z02	w04

（6）统计岗位工资在 4000~9000 之间的员工人数。

```
print('岗位工资在 4000~9000 之间的员工人数为:', end='')
print(len(df[df['岗位工资'].between(4000, 9000)]))
```

运行结果：

岗位工资在 4000~9000 之间的员工人数为:80

（7）第 4 行的员工的职务编码原为"w04"，现改成"w09"（使用多种定位方法实现）。

```
# df.iat[3, 5] = 'w09'              # iat 实现
# df.iloc[3, 5] = 'w09'             # iloc 实现
# df.at['WL004','职务编码'] = 'w09'  # at 实现
df.loc['WL004','职务编码'] = 'w09'   # loc 实现
print(df.head())
```

运行结果：

员工编号	姓名	岗位工资	奖金	部门编码	职位编码	职务编码
WL001	孙伟	10000	2500.0	b01	z01	w01
WL002	凌祯	9000	2092.5	b01	z01	w02
WL003	邹新文	8500	1649.0	b03	z01	w03
WL004	李明	7000	1218.0	b01	z02	w09
WL005	翁国栋	5000	645.0	b01	z02	w04

思考练习题

填空题

1. 使用 Pandas 的 read_excel()函数读取 excel 文件时，参数 sheet_name=2 表示读取 excel 文件中的第_____个 sheet 的内容。

2. 若 DataFrame 对象 df 中有列名为'实发工资'的一列数据，那么求该列数据的平均值的表达式是_____。

3. 若有 DataFrame 对象 df，则取其前 10 行数据的表达式为_____。

4. 若 df 中有'部门编码'一列，则求各部门人数的表达式为_____。

5. 若 df 中有'岗位工资'一列，筛选出岗位工资在 5 000～7 000 元的所有数据的表达式是_____。

即测即练

自学自测　扫描此码

第 11 章

数据特征与统计信息、排序、连接

在财务数据分析过程中,经常需要查看数据的数量、平均值、标准差、最大最小值、四分位数等特征信息,有时候还需要将来自多个数据源的数据进行合并,或按某个标准对数据进行排序等操作,DataFrame 结构对这类信息的计算和处理都提供了很好的支持。

11.1 描述性统计分析

DataFrame 对象提供多种计算常用的描述性统计数据的方法,如表 11-1 所示。

表 11-1 常用描述性统计方法

方法名称	功　能	方法名称	功　能
mean()	平均值	var()	方差
sum()	求和	std()	标准差
max()/min()	最大值、最小值	cumsum()	累积和
median	中位数	cumin()/cummax()	累积最小/最大值
idxmax()/idxmin()	最大/小值索引	cumprod()	累计积
count()	非空值的个数	describe()	统计信息摘要
head()	获取前 n 个值	cov()	协方差
corr()	相关系数	pct_change()	百分数变化
mad()	平均绝对偏差	diff()	一阶差分

11.1.1 describe()函数

该函数用于生成描述性统计信息,计算 DataFrame 对象的所有数值型数据列,返回常见的统计指标,包括个数、均值、标准差、最大值、最小值等,其语法格式如下:

```
describe(percentiles=None, include=None, exclude=None, datetime_is_numeric=False)
```

参数含义:

(1) percentile:列出如 0~1 之间的数字的数据类型以返回各自的百分位数;

（2）include：描述 DataFrame 统计信息时要包括的数据类型列表，默认为无；

（3）exclude：描述 DataFrame 统计信息时要排除的数据类型列表，默认为无；

（4）datetime_is_numeric：是否将 Datetime 类型数据视为数字，默认 False。

以下代码演示 describe()函数的用法。文件"D:\财务大数据分析与决策\财务大数据分析\data\任务05.xlsx"中的第一个 sheet 中存放的是某企业 2020 年利润简表，以下代码读取了该 sheet 中的数据，演示 describe 及其他描述统计方法的基本用法。

```
import pandas as pd
df20 = pd.read_excel(r'D:\财务大数据分析与决策\财务大数据分析\data\任务05.xlsx',
                    sheet_name=0, index_col=[0,1])  # 复合索引
print('数据基本情况:\n', df20.head())
print('describe 函数返回值:\n', df20.describe())
print('数值型各列的平均值:\n', df20.mean())
print('数值型各列的最大值:\n', df20.max())
print('各列的方差:\n', df20.var())
print('各列的标准差:\n', df20.std())
print('各列的协方差:\n', df20.std())
print('各列累计和:\n', df20.cumsum().head())
```

运行结果：

数据基本情况：

		营业收入	营业成本	净利润
年	月			
2020	1	274400	168756.00	55401.36
	2	329800	203816.40	64179.08
	3	248850	155630.79	45912.83
	4	285410	181235.35	52372.74
	5	294500	172282.50	67234.35

describe 函数返回值：

	营业收入	营业成本	净利润
count	12.000000	12.000000	12.000000
mean	300438.333333	188778.378333	55765.213333
std	22002.696047	16003.471393	5795.835623
min	248850.000000	155630.790000	45912.830000
25%	292227.500000	178997.137500	53131.957500
50%	308000.000000	193740.100000	54724.020000
75%	314237.500000	199145.850000	58062.765000
max	329800.000000	207624.000000	67234.350000

数值型各列的平均值：

营业收入   300438.333333
营业成本   188778.378333
净利润   55765.213333
dtype: float64

数值型各列的最大值：

营业收入   329800.00
营业成本   207624.00
净利润   67234.35

```
dtype: float64
各列的方差:
营业收入    4.841186e+08
营业成本    2.561111e+08
净利润     3.359171e+07
dtype: float64
各列的标准差:
营业收入    22002.696047
营业成本    16003.471393
净利润      5795.835623
dtype: float64
各列的协方差:
营业收入    22002.696047
营业成本    16003.471393
净利润      5795.835623
dtype: float64
各列累计和:
           营业收入      营业成本        净利润
年    月
2020 1    274400   168756.00    55401.36
     2    604200   372572.40   119580.44
     3    853050   528203.19   165493.27
     4   1138460   709438.54   217866.01
     5   1432960   881721.04   285100.36
```

11.1.2 pct_change()与diff()函数

pct_change()函数可以返回 DataFrame 中所有数值型数据列的当前元素与其上一个元素之间的变化百分比,适用于财务数据的环比分析,其语法格式如下:

```
pct_change(periods=1, fill_method='pad', limit=None, freq=None, **kwargs)
```

参数含义:

(1) periods:计算周期,默认为 1,表示每一行数据减去紧邻的上行;

(2) fill_method:填充空值的方法,默认为'pad',表示用前一个非缺失值填充,'bfill'用后面一个非缺失值填充,None 则不填充;

(3) limit:限制填充次数;

(4) freq:DateOffset、timedelta 或 str,可选参数从时间序列 API 开始使用的增量(如'M'或 BDay())。

diff()函数用来计算数据差分,既可以纵向计算,也可以横向计算,主要用来比较不同时间段数据的变化情况。该方法返回新的 DataFrame 对象,其语法格式如下:

```
diff(periods=1, axis=0)
```

参数含义:

(1) periods:指定差分跨度,当 periods=1 且 axis=0 时表示每一行数据减去紧邻的上行;

（2）axis=0 时表示按行差分，axis=1 时表示按列差分。

以下代码演示了 diff()和 pct_change()的基本用法（接 11.1.1 节代码）。

```
df20_pct = df20.pct_change()           # 计算三项数环比，观察财务指标变化情况
df20_ratio = df20_pct.applymap(lambda num:'%+.2f'%num).head()    # 保留小数后两位
print('环比值:\n', df20_ratio)
df20_diff = df20.diff()    # 数据差分，观察财务数据变化的绝对值
print('差值(变化的绝对值:)\n', df20_diff.head())
```

运行结果：

```
环比值:
          营业收入      营业成本      净利润
年    月
2020 1    +nan        +nan        +nan
     2    +0.20       +0.21       +0.16
     3    -0.25       -0.24       -0.28
     4    +0.15       +0.16       +0.14
     5    +0.03       -0.05       +0.28
差值(变化的绝对值:)
          营业收入      营业成本      净利润
年    月
2020 1    NaN          NaN         NaN
     2    55400.0      35060.40    8777.72
     3    -80950.0     -48185.61   -18266.25
     4    36560.0      25604.56    6459.91
     5    9090.0       -8952.85    14861.61
```

这两个函数的用法比较类似，功能相近。diff()计算一列中下一个值减去上一个值之差，反映的是数据的涨、跌绝对值；而 pct_change()则计算下一值减去上一值之差再除以上一值，反映的是数据的涨、跌幅度。

11.2 数据排序

DataFrame 对象中存放的是索引和数据的组合，所以既可以按索引排序，又可以根据数据值排序。

11.2.1 按索引排序

DataFrame 的 sort_index()方法可以用行索引或列索引进行排序，其语法格式如下：

```
sort_index(axis=0, level=None, ascending=True, inplace=False, kind='quicksort', na_position='last', sort_remaining=True, by=None)
```

参数含义：

（1）axis：0 按照行索引排序，1 按照列索引排序；

（2）ascending：默认 True 升序排列，False 降序排列；

（3）inplace：默认 False 返回新的 DataFrame,若为 True 则原地排序；

（4）na_position：默认"last"，缺失值排在最后，若为"first"则排在最前面。

11.2.2 按值排序

DataFrame 的 sort_values()方法按某一列（或几列）或某行的值排序，其语法格式如下：

```
sort_values(by, axis=0, ascending=True, inplace=False, kind='quicksort', na_position='last')
```

参数含义：

（1）by 用来指定依据哪个或哪些列名进行排序，如果有多列，则将列名放在列表中；

（2）其他参数与 sort_index()相同。

以下代码演示了通过索引排序和某列的值排序的基本方法（接 11.1.2 节代码）。

```
print('索引降序排序:\n', df20.sort_index(ascending=False).head(5))
                                            # 按索引降序排序
print('按"净利润"一列的值升序排序:')
print(df20.sort_values(by='净利润', ascending=True).head(5))
                                            # 按净利润升序排序
print('按"营业收入"列的值降序排序:')
print(df20.sort_values(by='营业收入', ascending=False).head(5))
                                            # 按营业收入降序排序
```

运行结果：

```
索引降序排序:
           营业收入      营业成本      净利润
年    月
2020 12   313800   202087.20  53565.66
     11   309350   197365.30  55342.72
     10   306650   191042.95  59582.10
     9    309350   196437.25  54105.32
     8    315550   198165.40  57556.32
按'净利润'一列的值升序排序:
           营业收入      营业成本      净利润
年    月
2020 3    248850   155630.79  45912.83
     7    316500   207624.00  50545.05
     4    285410   181235.35  52372.74
     6    301100   190897.40  53385.03
     12   313800   202087.20  53565.66
按'营业收入'列的值降序排序:
```

		营业收入	营业成本	净利润
年	月			
2020	2	329800	203816.40	64179.08
	7	316500	207624.00	50545.05
	8	315550	198165.40	57556.32
	12	313800	202087.20	53565.66
	9	309350	196437.25	54105.32

11.3 数据拆分与合并

财务数据分析过程中，有时候需要对来自多个数据源的数据进行合并，也有可能需要把数据拆分成多个 DataFrame 对象进行处理，数据拆分主要通过切片、loc、iloc 访问器、结合数据筛选等实现，第 10 章已经详细说明，本节主要讲解数据合并部分。

11.3.1 concat 函数

作为数据拆分的逆操作，扩展库 pandas 提供了 cancat() 函数用于合并多个 DataFrame 结构，其语法格式如下：

```
concat(objs, axis=0, join='outer', join_axes=None, ignore_index=False, keys=None, levels=None, names=None, verify_integrity=False, copy=True, sort=True)
```

参数含义：

（1）objs：Series、DataFrame 或 Panel 对象的序列或映射，也就是连接的两个对象；

（2）axis：默认为 0，0 为行拼接，1 为列拼接，意为沿着连接的轴；

（3）join：如何处理其他轴上的索引，默认为"outer"，表示并集，inner 则为交集。

（4）ignore_index：是否重建索引，默认为 False；

（5）keys：序列，作为最外层级来构建层次结构索引，默认为 None；

（6）names：list，结果层次索引中级别的名称，默认为 None；

（7）verify_integrity：检查新连接的轴是否包含重复项，默认为 False；

（8）copy：是否复制数据，默认为 True；

（9）sort：是否将合并的数据进行排序，默认为 True。

文件"D:\财务大数据分析与决策\财务大数据分析\data\任务 05.xlsx"中前两个 sheet 的内容是某公司 2020 年、2021 年利润表，读取数据，演示 concat() 函数的用法。

```
df20 = pd.read_excel(r'D:\财务大数据分析与决策\财务大数据分析\data\任务 05.xlsx', sheet_name=0)
df21 = pd.read_excel(r'D:\财务大数据分析与决策\财务大数据分析\data\任务 05.xlsx', sheet_name=1)
df1 = df20[0:3]                              # 纵向数据拆分
df2 = df21[5:8]                              # 纵向数据拆分
df3 = pd.concat([df1, df2])                  # 数据纵向合并
print('纵向合并之后:\n', df3)
```

```
df4 = df20.loc[:,['年','月','营业收入']]        # 横向数据拆分
df5 = df20.loc[:,['营业成本','净利润']]         # 横向数据拆分
df6 = pd.concat([df4, df5], axis=1).head()    # 横向数据合并
print('横向合并之后（前5行）：\n', df6)
```

运行结果：

```
纵向合并之后：
       年     月    营业收入      营业成本       净利润
0    2020    1    274400    168756.00    55401.36
1    2020    2    329800    203816.40    64179.08
2    2020    3    248850    155630.79    45912.83
5    2021    6    384200    237627.70    75264.78
6    2021    7    401200    255524.28    69969.28
7    2021    8    424000    266484.00    79076.00
横向合并之后（前5行）：
       年     月    营业收入      营业成本       净利润
0    2020    1    274400    168756.00    55401.36
1    2020    2    329800    203816.40    64179.08
2    2020    3    248850    155630.79    45912.83
3    2020    4    285410    181235.35    52372.74
4    2020    5    294500    172282.50    67234.35
```

11.3.2 merge()函数

Pandas 的 merge()函数可以根据一个或多个键将不同的 DataFrame 连接起来，类似于合并功能，其语法格式如下：

```
merge(left, right, how='inner', on=None, left_on=None, right_on=None,
left_index=False, right_index=False, sort=False, suffixes=('_x', '_y'), copy=
True, indicator=False,validate=None)
```

参数含义：

（1）left：拼接的左侧 DataFrame 对象；

（2）right：拼接的右侧 DataFrame 对象；

（3）how：连接方式，有'left'、'right'、'outer'、'inner'四种选择，默认'inner'，交集（内连接），outer 取并集（外连接）；

（4）on：用于连接的列索引名称，必须在左侧和右侧 DataFrame 对象中找到；如果未传递且 left_index 和 right_index 为 False，则 DataFrame 中的列的交集将被推断为连接键；

（5）left_on：左侧 DataFrame 中的列或索引用作键；

（6）right_on：左侧 DataFrame 中的列或索引用作键；

（7）left_index：如果为 True，则使用左侧 DataFrame 中的索引作为其连接键；

（8）right_index：与 left_index 功能相似；

（9）sort：默认为 False，若为 True，则按字典顺序通过连接键对结果 DataFrame 进行排序，False 能显著提高连接性能；

（10）suffixes：用于重叠列的字符串后缀元组。默认为（'_x'，'_y'）；

（11）copy：默认为 True，从传递的 DataFrame 对象复制数据，即使不需要重建索引

也是如此;

(12) indicator:默认为 False,若为 True,则向输出 DataFrame 添加名为"_merge"的列,表示每行来源的信息。

另外,DataFrame 对象的 merge()方法也可以实现类似功能,用法同上。

文件"D:\财务大数据分析与决策\财务大数据分析\data\任务 04.xlsx"中第 2、3、4 个 sheet 里分别存放有某公司 2 月份工资表、部门编码表、职位编码表,以下代码读取数据,演示了 merge()函数的用法。此处用到一次读取 excel 表格中多个 sheet 的方法,以字典形式返回。

```
# 一次读取三个 sheet 的值,以 dict 形式返回,keys 为 sheet_name,values 为对应的 df
dfs = pd.read_excel(r'D:\财务大数据分析与决策\财务大数据分析\data\任务 04.xlsx',
                    sheet_name=[1,2,3],
                    )
df1, df2, df3 = dfs.values()   # 分别为工资表、部门编码表、职位编码表
df1 = df1[['员工编号','姓名','岗位工资','部门编码','职位编码']]
print('基本信息表前三个:\n', df1.head(3))
print('部门编码表后五个:\n', df2.tail())
print('职位编码表:\n', df3)
```

运行结果:

```
基本信息表前三个:
      员工编号    姓名    岗位工资    部门编码    职位编码
0    WL001    孙伟    10000    b01      z01
1    WL002    凌祯    9000     b01      z01
2    WL003    邹新文  8500     b01      z01
部门编码表后五个:
      部门编码    部门名称
20    b21     后勤部
21    b22     信息部
22    b23     销售一部
23    b24     销售二部
24    b25     商务部
职位编码表:
      职位编码    职位名称
0    z01     总监
1    z02     经理
2    z03     员工
3    z04     主管
```

```
merge_df1 = pd.merge(df1, df2, left_on='部门编码', right_on='部门编码')   # 根据'部门编码'左右连接
print('以编码为标准左右连接:\n', merge_df1.iloc[[20,30,40], :])   # 显示指定 3 行
merge_df2 = pd.merge(df1, df3, left_on='职位编码', right_on='职位编码')   # 根据'职位编码'左右连接
```

```
print('以职位编码为标准连接:\n', merge_df2.iloc[[20,30,1], :])   # 显示指定 3 行
merge_df3 = df1.merge(df3, left_on='职位编码', right_on='职位编码')   # 功能同上
print('DataFrame 对象的 merge()方法连接:\n', merge_df3.iloc[[20,30,1], :])
# 显示指定 3 行
```

运行结果:

```
以编码为标准左右连接:
      员工编号    姓名    岗位工资    部门编码    职位编码    部门名称
20    WL021    王晓琴    3400      b06       z03       财务部
30    WL031    袁红胜    7000      b08       z02       技术部
40    WL041    何文利    2800      b09       z03       工艺部
以职位编码为标准连接:
      员工编号    姓名    岗位工资    部门编码    职位编码    职位名称
20    WL061    左伟     8000      b11       z02       经理
30    WL010    倪国梁   2700      b03       z03       员工
1     WL002    凌祯     9000      b01       z01       总监
DataFrame 对象的 merge()方法连接:
      员工编号    姓名    岗位工资    部门编码    职位编码    职位名称
20    WL061    左伟     8000      b11       z02       经理
30    WL010    倪国梁   2700      b03       z03       员工
1     WL002    凌祯     9000      b01       z01       总监
1     WL002    凌祯     9000      z01       总监
```

11.3.3　join()函数

DataFrame 对象的 join()方法也可以实现左表(调用 join()方法的 DataFrame 对象)和右表的合并——如果右表 other 索引与左表某列的值相同则可以直接相连。根据右表 other 中某列的值与左表进行连接时,需要先对右表 other 调用 set_index()方法设定该列作为索引。语法格式如下:

```
join(other, on=None, how='left', lsuffix='', rsuffix='', sort=False)
```

join()方法的参数含义:

(1) other:表示另外一个 DataFrame 对象,即右表;
(2) on:连接时依赖的左表列名,默认为 None,表示按左表的行索引值进行连接;
(3) how:含义同 merge()函数中 how 参数的含义相同;
(4) lsuffix、rsuffix:分别指明左、右表重复列名的后缀;
(5) sort:默认为 False,含义同 merge()函数中的含义。

以下代码演示了 DataFrame 的 join()函数基本使用方法(接 11.3.2 节代码)。

```
df2.set_index('部门编码', inplace=True)          # 设置部门编码为 index
df1.set_index('部门编码', inplace=True)          # 设置部门编码为 index
df1_2 = df1.join(df2, how='left')
print('以共同的 index 连接:\n', df1_2.iloc[[20,30,10]])           # 显示指定 3 行
```

```
df3.set_index('职位编码', inplace=True)      # 设置职位编码为 index
df1_3 = df1.join(other=df3, how='left', on='职位编码')
                                            # 右表一定要按连接字段设置 index
print('以右表的 index 连接:\n', df1_3.iloc[[2,8,5]])   # 显示指定 3 行
```

以共同的 index 连接:

部门编码	员工编号	姓名	岗位工资	职位编码	部门名称
b06	WL021	王晓琴	3400	z03	财务部
b08	WL031	袁红胜	7000	z02	技术部
b04	WL011	程桂刚	4800	z04	审计部

以右表的 index 连接:

部门编码	员工编号	姓名	岗位工资	职位编码	职位名称
b01	WL003	邹新文	8500	z01	总监
b03	WL009	马鑫	2700	z03	员工
b03	WL006	康书	5000	z02	经理

11.4 财务案例实践

文件"D:\财务大数据分析与决策\财务大数据分析\data\任务 05.xlsx"第 3~5 个 sheet 里分别存放的是某房产公司 2020 年、2021 年销售信息以及销售经理编码表,读取数据,完成以下任务。

(1) 读取数据。

```
import pandas as pd
dfs = pd.read_excel(r'D:\财务大数据分析与决策\财务大数据分析\data\任务 05.xlsx',
                    sheet_name=[2, 3, 4]
                    )
df20, df21, df_code = dfs.values()
```

(2) 合并 2020 年、2021 年数据。

```
df = pd.concat([df20, df21])
print('合并后的数据:\n', df.head())     # 显示前 5 行
```

运行结果:

```
合并后的数据:
      年   月   销售代表编码   底薪   销售数量
0   2020   1      x01    3000    4
1   2020   1      x02    3000    6
2   2020   1      x03    3000    5
3   2020   1      x04    3000    6
4   2020   1      x05    3000    3
```

(3) 每销售一套房子,提成 800 元,增加一列"提成"并计算每人每月的提成。

```
df['提成'] = df['销售数量'] * 800     # 计算提成
```

```
print('计算提成后:\n',df.head())
```

运行结果:

```
计算提成后:
    年    月  销售代表编码   底薪   销售数量   提成
0  2020   1    x01     3000    4     3200
1  2020   1    x02     3000    6     4800
2  2020   1    x03     3000    5     4000
3  2020   1    x04     3000    6     4800
4  2020   1    x05     3000    3     2400
```

(4) 计算每个人每月收入。

```
df['收入'] = df['底薪'] + df['提成']      # 计算收入
print('计算收入:\n', df.tail())  # 显示最后5行
```

运行结果:

```
计算收入:
     年    月  销售代表编码   底薪   销售数量   提成     收入
67  2021  12    x02     2800    14    11200   14000
68  2021  12    x03     2800    13    10400   13200
69  2021  12    x04     2800    15    12000   14800
70  2021  12    x05     2800    12     9600   12400
71  2021  12    x06     2800    11     8800   11600
```

(5) 使用describe()函数查看相关数据描述统计信息，相关代码如下所示。

```
print('描述统计信息:\n',df[['销售数量','提成','收入']].describe())
```

运行结果:

```
描述统计信息:
            销售数量           提成              收入
count    144.000000      144.000000       144.000000
mean       9.708333     7766.666667     10666.666667
std        4.730314     3784.251503      3796.207161
min        2.000000     1600.000000      4400.000000
25%        5.750000     4600.000000      7450.000000
50%        9.000000     7200.000000     10000.000000
75%       14.000000    11200.000000     14000.000000
max       19.000000    15200.000000     18200.000000
```

(6) 将销售数据与销售经理编码表合并，显示销售经理的全部数据（包括姓名、年龄、性别等），相关代码如下所示。

```
print('连接数据后:\n',pd.merge(df, df_code).head())
```

运行结果:

```
连接数据后:
    年    月  销售代表编码   底薪   销售数量   提成    收入    姓名    年龄  性别
0  2020   1    x01     3000    4     3200   6200  张化强   28   男
```

1	2020	2	x01	3000	5	4000	7000	张化强	28 男
2	2020	3	x01	3000	6	4800	7800	张化强	28 男
3	2020	4	x01	3000	5	4000	7000	张化强	28 男
4	2020	5	x01	3000	5	4000	7000	张化强	28 男

（7）分别计算 2020 年、2021 年销售房屋数量；

```
count20 = df[df['年']==2020]['销售数量'].sum()
count21 = df[df['年']==2021]['销售数量'].sum()
print('20、21年房屋销售数量:\n',count20, count21)
```

运行结果：

20、21 年房屋销售数量：735 663

思考练习题

填空题

1. DataFrame 对象的方法中，能够生成均值、标准差、最大值、最小值等描述性统计信息摘要的是_____。
2. DataFrame 对象的方法中，统计非空值个数的方法名称是_____。
3. DataFrame 对象的方法中，求中位数的方法名称是_____。
4. pct_change()方法中，用来指定计算周期的参数名称是_____。
5. 利用 sort_values()排序，用于指定依据哪个列或哪些列排序的参数名称是_____。

即测即练

自学自测　扫描此码

第12章

数据分组聚合与透视

财务数据分析过程中，分类汇总是必不可少的，如果数据量大，数据结构会发生变化，所以经常会用到数据透视表，本章主要介绍数据分组聚合与透视表相关应用。

12.1 数据分组与聚合

DataFrame 对象支持使用 Groupby() 方法根据指定的一列或多列的值进行分组，返回一个 Groupby 对象，该对象支持大量的方法对数据进行求和、求平均等操作，而且会自动忽略非数值列，其语法格式如下：

```
groupby(by=None, axis=0, level=None, as_index=True, sort=True, group_keys=True, squeeze=False, **kwargs)
```

主要参数含义：

（1）by：接收字典、函数、标签或标签列表，用于确定分组的依据；
（2）as_index：接收布尔值，默认为 Ture，返回以组标签为索引的对象；
（3）sort：默认为 True，按组键排序，如果不需要排序，则设置为 False，可提高性能。

下面以第 11 章使用过的"任务 04.xlsx"文件为例，读取 sheet0 中的数据，演示分组与聚合函数的基本使用方法。

```
import pandas as pd
df = pd.read_excel(r' D:\财务大数据分析与决策\财务大数据分析\data\任务 04.xlsx',
                    sheet_name=0,
                    usecols=['员工编号','姓名','岗位工资','奖金','工资
                            等级','部门编码','职位编码','职务编码']
                    )   # 读取数据
group = df.groupby(by='工资等级')
print('group 对象:\n', group)
print('获取"C9"一组数据:\n', group.get_group('C9'))
```

运行结果：

group 对象：

```
<pandas.core.groupby.generic.DataFrameGroupBy object at 0x0000023B4F4B7FD0>
```
获取"C9"一组数据：

	员工编号	姓名	工资等级	岗位工资	奖金	部门编码	职位编码	职务编码
216	WL217	郑乐平	C9	5000	675.0	b12	z04	w12
446	WL447	孙利新	C9	5000	645.0	b16	z04	w09
493	WL494	徐明	C9	5000	667.5	b20	z04	w09
554	WL555	程云	C9	5000	645.0	b24	z04	w24

由此可见，Groupby()方法分组的结果不是 DataFrame，也不是一个 Series，而是一个分组对象，可通过 get_group()方法获取分组对象中的一组数据。

分组后可以在此分组对象上进行聚合运算，Groupby 对象还支持使用 agg()方法对指定列进行聚合，而且允许不同的列使用不同的聚合函数。Groupby()对象常用的聚合函数与表 11-1 中描述统计方法类似。

```
print('各部门平均工资:\n',df.groupby(by='部门编码')['岗位工资'].mean().round(2).head())
print('各职务人数:\n',df.groupby(by='职务编码')['职务编码'].count().tail())
print('各职位奖金总和:\n', df.groupby(by='职位编码')['奖金'].sum())
df1 = df.groupby(by='部门编码').median()        # 各部门岗位工资和奖金的中值
df1['排名'] = df1['奖金'].rank(ascending=False) # 按岗位工资中值排名
print('岗位工资中值排名:\n', df1[['奖金','排名']].head())
```

运行结果：

```
各部门平均工资:
部门编码
b01    7900.0
b02    4600.0
b03    3440.0
b04    3800.0
b05    3980.0
Name: 岗位工资, dtype: float64
各职务人数:
职务编码
w22     2
w23     4
w24     7
w25    39
w26     1
Name: 职务编码, dtype: int64
各职位奖金总和:
职位编码
z01     26938.00
z02     30449.75
z03    150303.80
z04     19951.70
Name: 奖金, dtype: float64
```

岗位工资中值排名：
```
        奖金      排名
部门编码
b01    1394.0    1.0
b02     345.6    3.0
b03     306.0    8.0
b04     304.0    9.0
b05     261.0   23.0
```
print('部门编码、职位编码分组，岗位工资最大值:')
print(df.groupby(by=['部门编码','职位编码'])['岗位工资'].max().head())
print('不同列用不同的聚合函数:')
print(df.groupby(by='职务编码').agg({'岗位工资':sum, '奖金':max}).head())
print('用agg()方法对指定列进行聚合:')
print(df.agg({'岗位工资':['sum','mean','median','max','min'],
              '奖金':['max','min']}).round(2))
print('对分组结果中的指定列(数值型)列指定聚合函数:')
group = df.groupby(by='部门编码')[['岗位工资','奖金']].agg(['max','mean','median'])
print(group.head())

运行结果：

部门编码、职位编码分组，岗位工资最大值：
```
              部门编码    职位编码
b01            z01    10000
               z02     7000
b02            z01     8500
               z03     3600
               z04     6000
Name: 岗位工资, dtype: int64
```
不同列用不同的聚合函数：
```
        岗位工资         奖金
职务编码
w01    10000       2250.0
w02     9000       2115.0
w03     8500       1394.0
w04    12000       1246.0
w05    85300       1440.0
```
用agg()方法对指定列进行聚合：
```
          岗位工资           奖金
sum     2063400.00        NaN
mean       3594.77        NaN
median     3200.00        NaN
max       10000.00      2250.0
min        2500.00       197.5
```
对分组结果中的指定列(数值型)列指定聚合函数：
```
              岗位工资                         奖金
          max      mean    median     max      mean     median
部门编码
b01      10000    7900.0    8500.0   2250.0   1540.50   1394.0
```

b02	8500	4600.0	3600.0	1496.0	595.45	345.6
b03	5000	3440.0	3400.0	675.0	357.60	306.0
b04	4800	3800.0	3400.0	604.8	397.00	304.0
b05	8500	3980.0	3000.0	1598.0	530.06	261.0

12.2 透视表与交叉表

DataFrame 对象的 pivot()和 pivot_table()两个方法提供了实现数据透视功能，而 Pandas 还提供了 crosstab()函数，此函数实现根据 DataFrame()对象中的数据生成交叉表。

12.2.1 透视表

透视表通过聚合一个或多个键，把数据分散到对应的行和列上，是数据分析常用的技术之一，pivot()和 pivot_table()方法都会返回新的 DataFrame 对象，pivot()方法的语法格式如下：

```
pivot(index=None,columns=None,values=None)
```

主要参数含义：

（1）index：指定用哪一列作为结果 DataFrame 的索引，默认为 None，如果未指明，则使用当前已存在的行索引；

（2）columns：指定用哪一列数据作为结果 DataFrame 的索引名；

（3）values：指定用哪一列数据作为结果 DataFrame 的值。

DataFrame 结构的 pivot_table()方法提供了更加强大的功能，其语法格式如下：

```
pivot_table(self, values=None, index=None, columns=None, aggfunc='mean', fill_value=None, margins=False, dropna=True, margins_name='All', observed=False)
```

主要参数含义：

（1）values、index、columns：含义与 pivot()方法相同；

（2）aggfunc：用来指定数据聚合方式，默认为 mean（平均值）；

（3）fill_value：默认为 None，指定用于替换缺失值的值；

（4）margins：指定是否显示边界及边界上的数据；

（5）dropna：指定是否丢弃缺失值，默认为 True；

（6）margins_name：指定边界数据的索引名称和列名。

仍然以"任务 04.xlsx"为例，以下代码读取其 sheet0 中的数据，演示透视表 pivot() 以及 pivot_table()的基本使用方法。

```
import pandas as pd
df = pd.read_excel(r' D:\财务大数据分析与决策\财务大数据分析\data\任务 04.xlsx', sheet_name=0)    # 读取数据
df['年'] = df['入职日期'].dt.year# 增加"年"列
# 按职位编码、部门编码分组求和
```

```
    df_g = df.groupby(by=['职位编码','部门编码'], as_index=False).mean().
round(2)
    df_p = df_g.pivot(index='职位编码', columns='部门编码', values='岗位工资')
    # 显示透视表的前5列,空值表示对应职位和部门没有统计值
    print('pivot()方法实现:\n', df_p.loc[:, 'b01':'b06'])
```

运行结果:

```
pivot()方法实现:
部门编码       b01         b02         b03         b04         b05         b06
职位编码
z01         9166.67     8500.0      NaN         NaN         8500.0      7500.0
z02         6000.00     NaN         5000.0      NaN         NaN         5000.0
z03         NaN         3275.0      3050.0      3300.0      2850.0      3400.0
z04         NaN         6000.0      NaN         4800.0      NaN         NaN
```

```
# 按年、职位编码分组求中值
df['年'] = df['入职日期'].dt.year    # 增加"年"列

df_g = df.groupby(by=['年','职位编码'], as_index=False).median().round()
df_p = df_g.pivot(index='职位编码',columns='年',values='奖金')
print('pivot()方法实现:\n', df_p.loc[:,'2004':'2010'])

df_p = df.pivot_table(values='奖金',index='职位编码', columns='年',
aggfunc='median').round()
print('pivot_table()方法实现:\n', df_p.loc[:,'2004':'2010'])
```

运行结果:

```
pivot()方法实现:
年           2004        2005        2006        2007        2008        2009        2010
职位编码
z01         NaN         1394.0      NaN         2250.0      1496.0      NaN         1730.0
z02         NaN         690.0       1290.0      1274.0      756.0       676.0       652.0
z03         294.0       286.0       280.0       282.0       275.0       280.0       276.0
z04         NaN         486.0       600.0       342.0       457.0       NaN         891.0
pivot_table()方法实现:
年           2004        2005        2006        2007        2008        2009        2010
职位编码
z01         NaN         1394.0      NaN         2250.0      1496.0      NaN         1730.0
z02         NaN         690.0       1290.0      1274.0      756.0       676.0       652.0
z03         294.0       286.0       280.0       282.0       275.0       280.0       276.0
z04         NaN         486.0       600.0       342.0       457.0       NaN         891.0
```

从运行结果来看,两种方法的运算结果完全相同。

12.2.2 交叉表

交叉表是一种特殊的透视表,往往用来统计频次,也可以用 aggfunc 参数指定聚合函数来实现其他功能。Pandas 提供了 crosstab()函数,可以根据一个 DataFrame 对象中的

数据生成交叉表，返回新的 DataFrame，其语法格式如下：

crosstab(index, columns, values=None, rownames=None, colnames=None, aggfunc=None, margins=False, margins_name: str = 'All', dropna: bool = True, normalize=False)

主要参数含义：

（1）index、columns、values：含义与 pivot()方法相同；

（2）rownames、colnames 分别指定行索引、列元素的名称，若默认为 None，则直接使用参数 index、columns 指定的列名；

（3）aggfunc 用来指定聚合函数，默认为 None，表示统计次数；

（4）margins:是否添加行/列小计，默认为 False。

以下代码演示了 crosstab()函数的用法（接 12.2.1 节代码）。

```
# aggfunc 默认为 None，表示求次数：各职位每年入职人数
df_cros1 = pd.crosstab(df['职位编码'], df['年'], margins=True)
print('每年入职人数:\n', df_cros1.loc[:, 2012:])
# 各职位在各部门的人数
df_cros2 = pd.crosstab(df['职位编码'], df['部门编码'], margins=True)
print('各职位在各部门人数:\n', df_cros2.loc[:,'b15':])
# 各职位、每年奖金平均值
df_cros3 = pd.crosstab(index=df['职位编码'], columns=df['年'],
                values=df['奖金'], aggfunc='mean').round()
print('各职位、各年奖金平均值:\n', df_cros3.loc[:,'2004': '2010'])
```

运行结果：

每年入职人数：

年	2012	2013	2014	2015	2016	2017	All
职位编码							
z01	0	1	2	1	3	0	16
z02	5	1	0	2	2	0	28
z03	36	42	44	37	38	6	495
z04	6	7	1	6	4	1	35
All	47	51	47	46	47	7	574

各职位在各部门人数：

部门编码	b15	b16	b17	b18	b19	b20	b21	b22	b23	b24	b25	All
职位编码												
z01	0	1	0	0	0	1	0	0	2	1	0	16
z02	1	0	1	1	1	0	1	1	3	1	1	28
z03	6	8	15	4	6	3	12	4	25	14	3	495
z04	0	2	2	0	0	1	2	0	5	2	0	35
All	7	11	18	5	7	5	15	5	35	18	4	574

各职位、每年奖金平均值：

年	2004	2005	2006	2007	2008	2009	2010
职位编码							
z01	NaN	1394.0	NaN	2250.0	1496.0	NaN	1730.0
z02	NaN	690.0	1222.0	1274.0	756.0	930.0	831.0
z03	344.0	304.0	313.0	322.0	315.0	290.0	297.0

```
   z04        NaN       561.0       513.0       342.0       457.0       NaN       891.0
```

```
# 求各种经理的年平均岗位工资
# 读取职务编码表
df_zw = pd.read_excel(r' D:\财务大数据分析与决策\财务大数据分析\data\任务04.xlsx', sheet_name=4)
# 获取各种"经理"的职务编码
jlbm_list = df_zw[df_zw['职务名称'].str.contains('经理')]['职务编码'].to_list()
df_jl = df[df['职务编码'].isin(jlbm_list)]    # 筛选出各种"经理"
# 求各种"经理"每年的平均岗位工资
df_gz = pd.crosstab(df_jl['职务编码'], df_jl['年'], df_jl['岗位工资'], aggfunc='mean').round()
print('各种经理的年平均岗位工资:\n', df_gz.loc[:, 2005:2012])  # Nan 表示无统计值
```

运行结果:

```
各种经理的年平均岗位工资:
年       2010     2011     2012     2013     2014     2015     2016
职务编码
w02      NaN     9000.0    NaN      NaN      NaN      NaN      NaN
w05     5000.0   8000.0   6750.0   5500.0    NaN     7000.0   7500.0
w07      NaN      NaN      NaN      NaN      NaN      NaN     8500.0
w10     7000.0   8000.0   8000.0    NaN      NaN     8000.0    NaN
w23     5000.0    NaN     7000.0    NaN      NaN      NaN     5300.0
w24      NaN      NaN     4750.0   3700.0    NaN     4800.0    NaN
w25     3167.0   2920.0   3200.0   2960.0   3067.0   3350.0   3333.0
w26      NaN      NaN      NaN      NaN      NaN      NaN      NaN
```

12.3　财务案例实践

文件 "D:\财务大数据分析与决策\财务大数据分析\data\任务 05.xlsx" 中, 第 3、4、5 个 sheet 里分别存放的是某房产公司 2020 年、2021 年销售信息及销售经理编码表, 读取数据, 完成以下任务。

（1）连接、合并数据, 计算每人每月提成及收入（每销售一套房子, 提成 800 元）。

```
import pandas as pd
import numpy as np
df20, df21, df_code = pd.read_excel(r' D:\财务大数据分析与决策\财务大数据分析\data\任务 05.xlsx', sheet_name=[2,3,4]).values()

df = pd.concat([df20, df21])                # 合并 2020 年、2021 年数据
df = pd.merge(df, df_code)                  # 连接编码表
df['提成'] = df['销售数量'] * 800            # 计算每月提成
df['收入'] = df['提成'] + df['底薪']         # 计算每月收入
```

print('连接、计算数据:\n', df.head())

运行结果:

连接、计算数据:

	年	月	销售代表编码	底薪	销售数量	姓名	年龄	性别	提成	收入
0	2020	1	x01	3000	4	张化强	28	男	3200	6200
1	2020	2	x01	3000	5	张化强	28	男	4000	7000
2	2020	3	x01	3000	6	张化强	28	男	4800	7800
3	2020	4	x01	3000	5	张化强	28	男	4000	7000
4	2020	5	x01	3000	5	张化强	28	男	4000	7000

（2）计算各销售代表的收入总和，升序排序。

print(df.groupby(by='姓名').sum()['收入'].sort_values())

运行结果:

姓名
刘玲玲　　234400
张化强　　242400
杨克强　　250400
马销　　　255200
李红娟　　272800
王新玲　　280800
Name: 收入, dtype: int64

（3）求男、女销售代表的平均提成。

print(df.groupby(by='性别').mean()['提成'].round())

运行结果:

性别
女　　8333.0
男　　7200.0
Name: 提成, dtype: float64

（4）计算每位销售代表的销售总量及月平均提成。

print(df.groupby(by=['姓名']).agg({'销售数量':sum, '提成':np.mean}).round())

运行结果:

	销售数量	提成
姓名		
刘玲玲	206	6867.0
张化强	216	7200.0
李红娟	254	8467.0
杨克强	226	7533.0
王新玲	264	8800.0

马销   232   7733.0

（5）求各销售代表"销售数量"的和、平均值、中值及"收入"的平均、最大、最小值。

```
print(df.groupby(by='姓名').agg({'销售数量':['sum','mean','median'],
                                '收入':['mean','max','min']}))
```

运行结果：

	销售数量			收入		
	sum	mean	median	mean	max	min
姓名						
刘玲玲	206	8.583333	8.0	9766.666667	16600	4400
张化强	216	9.000000	7.5	10100.000000	17400	5200
李红娟	254	10.583333	9.0	11366.666667	18200	6800
杨克强	226	9.416667	8.0	10433.333333	16600	5200
王新玲	264	11.000000	10.0	11700.000000	17400	6800
马销	232	9.666667	9.0	10633.333333	16600	6000

（6）计算每位销售代表的提成、收入的最大、最小、平均、和、中值。

```
print(df[[ '姓名','提成','收入']].groupby(by='姓名').agg(['max','mean',
'median']).round())
```

运行结果：

	提成			收入		
	max	mean	median	max	mean	median
姓名						
刘玲玲	13600	6866.67	6400.0	16600	9766.67	9300.0
张化强	14400	7200.00	6000.0	17400	10100.00	8900.0
李红娟	15200	8466.67	7200.0	18200	11366.67	10100.0
杨克强	13600	7533.33	6400.0	16600	10433.33	9300.0
王新玲	14400	8800.00	8000.0	17400	11700.00	10900.0
马销	13600	7733.33	7200.0	16600	10633.33	10200.0

（7）利用透视表，求每年每位销售代表的提成总和。

```
dff = df.groupby(by=['年', '姓名'], as_index=False).mean().round()
print(dff.pivot(index='年', columns='姓名', values='提成'))
```

运行结果：

姓名	刘玲玲	张化强	李红娟	杨克强	王新玲	马销
年						
2020	7267.0	7600.0	8867.0	7933.0	9200.0	8133.0
2021	6467.0	6800.0	8067.0	7133.0	8400.0	7333.0

（8）利用透视表，求每位销售代表每月的销售数量平均值。

```
dff = df.groupby(by=['月', '姓名'], as_index=False).sum()
print(dff.pivot(index='姓名', columns='月',values='销售数量'))
```

运行结果:

月	1	2	3	4	5	6	7	8	9	10	11	12
姓名												
刘玲玲	5	5	13	9	9	15	17	21	27	27	33	25
张化强	7	9	11	9	9	15	15	23	29	29	35	25
李红娟	11	13	13	11	11	19	17	25	35	33	37	29
杨克强	9	7	11	11	9	17	15	25	31	31	33	27
王新玲	11	11	15	13	13	21	19	25	35	35	35	31
马销	9	9	17	13	9	17	19	21	33	29	33	23

（9）利用交叉表，求每位销售代表各月的销售数量之和（有合计项）。

```
print(pd.crosstab(df['姓名'], df['月'], df['销售数量'], aggfunc='sum',
margins=True))
```

运行结果:

月	1	2	3	4	5	6	7	8	9	10	11	12	All
姓名													
刘玲玲	5	5	13	9	9	15	17	21	27	27	33	25	206
张化强	7	9	11	9	9	15	15	23	29	29	35	25	216
李红娟	11	13	13	11	11	19	17	25	35	33	37	29	254
杨克强	9	7	11	11	9	17	15	25	31	31	33	27	226
王新玲	11	11	15	13	13	21	19	25	35	35	35	31	264
马销	9	9	17	13	9	17	19	21	33	29	33	23	232
All	52	54	80	66	60	104	102	140	190	184	206	160	1398

（10）利用交叉表，求每位销售代表每年的收入之和（有合计项）。

```
print(pd.crosstab(df['年'], df['姓名'], df['收入'], aggfunc='sum',
margins=True))
```

运行结果:

姓名	刘玲玲	张化强	李红娟	杨克强	王新玲	马销	All
年							
2020	123200	127200	142400	131200	146400	133600	804000
2021	111200	115200	130400	119200	134400	121600	732000
All	234400	242400	272800	250400	280800	255200	1536000

（11）利用交叉表，求每位销售代表每年的提成之和。

```
print(pd.crosstab(df['年'],df['姓名'],df['提成'],aggfunc='sum'))
```

运行结果:

姓名 年	刘玲玲	张化强	李红娟	杨克强	王新玲	马销
2020	87200	91200	106400	95200	110400	97600
2021	77600	81600	96800	85600	100800	88000

思考练习题

填空题

1. 数据分组需要使用 DataFrame 对象的_____方法，它返回的是一个分组对象。

2. groupby()方法的参数 as_index 接收布尔值，默认为_____，返回以组标签为索引的对象。

3. pivot()方法中，用来指定用哪一列数据作为结果 DataFrame 列名的参数是_____。

4. crosstab()方法中，参数 aggfunc 用于指定聚合函数，如果不指定，则表示统计_____。

5. crosstab()方法中，用于指定是否添加行、列小计的参数名称是_____。

即测即练

财务大数据可视化篇

　　通常，大部分数据是以文本或数值的形式展示的，这样不但不能很好地反映数据之间的关系和规律，而且不够清晰、直观，因此，借用一些图形工具，将数据以图形的方式展示出来，才能更加直观地观察数据的变动趋势、分布情况等。这种以图形、图像进行数据分析、挖掘的方式是数据可视化的重要内容。Python 提供了许多可以快速实现数据可视化的扩展库。本篇将主要讲解常用的 Matplotlib 和 Pyecharts 两个可视化库，通过案例，使读者掌握绘图的基本流程、各种属性的设置、显示与保存绘图结果的方法等（本部分内容所有代码均在 Pytharm 里调试运行，读取磁盘文件时文件路径均采用"相对路径"表示）。

第13章

扩展库 Matplotlib 可视化

Matplotlib 是一个基于 NumPy 的 Python 绘图库,其绘图功能强大,是 Python 中被广泛使用的数据可视化工具。Matplotlib 的学习资料丰富,官方学习资料及帮助文档地址为:https://www.Matplotlib.org.cn。安装 Anaconda 后,会默认安装 Matplotlib 库,如果需要单独安装,可通过 pip install 命令实现。关于扩展库的安装,本书第 1 章有详细说明,不再赘述。

13.1 可视化库 Matplotlib 基础

13.1.1 绘图的基本流程

Matplotlib 绘图基本流程如图 13-1 所示,可将绘图过程分为创建画布与子图、添加画布内容、保存图形和显示图形等几部分。

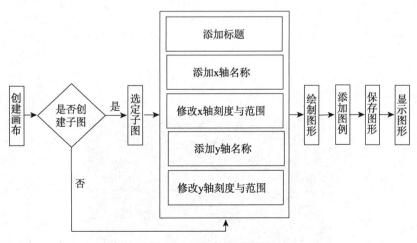

图 13-1 基本绘图流程

Matplotlib 最核心的模块是 pyplot,几乎所有的 2D 图形都是通过该模块绘制的,其导入代码如下:

```
from matplotlib import pyplot as plt
```

另外，Matplotlib 默认情况下不支持中文，直接用中文作为标签或标题，将无法显示，所以在绘图之前，需要用以下方法设置：

```
plt.rcParams['font.sans-serif'] = ['KaiTi']
```

设置默认字体为楷体，当然也可以是['Microsoft YaHei']或['SimHei']等可用的字体。当坐标轴上需要显示负数时，还需要进行如下设置：

```
plt.rcParams['axes.unicode_minus']=False    # 正常显示负号
```

13.1.2 创建画布

绘图的第一步就是创建能够容纳图表各种组件的画布，pyplot 模块中有一个默认的 figure 对象，就是用来创建空白画布的，其语法格式如下：

```
matplotlib.pyplot.figure(num=None, figsize=None, dpi=None, facecolor=None, edgecolor=None, frameon=True, clear=False, **kwargs)
```

主要参数含义：

（1）num：图形编号或名称，数字则为编号，字符串则为名称，是图形的唯一标识；

（2）figsize：设置图形大小值为元组（a，b），分别表示图形的宽与高；

（3）dpi：指定图像的分辨率，分辨率越高，图像越清楚；

（4）facecolor：画布背景颜色，默认为白色；

（5）edgecolor：画布边框颜色；

（6）clear：若为 True，当该图已经存在的情况下会被清除。

【例 13-1】创建一个编号为 0，宽、高分别为 10 cm、8 cm，分辨率为 100，背景色为灰色的画布。

```
from matplotlib import pyplot as plt
plt.figure(num=0, figsize=(10, 8), dpi=100, facecolor='gray')  # 'gray' 表示灰色
plt.show()
```

运行结果如图 13-2 所示。

图 13-2　例 13-1 的运行结果

13.1.3 创建子图

有些情况下，会在同一个画布上绘制多个图形，figure 对象允许将画布划分为多个绘图区域，每个区域都是一个 Axes 对象，每个 Axes 都有自己的坐标系统，其被称为子图。figure 与 Axes 的关系如图 13-3 所示。

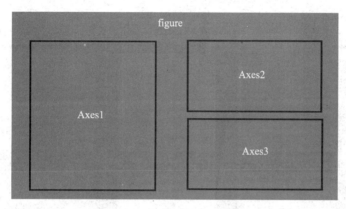

图 13-3　figure 与 Axes 关系图

在画布上创建子图，可通过 subplot()函数实现，其语法格式如下：

plt.subplot(nrows, ncols, index)

其中 nrows、ncols 分别表示子区域网格的行数、列数；index 为子图索引，表示当前绘图区域。子图区域编号从 1 开始，按照从左到右、从上到下的顺序进行索引编号。例如，整个区域为 2×2（2 行 2 列）的子图区域，每个区域编号如图 13-4 所示。

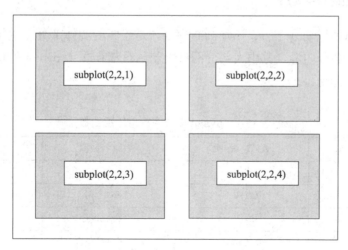

图 13-4　subplot()创建的 2×2 子图区域

【例 13-2】 在例 13-1 生成的画布上创建 2 行 3 列的子图。

```
from matplotlib import pyplot as plt
plt.figure(num=0, figsize=(10, 8), dpi=100, facecolor='gray')
```

```
plt.subplot(2, 3, 1)
plt.subplot(2, 3, 2)
plt.subplot(2, 3, 3)
plt.subplot(2, 3, 4)
plt.subplot(2, 3, 5)
plt.subplot(2, 3, 6)
plt.show()
```

运行结果如图 13-5 所示。

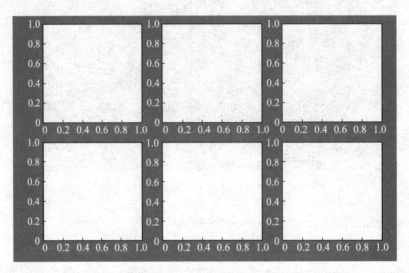

图 13-5　2 行 3 列子图划分结果

13.1.4　添加画布内容

画布创建与区域划分之后，添加画布内容才是绘图的主体部分，主要有绘制图形和添加各类标签两部分内容。其中大部分图形绘制函数都存在于 pyplot 模块中，比较常用的函数如表 13-1 所示。

表 13-1　pyplot 模块中常用绘图函数

函 数 名 称	函 数 说 明	函 数 名 称	函 数 说 明
plot()	折线图	pie()	饼状图
scatter()	散点图	bar()	柱状图
hist()	直方图	boxplot()	箱线图
polar()	极坐标图	stackplot()	面积堆积图

表 13-1 中函数的使用方法，将在 13.2 节详细介绍。通过以上函数，确定 x、y 轴的数据及绘图类型之后，即可设置图形的标题、x 和 y 轴的标签、刻度、范围、图例、字体及大小等信息，pyplot 模块也提供了为图表添加这些信息的函数，如表 13-2 所示。

表 13-2　添加标签和图例常用函数

函 数 名 称	函 数 说 明
title()	设置当前轴域的标题
xlabel()	设置 x 轴的标签名称
ylabel()	设置 y 轴的标签名称
xticks()	设置 x 轴的刻度取值以及数目等
yticks()	设置 y 轴的刻度取值以及数目等
xlim()	设置或获取 x 轴的范围
ylim()	设置或获取 y 轴的范围
legend()	设置图例

【例 13-3】 画布中添加图形、标签、图例、刻度等内容。

```
import numpy as np
from matplotlib import pyplot as plt
plt.rcParams['font.family'] = ['Microsoft YaHei']   # 设置汉字默认字体
x = np.arange(0, 1, 0.01)
plt.title('这是标题')                                # 设置标题
plt.xlabel('这是 x 轴')                              # 设置 x 轴标签
plt.ylabel('这是 y 轴')                              # 设置 y 轴标签
plt.xticks([0, 0.25, 0.5, 0.75, 1])                 # 设置 x 轴刻度
plt.yticks(np.arange(0, 1, 0.1))                    # 设置 y 轴刻度
plt.plot(x, x ** 0.5)
plt.plot(x, x ** 2)                                 # x 平方曲线
plt.plot(x, x ** 3)                                 # x 立方曲线
plt.legend(['x0.5方', 'x平方', 'x立方'])
plt.show()
```

运行结果如图 13-6 所示。

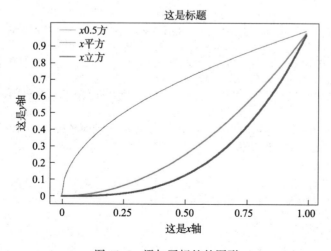

图 13-6　添加了标签的图形

13.1.5 保存与显示图形

可以通过 pyplot 模块的 savefig(filename, dpi)函数保存图形，show()函数则能在屏幕上显示所绘制图形。其中 savefig()函数有两个重要的参数 filename 和 dpi，分别表示存储文件名和分辨率。

其基本使用方法如下：

```
Import matplotlib.pyplot as plt
#绘图代码若干行
……
plt.savefig('filename.png',dpi=400)
plt.show()
```

特别需要注意的是，如果要保存图片，须将 savefig()的调用放在 show()调用之前，另外，filename 里可以包含盘符和路径，用以指明将图片文件存储在指定的位置。

13.2 基础绘图

13.2.1 折线图

折线图是最基本的图形，由线条组成，Matplotlib 绘制折线图使用 plt.plot()函数，函数语法格式如下：

```
plot(x, y, [fmt], **kwargs)
```

参数含义：

（1）x, y：x、y 轴数据，列表或数组

（2）fmt：控制曲线的格式字符串，可选，由颜色字符、风格字符和标记字符组成。

【例 13-4】读取文件 r'./data/data1.xlsx'中的数据，只选择 2020 年数据，根据其中"毛利率"和"营业净利率"指标绘制折线图。

```
import pandas as pd
from matplotlib import pyplot as plt
plt.rcParams['font.family'] = ['Microsoft YaHei']  # 设置汉字默认字体

df = pd.read_excel(r'./data/data1.xlsx')              # 读取数据
plt.figure(figsize=(6, 4), dpi=100)
plt.plot(df['月'], df['毛利率'], label='毛利率', marker='s') # marker 表示标记点设置参数
plt.plot(df['月'], df['营业净利率'], label='营业净利率', marker='*')
# 设置标签、刻度标题、图例等
plt.xlabel('月')
plt.ylabel('比率')
plt.title('2020 年毛利率和营业净利率')
plt.xticks(df['月'])
plt.legend()
plt.show()         # 显示图形
```

运行结果如图 13-7 所示。

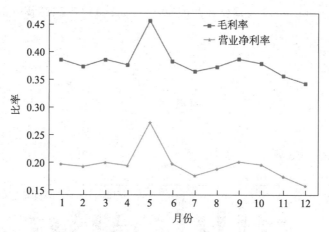

图 13-7　2020 年毛利率、营业净利率折线图

13.2.2　柱状图

柱状图也称为条形图，由一系列高度不等的纵向条纹表示数据的分布情况，用来比较两项或两项以上的数据。Matplotlib 绘制柱状图用 plt.bar()函数实现，其语法格式如下：

```
bar(x, y, width=0.8, color, edgecolor, bottom=None, linewidth, align,
tick_label, align='center', **kwargs)
```

主要参数含义：

（1）x：指定 x 轴上数值，可以是数组、元组、列表等序列；

（2）y：指定 y 轴上的数值，可以是数组、元组、列表等序列；

（3）width：表示柱状图的宽度，取值在 0～1 之间，默认为 0.8；

（4）color：柱状图的填充色；

（5）edgecolor：柱状图的边框颜色；

（6）bottom：柱状图底部离横轴的距离；

（7）linewidth：柱状图边框宽度；

（8）align：指定 x 轴上对齐方式，默认为"center"，表示居中，"lege"为边缘；

（9）tick_label：柱状图的刻度标签，也可直接将标签赋值给 x。

【例 13-5】读取文件 r'./data/data1.xlsx'中的数据，只选择 2019 年数据，根据其中"毛利率"和"营业净利率"指标绘制柱状图。

```
import pandas as pd
from matplotlib import pyplot as plt
plt.rcParams['font.family'] = ['Microsoft YaHei']   # 设置汉字默认字体
# 读取、筛选数据
df = pd.read_excel(r'./data/data1.xlsx')
df = df[df['年']==2019]
plt.figure(figsize=(8, 5), dpi=100)   #生成画布
```

```
plt.bar(df['月']-0.2, df['毛利率'], label='毛利率', width=0.4)
                                               # x 坐标左移 0.2
plt.bar(df['月']+0.2, df['营业净利率'], label='营业净利率', width=0.4) # x 坐标右移 0.2
# 设置标签、标题等
plt.xlabel('月份')
plt.ylabel('比率')
plt.title('2019 年毛利率、营业净利率')
plt.xticks(df['月'])
plt.show()
```

运行结果如图 13-8 所示。

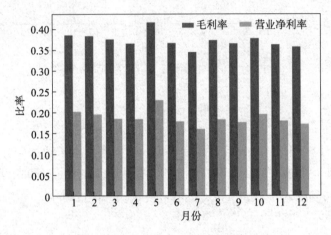

图 13-8　2019 年毛利率、营业净利率柱状图

13.2.3　饼状图

饼状图适合显示一个数据序列中各项数据的大小与总和的比例，每项数据具有唯一的颜色或图形，并且与图形中的颜色是相对应的。Matplotlib 中绘制饼状图用 plt.pie()函数实现，其语法格式如下：

```
pie(x, explode=None, labels=None, colors=None, autopct=None, pctdistance=0.6, shadow=False, labeldistance=1.1, startangle=0, radius=1, ounterclock=True, wedgeprops=None, textprops=None, center=(0, 0), frame=False, rotatelabels=False, *, normalize=True, data=None)
```

主要参数含义：

（1）x：绘图数据，表示每一块的比例，如果 sum(x)>1,则会自动归一化处理，可以是数组、元组、列表等序列；

（2）explode：指定饼图的每一部分离中心的距离，需要突出的部分可以离得远一点；

（3）labels：为饼图添加标签说明，类似于图例说明；

（4）color：设置饼图的颜色；

（5）autopct：自动添加百分比显示，可以采用格式化的方法显示；

（6）pctdistance：设置百分比标签与圆心的距离；

（7）shadow：是否添加饼图的阴影效果；

（8）labeldistance：设置各扇形标签（图例）与圆心的距离；

（9）radius：设置饼图的半径大小；

（10）wedgeprops：设置饼图内外边界的属性，如边界线的粗细、颜色、饼的宽度等；

（11）textprops：设置饼图中文本的属性，如字体大小、颜色等。

【例 13-6】 文件'./data/data.xlsx'中存放某公司资产负债表和利润表，读取其中 sheet1（利润表）并选择 2020 年数据，根据其中"净利润"绘制月净利润占比饼状图。

```
import pandas as pd
from matplotlib import pyplot as plt
plt.rcParams['font.family'] = ['Microsoft YaHei']  # 设置汉字默认字体
# 读取、筛选数据
df = pd.read_excel(r'./data/data.xlsx', sheet_name=1)
df = df[df['年']==2020]
labels = list(map(lambda x:str(x)+'月', df['月']))  # 每个月份值后加'月'
plt.figure(figsize=(6, 6))
plt.pie(df['净利润'],
        labels=labels,
        autopct='%.2f%%',
        pctdistance=0.8,
        )
plt.title('2020 年各月净利润占比')
plt.show()
```

运行结果如图 13-9 所示。

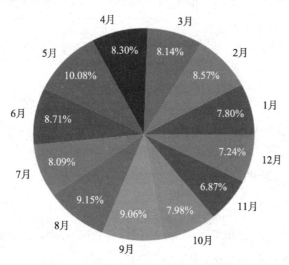

图 13-9 2020 年各月净利润占比饼状图

如果给以上代码 pie()函数中增加一项 wedgeprops，设置饼的边框颜色、饼宽度等，则运行结果变成图 13-10 所示的环形饼状图。

```
plt.pie(df['净利润'], labels=labels, autopct='%.2f%%', pctdistance=0.8,
        wedgeprops = {'width': 0.4, 'linewidth': 1, 'edgecolor': 'w'}
        )  # 圆环
```

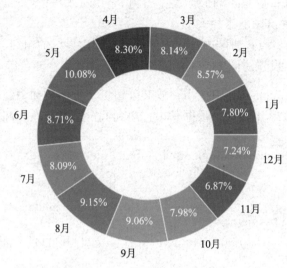

图 13-10 2020 年各月净利润占比环形饼状图

13.2.4 散点图

散点图适合展示两个数据序列之间的关系，常用于判断两个变量之间是否存在某种关系或两个变量之间的相关性（正相关、负相关、不相关）。对于处理值的分布和数据点的分簇，散点图是非常理想的。Matplotlib 中绘制散点图，使用 plt.scatter() 实现，其语法格式如下：

scatter(x, y, s=20, c='b', marker='o', cmap=None, norm=None, vmin=None, vmax=None, alpha=None, linewidths=None, verts=None, hold=None, **kwargs)

主要参数含义：

（1）x，y：绘图数据，都是向量；

（2）s：设置标记大小，默认 20；

（3）c：设置标记颜色，默认蓝色'b'；

（4）marker：设置标记的样式，默认'o'；

（5）cmap：设置色彩盘，默认 None；

（6）norm：设置亮度，其值在 0~1 之间；

（7）vmin，vmax：设置亮度，当 norm 已经设置时该参数无效；

（8）alpha：设置标记透明度，0~1 之间，默认 None；

（9）linewidths：标记点的长度，默认 None。

【例 13-7】读取文件 r'./data/data.xlsx' 中 sheet2 中的数据（利润表），绘制营业收入与净利润散点图。

```
import pandas as pd
```

```
from matplotlib import pyplot as plt
plt.rcParams['font.family'] = ['Microsoft YaHei']   # 设置汉字默认字体
# 读取、筛选数据
df = pd.read_excel(r'./data/data.xlsx', sheet_name=1)
print(df)

plt.figure(figsize=(10, 6))
plt.scatter(df['营业收入'], df['净利润'], marker='o', s=75, alpha=0.5)
# marker 点形状,s 点大小,alpha 点透明度
plt.xlabel('营业收入(元)', fontsize=10)
plt.ylabel('净利润(元)', fontsize=10)
plt.title('营业收入与净利润关系', fontsize=15)
plt.show()
```

运行结果如图 13-11 所示。

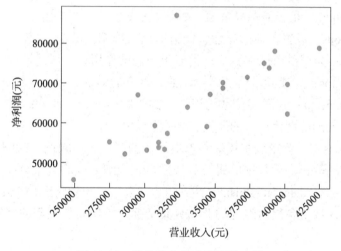

图 13-11　营业收入与净利润散点图

13.2.5　箱形图

箱形图又称箱线图,是一种用于显示一组数据分布情况的统计图,其中包含上边缘、上四分位数、中位数、下四分位数、下边缘,还有异常值,通过这些信息对数据集简单总结,用箱线图识别数据中的异常值,有一定优越性。Matplotlib 中绘制箱形图用函数 plt.boxplot()实现,其语法格式如下:

```
boxplot(x, notch=None, sym=None, vert=None, whis=None, positions=None,
widths=None, patch_artist=None, meanline=None, showmeans=None, showcaps=None,
showbox=None, showfliers=None, boxprops=None, labels=None, flierprops=None,
medianprops=None, meanprops=None, capprops=None, whiskerprops=None)
```

主要参数含义：

（1）x：指定要绘制箱线图的数据，可以是一组数据也可以是多组数据；

（2）notch：是否以凹口的形式展现箱线图，默认非凹口；

（3）sym：指定异常点的形状，默认为蓝色的+号显示；

（4）vert：是否需要将箱线图垂直摆放，默认垂直摆放；

（5）whis：指定上下须与上下四分位的距离，默认为 1.5 倍的四分位差；

（6）positions：指定箱线图的位置，默认为（0，1，2，3，…）；

（7）widths：指定箱线图的宽度，默认为 0.5；

（8）patch_artist：是否填充箱体的颜色，默认为 False；

（9）meanline：是否用线的形式表示均值，默认用点来表示；

（10）showmeans：是否显示均值，默认不显示；

（11）showcaps：是否显示箱线图顶端和末端的两条线，默认显示；

（12）showbox：是否显示箱线图的箱体，默认显示；

（13）showfliers：是否显示异常值，默认显示；

（14）boxprops：设置箱体的属性，如边框色，填充色等；

（15）labels：为箱线图添加标签，类似于图例的作用；

（16）filerprops：设置异常值的属性，如异常点的形状、大小、填充色等；

（17）medianprops：设置中位数的属性，如线的类型、粗细等；

（18）meanprops：设置均值的属性，如点的大小、颜色等；

（19）capprops：设置箱线图顶端和末端线条的属性，如颜色、粗细等；

（20）whiskerprops：设置须的属性，如颜色、粗细、线的类型等。

【例 13-8】 文件'./data/data2.xlsx'中存放的是某公司五位销售经理 2019—2020 年各月销售数据，为客观评价各销售经理的业绩分布情况，绘制每位经理的销售业绩箱线图。

```
import pandas as pd
import matplotlib.pyplot as plt

# 读取数据
df = pd.read_excel(r'./data/data2.xlsx')
plt.figure(figsize=(10, 8))                           # 设置画布的尺寸
plt.rcParams['font.sans-serif'] = ['KaiTi']           # 默认字体为楷体

labels = list(df.columns)[2:]                         # 标签
plt.boxplot([df['王经理'], df['孙经理'], df['李经理'], df['刘经理'], df['周经理']],
            labels=labels,
            notch=True,               # 以凹口的形式展现箱线图
            patch_artist=True,        # 填充箱体颜色
            boxprops={'color': 'orangered', 'facecolor': 'pink'}, # 设置箱体属性
```

```
        )
    plt.title('2021年各销售经理业绩箱线图', fontproperties='SimHei', fontsize=16)
# 标题,并设定字号大小
    plt.ylabel('销售业绩(元)', fontsize=16, rotation='vertical')
    plt.xticks(fontsize=14, rotation=30)        # xticks 大小与旋转
    plt.show()                                  # 显示图像
```

运行结果如图 13-12 所示。

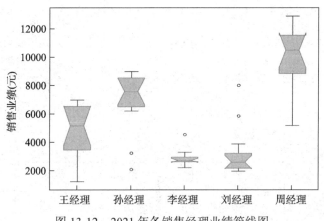

图 13-12   2021 年各销售经理业绩箱线图

13.2.6 直方图

直方图就是频次或频率图,是统计报告图的一种,其横坐标为相关数据分布区间,纵坐标为该区间数据出现的频次或频率。Matplotlib 中绘制直方图用 plt.hist()函数实现,其语法格式如下:

```
hist(x, bins=None, range=None, density=False, weights=None, cumulative=
False, bottom=None, histtype='bar', align=u'mid', orientation=u'vertical',
rwidth=None, log=False, color=None, label=None, stacked=False, hold=None,
**kwargs)
```

主要参数含义:

(1)x:指定要绘制直方图的数据;

(2)bins:指定直方图条形的个数;

(3)range:指定直方图数据的上下界,默认包含绘图数据的最大值和最小值;

(4)density:是否将直方图的频数转换成频率;

(5)histtype:指定直方图的类型,默认为 bar,除此还有'barstacked'、'step'、'stepfilled';

(6)color:设置条柱的填充颜色;

(7)label:设置直方图的标签,可通过 legend 展示其图例;

(8)stacked:当有多个数据时,是否需要将直方图呈堆叠摆放,默认水平摆放。

【例 13-9】 文件 r'./data/data3.xlsx'中存放的是某大型商超 2021.1.1—2022.9.30 每天

盈利额，画出盈利额分布直方图，观察分布情况。

```python
import pandas as pd
from matplotlib import pyplot as plt

plt.rcParams['font.sans-serif'] = ['SimHei']       # 默认字体为楷体
plt.rcParams['axes.unicode_minus']=False           # 正常显示负号
plt.figure(figsize=(10, 8))                        # 设置画布的尺寸
df = pd.read_excel(r'./data/data3.xlsx')           # 读取数据

plt.hist(df['盈利额（万）'], bins=50, density=False, facecolor='blue', edgecolor='y', alpha=0.6)
plt.xlabel("区间(盈利)", fontsize=14)              # 显示横轴标签
plt.ylabel("频次", fontsize=16)                    # 显示纵轴标签
plt.title("频次-分布直方图", fontsize=16)          # 显示图标题

plt.show()
```

运行结果如图 13-13 所示。

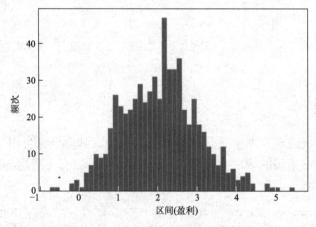

图 13-13　大型商超盈利分布直方图

从图 13-13 可以看出，该商超大部分时间是盈利的，盈利额主要集中在 0.5～3.5 之间，但也有极少数出现亏损的情况，亏损额在 –0.5～0 之间。

13.3　高级绘图

13.3.1　雷达图

雷达图也被称为网络图、蜘蛛网图，是一个不规则的多边形，它可以形象地展示相同事物的多维指标，有利于信息使用者清晰直观地了解其所反映的各项指标优与劣、好与坏。之前的折线图、柱形图等都是在直角坐标系下绘制的，但雷达图是在极坐标上绘制的，所以首先要在画布（figure）上绘制极坐标系，代码为

```
plt.figure()                               # 创建一张画布
plt.subplot(111, polar=True)               # 在画布上绘制极坐标系
```

plt.subplot()中的 polar=True 参数表示建立极坐标系。接下来使用 plt.plot(x, y) 这个本来是绘制折线图的函数来绘制，可以理解为在极坐标上画的折线图（这样的折线图是闭合的）。其中的参数（x, y）在直角坐标系充当了自变量和因变量的角色，而在极坐标系中扮演这两个角色的分别是角度 angle（或 theta）及极径 r，所以就变成了：plt.plot(angle, r)。其他参数如颜色（color 或 c）、线宽（linewidth 或 lw）、图例（label）等设置都跟直角坐标系中完全相同。

【例 13-10】 选取××公司收益性、稳定性、流动性、成长性数据指标，并以 2019 年为基准，对数据进行单位化，根据 2020 年、2021 年实际值计算出指标的相对值，计算结果如表 13-3 所示，依据表中 2020 年、2021 年相对值，画出雷达图，判断企业财务状况。

表 13-3 ××集团股份有限公司基本绩效指标值

年份	总资产报酬率(%)	销售利润率(%)	资产负债率(%)	产权比率(%)	流动比率(%)	应收账款周转率(次)	营业收入增长率(%)	净利润增长率(%)
2019	8.08	15.93	23.28	30.34	4.649	15.24	9.80	19.75
	1.00	1.00	1.00	1.00	1.00	1.00	1.00	1.00
2020	10.52	20.77	30.56	44.01	3.150	11.71	10.38	31.85
	1.30	1.30	1.31	1.45	0.68	0.77	1.06	1.61
2021	5.21	9.57	26.50	36.06	3.578	6.77	11.09	−49.17
	0.64	0.60	1.14	1.19	0.77	0.44	1.13	−2.49

```
import numpy as np
from matplotlib import pyplot as plt

plt.rcParams['font.sans-serif'] = ['SimHei']        # 显示中文
plt.rcParams['axes.unicode_minus'] = False          # 正负号

index_name = ['总资产报酬率','销售利润率','资产负债率','产权比率',
              '流动比率','应收账款周转率','营业收入增长率','净利润增长率']
scores20 = [1.42, 1.30, 1.31, 1.45, 0.68, 0.94, 1.06, 1.61]
scores21 = [0.70, 0.60, 1.14, 1.19, 0.77, 0.77, 1.13, -2.49]
dataLength = len(scores20)                          # 数据长度
# angles 数组把圆周等分为 dataLength 份(linspace):线性等分向量
angles = np.linspace(0, 2*np.pi, dataLength, endpoint=False)
scores20.append(scores20[0])                        # 闭合
scores21.append(scores21[0])                        # 闭合
angles = np.append(angles, angles[0])               # 闭合
# 绘制雷达图
plt.figure()                                        # 创建一张画布
plt.subplot(111, polar=True)                        # 在画布上绘制极坐标系
```

```
plt.polar(angles, scores20, 'rv--', linewidth=1, label='2020年')
plt.polar(angles, scores21, 'b*-.', linewidth=1, label='2021年')
# 填充雷达图内部
plt.fill(angles, scores20, facecolor='y', alpha=0.5)
plt.fill(angles, scores21, facecolor='g', alpha=0.6)
# 设置角度网格标签

angles = np.delete(angles, len(angles)-1)
plt.thetagrids(angles*180/np.pi, index_name, fontproperties='SimHei')
plt.ylim(-3.0, 2.0)                     # 设置坐标跨度,30即圆心位置
plt.title('业绩指标雷达图', fontproperties='KaiTi', fontsize=16)
plt.legend(loc=(0.9, 0.95))
plt.tight_layout()                      # 会自动调整子图参数,使之填充整个图像区域
plt.show()
```

运行结果如图13-14所示。

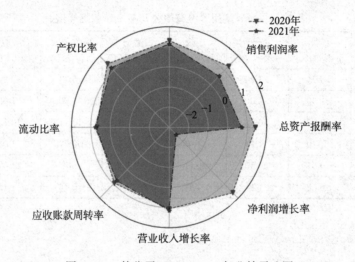

图13-14 某公司2020—2021年业绩雷达图

由图13-14可以看出,在收益性分析方面,2019—2021年公司的营业利润率和总资产报酬率都呈现先上升再下降的趋势,说明在2021年公司的利润率水平和总体获利能力较差。在稳定性分析方面,主要分析公司的偿债能力。资产负债率先上升再下降是由于公司在2020年扩大了举债规模,但2021年指标的下降说明偿债能力仍较好。在流动性分析方面,应收账款周转率在近三年间呈现不断下降的趋势,原因是企业为扩大销售规模,接受了更多的赊销从而导致公司应收账款由2019年的20.38亿元不断增长为2021年的71.84亿元,收账不迅速,资产流动性较弱。流动比率虽在后两年稍有下降,但仍维持在一个大于2的较高水平,说明企业资产的变现能力强,短期偿债能力亦强。在成长性分析方面,虽然公司的营业收入在近三年保持一个增长的态势,但净利润在2021年出现一个较大的下跌,究其原因,可以发现是公司证券投资失败导致,所持股票亏损对净利润

影响较大。总体而言，该公司在近三年偿债能力还保持尚可，但盈利能力和发展能力较弱，需改进。

13.3.2 旭日图

旭日图也叫太阳图，是一种圆环镶接图，它超越传统的饼状图和环状图，每一个圆环代表了同一级别的比例数据，离原点越近的圆环级别越高，最内层的圆表示层次结构的顶级。除了圆环外，旭日图还有若干从原点放射出去的"射线"，这些"射线"展示出不同级别数据间的脉络关系。

在实际应用中使用旭日图，可以更细化溯源分析数据，真正了解数据的具体构成。而且，旭日图不但数据直观，而且图表用起来特别"炫酷"，能提高数据汇报的颜值，很多数据场景都适合用旭日图。例如，在销售汇总报告中，能很方便地看到每月、每季度的销售业绩。

【例 13-11】文件'./data/data3.xlsx'中存放的是某大型商超 2021 年 1 月 1 日—2022 年 9 月 30 日每天盈利额，读取文件，用旭日图展示出 2021 年每月、每季度销售情况。

```
from matplotlib import pyplot as plt
import pandas as pd

plt.rcParams['font.sans-serif'] = 'Simhei'
plt.figure(figsize=(8, 8))              # 设置画布的尺寸

df = pd.read_excel(r'./data/data3.xlsx')
df = df[df['日期'].dt.year==2021]        # 筛选2021年数据
df['月份'] = df['日期'].dt.month          # 获取月份
df_m = df.groupby(by='月份').sum()       # 求出每月数据
quarter = list(map(lambda i:sum(df_m['盈利额(万)'][i:i+3]), range(0, 12, 3))) #季度数据
# 外圈饼状图
plt.pie(df_m['盈利额(万)'], radius=1, autopct="%.1f%%", pctdistance=0.85,
        labels=[f'{i}月' for i in range(1, 13)],
        labeldistance=1.01, textprops={"family" : "simhei"})
# 内圈饼状图
patches, texts, autotexts = plt.pie(quarter, radius=0.7,
autopct="%.1f%%", pctdistance=0.75)
plt.pie([1], radius=0.4, colors=[plt.gca().get_facecolor()])  # 最内层的空心圈
plt.title("月份/季度销售额", fontproperties="simhei", fontsize=18) # 图形标题
# 为中间层的环创建图例
plt.legend(patches, ['一季度', '二季度', '三季度', '四季度'],
        title="内圈图例", bbox_to_anchor=(0.2, 1.12))
plt.show()
```

运行结果如图 13-15 所示。

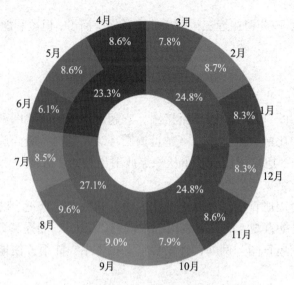

图 13-15 月/季销售旭日图

13.3.3 双轴图

在工作当中,经常会遇到需要同时展示两种指标的需求。如果想要简单地实现这样的需求,完全可以将两个指标在两张图中展示。然而我们常常需要将两个极为相关或同样重要的指标放在一起来观察。

双轴图是指有多个(不小于 2 个)y 轴的数据图表,即将两个或多个不同量级的数据放在同一图像中展示的方法,多为柱状图+折线图的结合,图表显示更为直观。如果不使用双轴图而直接将两组量级不同的数据放到同一图像中,就会造成低量级数据的极致压缩。双轴图除了适合分析两组相差较大的数据外,还适用于不同数据走势、数据同环比分析等场景。

【例 13-12】 文件'./data/data4.csv'中存放的是某电商企业的商品在 2021 年各月的日活量(日活跃用户数量,daily active user,DAU)及点击率(click through rate,CTR)。读取文件数据,将日活量(DAU)和点击率(CTR)放在一张图中,用双轴图来对比展示。

```
import matplotlib.pyplot as plt
from matplotlib.ticker import FuncFormatter
import pandas as pd

def to_percent(temp, position):  # 将点击率坐标轴以百分比格式显示
    return '%2.1f'%(100*temp)

plt.rcParams['font.sans-serif'] = ['KaiTi']
df = pd.read_csv(r'./data/data4.csv')                               # 读取数据
fig, ax1 = plt.subplots(figsize=(10, 6), facecolor='white')         # 画布
# 左轴
```

```
    ax1.bar(df['月份'], df['日活'], color='g', alpha=0.3, label='日活(万)')
                                                                    # 直方图
    ax1.set_xlabel('月份')
    ax1.set_ylabel(' 日 \n 活 \n( 万 )', rotation='horizontal', fontsize=12,
color='g')
    ax1.tick_params(axis='y', labelcolor='green')
    plt.legend(prop={'family': 'SimHei', 'size': 8}, loc='upper left')
    # 右轴
    ax2 = ax1.twinx()                                # 创建共用 x 轴的第二个 y 轴
    ax2.plot(df['月份'], df['点击率'], '-or', label='点击率')        #折线图
    ax2.set_ylabel(' 点 \n 击 \n 率 ', rotation='horizontal', fontproperties=
'KaiTi', fontsize=12, color='r')
    ax2.set_ylim(0, 0.2)
    ax2.tick_params(axis='y', labelcolor='red')
    plt.gca().yaxis.set_major_formatter(FuncFormatter(to_percent))
    plt.gca().yaxis.set
    plt.legend(prop={'family': 'SimHei', 'size': 8}, loc='upper right')

    plt.xticks(df['月份'])
    plt.title('2021年XXXX日活及点击率趋势', fontsize=18)       # 标题
    plt.show()
```
运行结果如图 13-16 所示。

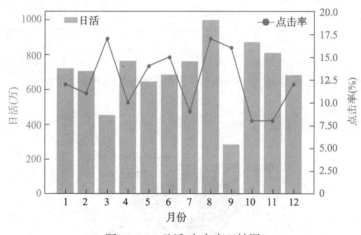

图 13-16　日活-点击率双轴图

13.3.4　南丁格尔玫瑰图

南丁格尔玫瑰图由英国护士和统计学家南丁格尔发明，也被称为鸡冠花图，是极坐标下的柱状图——将柱图转化为更美观的饼图形式。不同于饼图用角度表现数值或占比，南丁格尔玫瑰图用扇形的半径表示数据的大小，各扇形的角度则保持一致，这种表现形式夸大了数据之间差异的视觉效果，适合展示数据差异小的数据。

【例 13-13】取表 13-3 中某公司 2020 年各项业绩指标，用南丁格尔玫瑰图展示。

```
import numpy as np
```

```python
from matplotlib import pyplot as plt

plt.rcParams['font.sans-serif'] = ['SimHei']      # 显示中文
plt.rcParams['axes.unicode_minus'] = False

index_name = ['总资产报酬率','销售利润率','资产负债率','产权比率',
              '流动比率','应收账款周转率','营业收入增长率','净利润增长率']
scores20 = [1.42, 1.30, 1.31, 1.45, 0.68, 0.94, 1.06, 1.61]

ax = plt.subplot(111, projection='polar')         # 极坐标轴域
ax.set_theta_direction(-1)                        # 顺时针
ax.set_theta_zero_location('N')                   # 正方上是 0

length = len(scores20)
angles = np.linspace(0, 2*np.pi, length, endpoint=False)   # 线性等分向量
ax.bar(angles, scores20, width=0.6, color=np.random.random((length,3)),
#随机颜色
       align='edge')                              # 从指定角度的径向开始绘制

for angle, score in zip(angles, scores20):        # 柱顶写业绩
    ax.text(angle+0.2, score+0.1, str(score), fontsize=10,
fontproperties='KaiTi', color='b')
# 在网格线写业绩名称
plt.thetagrids((angles*180/np.pi)+15, index_name, fontproperties='SimHei')

plt.title('2020年业绩指标', fontsize=18, fontproperties='simhei')
plt.tight_layout()        # 会自动调整子图参数，使之填充整个图像区域
plt.show()
```

运行结果如图 13-17 所示。

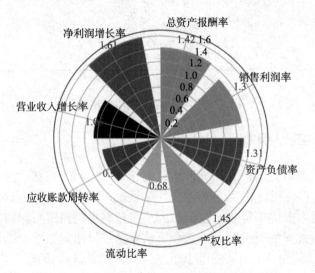

图 13-17　某公司 2020 年业绩南丁格尔玫瑰图

13.3.5 绘制组合图形

有些情况下，需要将多个图形绘制在一起，这就用到 13.1.3 节讲到的 "创建子图" 的方法。

【例 13-14】 读取 r'./data/data1.xlsx 中的数据，选取 2019 年数据，将 "毛利率" 和 "权益净利率" 分别用折线图和柱状图绘制在一张组合图上。

```
import pandas as pd
from matplotlib import pyplot as plt
plt.rcParams['font.sans-serif'] = ['SimHei']    # 显示中文
df = pd.read_excel(r'./data/data1.xlsx')        # 读取数据
df = df[df['年']==2019]
plt.figure(figsize=(10,8))
# 第一个绘图区域
ax1 = plt.subplot(2, 1, 1)                      # 2 行 1 列中的第 1 个图
ax1.plot(df['月'], df['毛利率'], label='毛利率', marker='s',color='r')
ax1.set_ylabel('毛利率')
ax1.set_title('财务指标对比组合图', fontsize=14)
ax1.legend()
# 第二个绘图区域
ax2 = plt.subplot(2, 1, 2)
ax2.bar(df['月'], df['权益净利率'], label='权益净利率', width=0.4, color='b')
ax2.set_ylabel('权益净利率')
ax2.legend()
plt.show()
```

运行结果如图 13-18 所示。

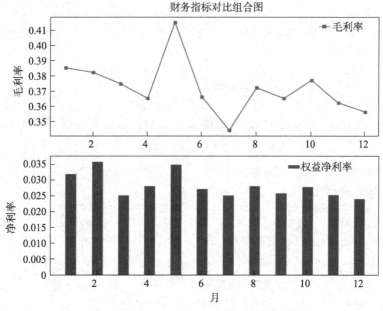

图 13-18 毛利率、权益净利率组合图

除了 subplot() 函数，创建子图还可使用 subplots() 函数。该函数可以创建多个子图，将子图分布为 n 行 m 列的绘图空间，返回一个 figure 和多个 axes（以列表的形式返回）对象，使用两个变量分别接收，选择子绘图区域时使用列表的索引，subplots() 函数的语法格式如下：

```
subplots(nrows=1, ncols=1, sharex=False, sharey=False, squeeze=True, subplot_kw=None, gridspec_kw=None)
```

主要参数含义：

（1）nrows,ncols：分别表示子图划分的行数、列数；

（2）sharex,sharey：是否共享 x 轴和 y 轴；

（3）gridspec_kw：自定义布局；

（4）subplot_kw：创建极坐标系。

【例 13-15】 读取 r'./data/data1.xlsx' 和 r'./data/data.xlsx' 中的数据，将毛利率、营业净利率、营业收入及营业收入与净利润的关系分别用折线图、柱状图、饼状图和气泡图绘制在一张组合图中。

```
import pandas as pd
from matplotlib import pyplot as plt
import numpy as np

plt.rcParams['font.sans-serif'] = ['SimHei'] # 显示中文
fig, ax = plt.subplots(2, 2, figsize=(12, 9))
df = pd.read_excel(r'./data/data1.xlsx')
df = df[df['年']==2020]
print(df)
# 毛利率折线图
ax[0][0].plot(df['月'], df['毛利率'], color='b', marker='s')
ax[0][0].set_title('毛利率')
# 营业净利率柱状图
ax[0][1].bar(df['月'], df['营业净利率'], width=0.4)
ax[0][1].set_title('营业净利率')
# 营业收饼状图
ax[1][0].pie(df['营业收入'], labels=df['月'], autopct='%.2f%%', pctdistance=0.8,
        wedgeprops={'width': 0.4, 'linewidth': 1, 'edgecolor': 'w'})
ax[1][0].set_title('营业收入')
# 业成本与净利润散点图
df = pd.read_excel(r'./data/data.xlsx', sheet_name=1)
ax[1][1].scatter(df['营业收入'], df['净利润'], marker='o', s=75, alpha=0.6)
ax[1][1].set_xlabel('营业收入')
ax[1][1].set_ylabel('净利润')
ax[1][1].set_title('营业收入与净利润关系')
plt.show()
```

运行结果如图 13-19 所示。

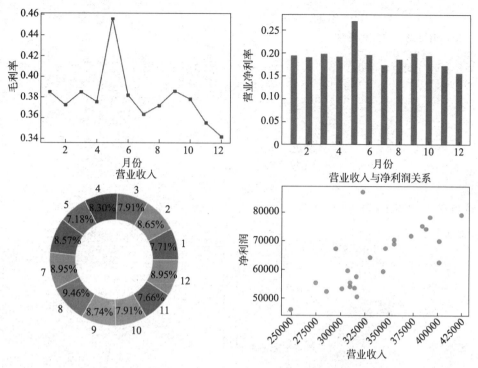

图 13-19　2020 年财务指标对比组合图

有些情况下，需要将组合图中不同子图分别定义为不同的坐标系，如例 13-16，其定义左图为极坐标系，右图为直角坐标系。

【例 13-16】 将 2020 年某公司业绩指标在组合图中分别用雷达图和折线图展示出来。

```
from matplotlib import pyplot as plt
import numpy as np
plt.rcParams['font.sans-serif'] = ['SimHei']           # 显示中文
plt.rcParams['axes.unicode_minus'] = False
fig = plt.figure(figsize=(12, 9))
index_name = ['资产报酬率', '销售利润率', '资产负债率', '产权比率', '流动比率',
'应收账款周转率', '营业收入增长率', '净利润增长率']
scores20 = [1.42, 1.30, 1.31, 1.45, 0.68, 0.94, 1.06, 1.61]
dataLength = len(scores20)                             # 数据长度
# angles数组把圆周等分为dataLength份(linspace):线性等分向量
angles = np.linspace(0, 2*np.pi, dataLength, endpoint=False)
scores20.append(scores20[0])                           # 闭合
angles = np.append(angles, angles[0])                  # 闭合

# 在左边绘制极坐标图像
ax1 = fig.add_subplot(1, 2, 1, projection='polar')     # 指定绘制极坐标图
ax1.plot(angles, scores20, 'rv--', linewidth=1)
ax1.fill(angles, scores20, facecolor='y', alpha=0.5)   # 填充雷达图内部
angles = np.delete(angles, len(angles)-1)              # 设置角度网格标签
ax1.set_thetagrids(angles*180/np.pi, index_name, fontproperties='SimHei')
ax1.set_ylim(0.65, 1.65)
```

```
ax1.set_title('2020年业绩雷达图')
# 在右边绘制直角坐标图像
ax2 = fig.add_subplot(1, 2, 2)
ax2.plot(scores20[0:-1], marker='*', color='b')
ax2.set_xticks(range(len(index_name)))            # 设置刻度
ax2.set_xticklabels(index_name, rotation=30,fontsize='small')
                                                   # 设置刻度标签
ax2.set_ylim(0.65, 1.65)
ax2.set_title('2020年业绩折线图')
plt.tight_layout()    #使图填充整个图像区域
plt.show()
```

运行结果如图 13-20 所示。

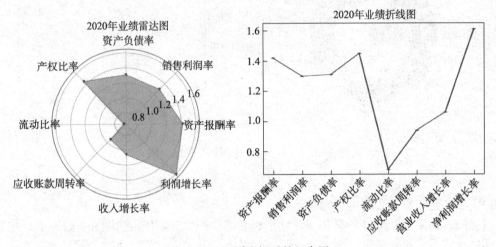

图 13-20　不同坐标系的组合图

13.4　Pandas 作图函数

使用 Matplotlib 可以完成绝大多数作图要求，但绘图流程略显复杂，如果对图的设置要求不是很精细，可以使用 DataFrame 对象提供的 plot()方法，其中集成了 x、y 轴数据、图形标题、图例、样式等参数，这样作图，代码比调用 Matplotlib 要简单许多。需要说明的是，直接使用 plot()方法作图内部仍然依赖于 Matplotlib 库，所以使用这种方法作图之前，一定要先安装 Matplotlib 库并将其导入，plot()方法的语法格式如下：

```
plot(x=None, y=None, kind='line', ax=None, subplots=False, sharex=None,
sharey=False, layout=None, figsize=None, use_index=True, title=None, grid=
None, legend=True, style=None, logx=False, logy=False, loglog=False, xticks=
None, yticks=None, xlim=None, ylim=None, rot=None, fontsize=None, colormap=
None, position=0.5, table=False, yerr=None, xerr=None, stacked=True/False,
sort_columns=False, secondary_y=False, mark_right=True, **kwds)
```

主要参数含义：

（1）x：设置 x 轴上显示的数据列，默认使用行索引；

（2）y：设置 y 轴上显示的数据列，默认为所有数值型列；

（3）kind：绘图类型，默认为折线图'line'，还可以是'bar'（柱状图），'barh'横向柱状图，'hist'（直方图，数据频率分布），'boxplot'（箱型图），'pie'（饼图），'scatter'（散点图）等；

（4）ax：选择子图区域，默认为 None；

（5）figsize：图形尺寸大小，元组形式（宽度、高度）；

（6）title：图形标题，字符串；

（7）legend：子图的图例显示，默认为 True；

（8）xticks/yticks：设置 x/y 轴的刻度；

（9）xlim/ylim：设置 x/y 轴的数值范围；

【例 13-17】文件 r'./data/data.xlsx'中存放某公司 2019—2020 年资产负债表和利润表，读取其中 sheet0 中的数据(资产负债表)，选取 2019 年数据，利用 DataFrame 对象的 plot()方法画出折线图。

```
import pandas as pd
from matplotlib import pyplot as plt
plt.rcParams['font.sans-serif'] = ['SimHei']   # 显示中文
plt.rcParams['axes.unicode_minus'] = False

df = pd.read_excel(r'./data/data.xlsx')
df = df[df['年']==2019]
df.drop('年', axis=1, inplace=True)            # 删除'年'那一列

df.plot(x='月', y=['平均流动资产','平均非流动资产','平均流动负债','平均非流动负债','平均所有者权益'], secondary_y=['平均流动负债','平均流动资产'], figsize=(12, 9), marker='^', title='资产负债表数据', linewidth=2,)
plt.xticks(list(range(len(df))))
plt.tight_layout()    #使图填充整个图像区域
plt.show()
```

运行结果如图 13-21 所示。如有需要，也可通过 plot()函数绘制组合图。

【例 13-18】将例 13-17 中的平均流动资产和平均流动负债绘制柱状图，其他三项数据绘制折线图，以组合图的形式展示。

```
import pandas as pd
from matplotlib import pyplot as plt
plt.rcParams['font.sans-serif'] = ['SimHei']   # 显示中文
plt.rcParams['axes.unicode_minus'] = False

df = pd.read_excel(r'./data/data.xlsx')
df = df[df['年']==2019]
df.drop('年', axis=1, inplace=True)            # 删除'年'那一列

fig, ax = plt.subplots(2, 1, figsize=(10, 10))
```

```
df.plot(x='月', y=['平均非流动资产','平均非流动负债','平均所有者权益'],
        figsize=(12, 9), marker='^', title='平均非流动资产、负债及所有者权益',
        linewidth=2, ax=ax[0])
df.plot('月', ['平均流动资产','平均流动负债'], kind='bar', ax=ax[1], rot=0,
        title='平均流动资产、负债')
plt.tight_layout()    #使图填充整个图像区域
plt.show()
```

运行结果如图 13-22 所示。

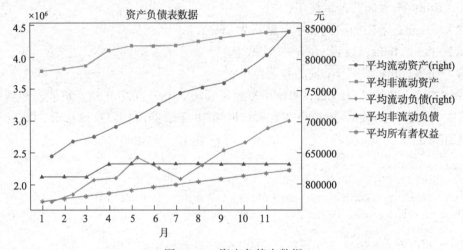

图 13-21　资产负债表数据

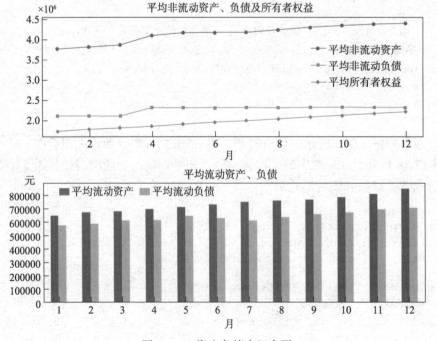

图 13-22　资产负债表组合图

13.5 财务案例实践

金牛食品有限公司位于金牛街 100 号，是一家批发销售软饮料的公司。批发销售软饮料行业市场潜力巨大，行业增速不断上升，市场竞争异常激烈。文件 r'./data/cwal1.xlsx' 中有两个 sheet，分别存放 2021 年销售明细表和利润表，读取并分析其中数据，做可视化呈现。要求：①找出销售收入前 15 的品牌；②按月汇总，求出每月的毛利及毛利率；③通过利润表，分析该公司的盈利结构。

（1）读取数据。

```
# df_xsmx,df_lrb 分别表示销售明细和利润表
df_xsmx, df_lrb = pd.read_excel(r'./data/cwal1.xlsx', sheet_name=None).values()
```

（2）分析数据。

```
# 2_01 找出销售收入前 15 的品牌
data_top15 = df_xsmx.groupby('商品名称').agg({'收入合计': 'sum'})  # 按品牌汇总
data_top15.sort_values('收入合计', ascending=False, inplace=True)
data_top15 = data_top15.iloc[:15]
data_top15['收入合计'] = data_top15['收入合计'].map(lambda x: round(x/10000, 2))

# 2_02# 按月汇总每个月的销售毛利及毛利率
data_ml = df_xsmx.groupby('月份')[['成本合计', '收入合计']].sum()
data_ml['销售毛利'] = data_ml['收入合计'] - data_ml['成本合计']
data_ml['销售毛利率'] = data_ml['销售毛利'] / data_ml['收入合计']

# 2_03 盈利结构分析
labels = ['营业成本', '销售费用', '管理费用', '财务费用', '利润', '税费', ]
taking = df_lrb['本年合计'][0]                        # 营业收入
# 营业成本、销售费用、管理费用、财务费用、利润
v_list = df_lrb['本年合计'][[1, 10, 13, 17, 31]]
v_list = v_list.reset_index(drop=True)
v_list[5] = df_lrb['本年合计'][2] + df_lrb['本年合计'][30]
```

（3）可视化呈现。

```
# 03_1 top15 柱状图
plt.figure(figsize=(12, 8))
x_ticks = [x[0:7] for x in list(data_top15.index)]  # 名称太长，截取一部分
values = data_top15['收入合计']
plt.bar(range(0, 15), data_top15['收入合计'], color='b')
for x, y in zip(range(0, 15), data_top15['收入合计']):
    plt.text(x - 0.3, y + 0.3, '%.1f' % y)
# 设置 x、y 轴标签和字体
```

```
plt.ylabel('销售收入（万元）', fontproperties='simhei', fontsize=14)
plt.title('热销商品Top-15', fontproperties='simhei', fontsize=18)
# 设置x轴刻度
plt.xticks(range(0, 15), x_ticks, fontproperties='KaiTi',
           fontsize=12, rotation=30)
plt.tight_layout()
plt.show()
```

销售收入前 15 的品牌可视化结果如图 13-23 所示。

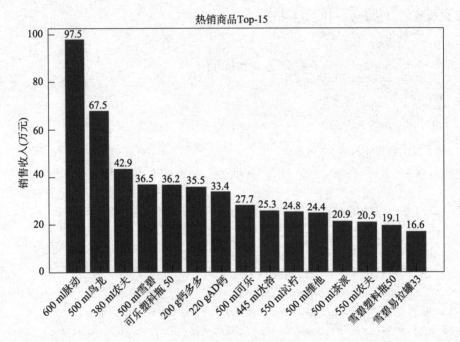

图 13-23　销售收入前 15 柱状图

```
# 03_2 毛利与毛利率
fig = plt.figure(figsize=(10, 8))
# 第一个轴域
ax1 = fig.add_subplot(111)
mll = [round(100*v, 2) for v in data_ml['销售毛利率']] # 转换成百分比
ax1.plot(range(1,13), mll, 'or-', label='毛利率')
for _x,_y in zip(range(12), mll):
    plt.text(_x+0.7, _y+0.05, _y, color='black', fontsize=10)
ax1.set_ylim(18, 21.5)
ax1.set_ylabel('销售毛利率(%)', fontproperties='simhei', fontsize=14)
ax1.set_xlabel('月份', fontproperties='simhei', fontsize=14)
ax1.set_xticks(range(13))
plt.legend(prop={'family': 'SimHei', 'size': 8}, loc='upper left')
# 第二个轴域
ax2 = ax1.twinx()
plt.bar(range(1,13), data_ml['销售毛利'], alpha=0.3, color='green',
```

```
label='毛利')
    ax2.set_ylabel('销售毛利(万)', fontproperties='simhei', fontsize=14)
    plt.legend(prop={'family': 'SimHei', 'size': 8}, loc='upper right')
    plt.title('销售毛利、毛利率', fontproperties='SimHei', fontsize=18)
    plt.tight_layout()
    plt.show()
```

运行结果如图13-24所示。

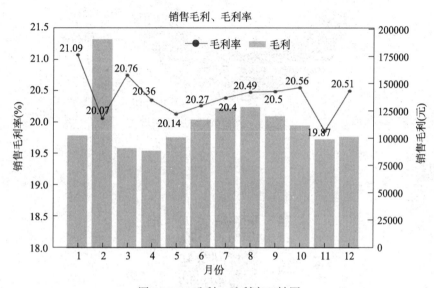

图 13-24　毛利、毛利率双轴图

```
# 03_3 盈利结构
# plt.rcParams['font.family'] = ['kaiti']    # 设置汉字默认字体
plt.figure(figsize=(8, 8))
plt.pie(v_list,
        labels=labels,
        autopct='%.2f%%',
        pctdistance=0.8,
        wedgeprops={'width': 0.4, 'linewidth': 1, 'edgecolor': 'w'},
                                                                        # 圆环
        textprops={'fontsize':14, 'fontproperties':'kaiti'}
        )

# plt.title('2021年各月净利润占比')
plt.text(-0.3, 0, '盈利结构', color='green', fontsize=36, fontproperties='simhei')
plt.text(-0.35, -0.15, '--节至 2021 年底', color='y', fontsize=24, fontproperties='kaiti')
plt.tight_layout()
plt.show()
```

运行结果如图13-25所示。

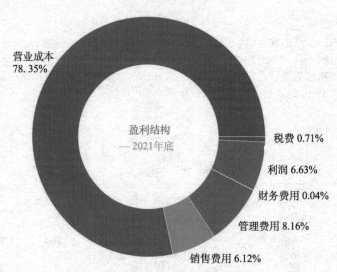

图 13-25　盈利结构环形饼状图

即测即练

自学自测　扫描此码

第 14 章

扩展库 Pyecharts 可视化

Echarts 是由百度公司开发的开源数据可视化工具，其凭借着良好的交互性、精巧的图表设计，得到了众多开发者的认可。而 Python 是一门富有表达力的语言，很适合用于数据处理。当数据分析遇上数据可视化时 Pyecharts 便诞生了，Pyecharts 功能非常强大，通过灵活的配置能轻松绘制出精美的图表，它还拥有众多地图文件及原生的百度地图，为地理数据可视化提供强有力的支持。

本章内容介绍如何通过 Pyecharts 绘制可视化视图，包括图形的参数配置、数据传递方式、图形的输出等。常用的图形包括折线图、条形图、箱形图、日历图、漏斗图、仪表盘、环形图等。

14.1 参数配置与运行环境

14.1.1 安装

除了使用 pip install 安装 Pyecharts 之外，如果还要使用相关地图做数据可视化，则需要安装以下扩展库。

echarts-countries-pypkg：世界地图和 213 个国家，包括中国的地图。

echarts-china-provinces-pypkg：中国 23 个省、5 个自治区、4 个直辖市以及 2 个特别行政区。

echarts-china-cities-pypkg：中国市级地图，约 370 个中国城市。

echarts-china-misc-pypkg：中国区域地图，11 个中国区域地图，如华南、华北等。

14.1.2 全局配置项

1. 基本元素配置

主要包括初始化配置项（InitOpts）、工具箱工具配置项（ToolBoxFeatureOpts）、工具箱配置项（ToolboxOpts）、标题配置项（TitleOpts）、区域缩放配置项（DataZoomOpts）、图例配置项（LegendOpts）、视觉映射配置项（VisualMapOpts）、提示框配置项（TooltipOpts），每一个配置项都有很多具体细节，使用的时候需按相关使用手册给予配置。

2. 坐标轴配置项

主要内容包括坐标轴轴线配置项（AxisLineOps）、坐标轴刻度配置项（AxisTickOpts）、坐标轴指示器配置项（AxisPointerOpts）、坐标轴配置项（AxisOpts）、单轴配置项（SingleAxisOpts）。

3. 原生图形配置项

主要内容包括原生图元素组件（GraphicGroup）、原生图配置项（GraphicItem）、原生图基础配置项（GraphicBasicStyleOpts）、原生图形状配置项（GraphicShapeOpts）、原生图形图片配置（GraphicImage）、原生图文本配置项（GraphicText）、原生图文本样式配置项（GraphicTextStyleOpts）、原生图矩形配置项（GraphicRect）等 8 个配置项。

14.1.3 系列配置项

1. 样式类配置项

主要包括图元样式（ItemStyleOpts）、文本样式（TextStyleOpts）、标签配置（LabelOpts）、线样式（LineStyleOpts）、分割线样式（SplitLineOpts）等 5 个配置项。

2. 标记类配置项

主要包括标记点数据项（MarkPointItem）、标记点配置项（MarkPointOpts）、标记线数据项（MarkLineItem）、标记线配置项（MarkLineOpts）、标记区域数据项（MarkAreaItem）、标记区域配置项（MarkAreaOpts）等 6 个配置项。

3. 其他类配置项

主要包括涟漪特效配置项（EffectOpts）、区域填充样式配置项（AreaStyleOpts）、分隔区域配置项（SplitAreaOpts）等 3 个配置项。

14.1.4 运行环境

可视化分析中，Pyecharts 可以生成 HTML 文件和图片，可以运行在 Jupyter Notebook、Jupyter Lab 或 pycharm、spyder 等环境下，但在输出结果时，不同的环境下略微有一些细小的差异。本节重点说明在 pycharm 和 Jupyter Notebook 环境下运行代码的情况。

1. 在 pycharm 环境下编辑并运行代码

Pyecharts 通过 render() 函数生成 HTML 文件，生成的 HTML 文件可以用浏览器打开，render() 函数参数为文件存储路径及文件名。

【例 14-1】 在 pycharm 里编写代码，生成 HTML 文件形式的视图结果。

```
from pyecharts.charts import Bar
from pyecharts import options as opts
bar = (
    Bar()                                                              # 柱状图
    .add_xaxis(['衬衫', '毛衣', '领带', '裤子', '风衣', '高跟鞋', '袜子'])  # x轴
```

```
    .add_yaxis('商家A', [23, 155, 65, 131, 67, 27, 112]) # 添加 y 轴数据 1
    .add_yaxis('商家B', [60, 132, 98, 112, 160, 90, 98]) # 添加 y 轴数据 2
    .set_global_opts(title_opts=opts.TitleOpts
                 (title='金牛商场 2022 年 5 月销售情况'))   # 设置 Title
)
bar.render(r'./html/例 14-1.html')
```

代码中,最后一行函数 render()的参数为输出视图结果的路径及文件名,本例中,将目标文件"例 14-1.html"生成后存储在当前目录下 html 文件夹中,将此文件在浏览器打开,显示如图 14-1 所示。

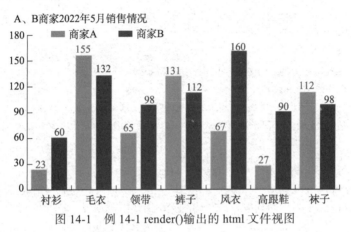

图 14-1　例 14-1 render()输出的 html 文件视图

2. Jupyter Notebook 编辑运行代码

在 Jupyter Notebook 环境中,除了能用 render()函数将视图以 html 文件的形式输出以外,还可以用 render_notebook()函数就地输出视图结果,代码编辑及运行结果如图 14-2 所示。

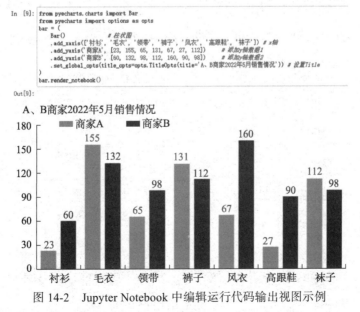

图 14-2　Jupyter Notebook 中编辑运行代码输出视图示例

14.2 基础绘图

14.2.1 折线图

折线图适合显示相同时间间隔的数据趋势，Pyecharts 中，绘制折线图用函数 line() 实现。

【例 14-2】 例 13-4 中的"毛利率"与"营业净利率"用 Pyecharts 里的折线图展示。

```
from pyecharts.charts import Line
from pyecharts import options as opts
import pandas as pd

df = pd.read_excel(r'./data/data1.xlsx')
df = df[df['年']==2020]
df['毛利率'] = df['毛利率'].map(lambda x: round(x, 3))
df['营业净利率'] = df['营业净利率'].map(lambda x: round(x, 3))
c = (
    Line()
    .add_xaxis([str(m)+'月' for m in df['月']])       # x 轴
    .add_yaxis('毛利率', df['毛利率'])                 # y 轴数据 1
    .add_yaxis('营业净利率',df['营业净利率'], is_smooth=True)
                                                      # y 轴数据 2 设置为光滑
    .set_global_opts(title_opts=opts.TitleOpts(title='毛利率、营业净利率对比分析', subtitle='2020 年经营状态'),
                     legend_opts=opts.LegendOpts(is_show=True)
                    )                                 # 标题、图例等设置
)
c.render(r'./html/例 14-2.html')                      # 输入 html 文件
```

使用浏览器打开"例 14-2.html"文件，如图 14-3 所示。

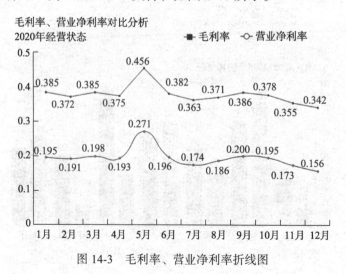

图 14-3 毛利率、营业净利率折线图

14.2.2 柱状图

柱状图也称为条形图，可分为垂直和水平两种形式，描述柱状图的要素有 3 个：组数、组宽度、组限，不同组之间是有空隙的。Pyecharts 中绘制柱状图使用 Bar()函数。

【例 14-3】 将例 13-5 中柱状图在 Pyecharts 中绘制，并标记各项数据的最大值、最小值及平均线。

```
from pyecharts.charts import Bar
from pyecharts import options as opts
import pandas as pd

df = pd.read_excel(r'./data/data1.xlsx')
df = df[df['年'] == 2019]
bar = (
    Bar()
    .add_xaxis([str(m)+'月' for m in df['月']])        # x轴
    .add_yaxis('毛利率', [round(v, 3) for v in df['毛利率']])
    .add_yaxis('营业净利率', [round(v, 3) for v in df['营业净利率']])
    .set_global_opts(title_opts=opts.TitleOpts(title="毛利率、
                     营业净利率对比", subtitle="--2019年"))
    .set_series_opts(
            label_opts=opts.LabelOpts(is_show=True),# 显示标签
            markpoint_opts=opts.MarkPointOpts(data=[opts.MarkPointItem(type_="max", name="最大"),opts.MarkPointItem(type_= "min", name="最小")]
                                              ),     #标记最高、最低值
            markline_opts=opts.MarkLineOpts(data=[opts.MarkLineItem(type_="average", name="均值")])
                     # 显示平均线
                     )
)
bar.render(r'./html/例14-3.html')
```

运行后生成"例 14-3.html"，在浏览器中打开，如图 14-4 所示。

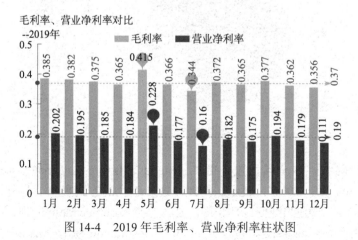

图 14-4　2019 年毛利率、营业净利率柱状图

14.2.3 饼状图

Pyecharts 中的饼状图用函数 Pie() 实现，还可以通过设置一些参数使之变成环形图或玫瑰图等。

【例 14-4】某大型手机综合商店国庆长假 7 天主要品牌手机销售结果统计如表 14-1 所示，绘制饼状图。

表 14-1 某大型手机综合商店国庆节手机销售情况

品牌名	Apple	Huawei	Xiaomi	Oppo	Vivo	Meizu
销售数量/台	10	167	102	120	118	89

```
from pyecharts.charts import Pie
from pyecharts import options as opts

cate = ['Apple', 'Huawei', 'Xiaomi', 'Oppo', 'Vivo', 'Meizu']
data = [10, 167, 102, 120, 118, 89]
pie = (
    Pie()
    .add('销售数量', [list(z) for z in zip(cate, data)])
    .set_global_opts(title_opts=opts.TitleOpts(title="手机店各品牌销售情况",
subtitle="国庆节期间"),
                     legend_opts=opts.LegendOpts(orient='vertical', pos_top=
'35%', pos_left='10%'))   # 设置图例垂直显示在左边
    .set_series_opts(label_opts=opts.LabelOpts(formatter="{b}: {c}"))
)
pie.render(r'./html/例14-4.html')
```

在浏览器中打开"例 14-4.html"，如图 14-5 所示。

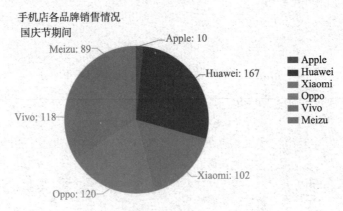

图 14-5 各品牌手机销售状况饼状图

例 14-4 代码中，在全局设置中增加 legend_opts=opts.LegendOpts(orient='vertical', pos_top='35%', pos_left='10%')，表示图例以左边、垂直的方式显示。另外，.add() 中加入参数 radius=["40%", "70%"] 则变成环状图，加入参数 rosetype="radius" 则变成玫瑰图，最后一项系列设置变成 :.set_series_opts(label_opts=opts.LabelOpts(formatter="{b}: {d}%")),

则图中不显示原始数据，取而代之的是百分比，结果如图 14-6 所示。

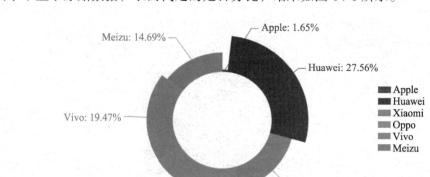

图 14-6　各品牌手机销售状况环形饼状图

14.2.4　箱线图

Pyecharts 中的箱线图，除了反映数据分布特征外，还可以把多组数据分布特征在一个视图中刻画并比较，Pyecharts 中绘制箱线图用 Boxplot()函数。

【例 14-5】 文件 r'./data/data2.xlsx'中存放的是 5 位销售经理 2020 年、2021 年各月销售业绩，利用 pyecharts 中的 Boxplot()函数分别将 2020 年、2021 年数据绘制箱线图展示。

```
from pyecharts.charts import Boxplot
from pyecharts import options as opts
import pandas as pd

df = pd.read_excel(r'./data/data2.xlsx')
y_axis2020 = []                          # 数据准备
for c in df.columns[2:]:
    y_axis2020.append(list(df[df['年份']==2020][c]))
y_axis2021 = []
for c in df.columns[2:]:
    y_axis2021.append(list(df[df['年份']==2021][c]))

box = (
    Boxplot()
    .add_xaxis(list(df.columns)[2:])
    .add_yaxis('2020年', Boxplot.prepare_data(y_axis2020))
    .add_yaxis('2021年', Boxplot.prepare_data(y_axis2021))
    .set_global_opts(title_opts=opts.TitleOpts(title='各销售经理数据',
subtitle='2020-2021年')
                    )
)
box.render(r'./html/例14-5.html')
```

运行结果如图 14-7 所示。这里需要说明的是，本函数的数据格式要求稍有特别，注意代码中 y_axis2020 和 y_axis2021 两个列表的构造过程。另外，在.add_yaxis()中，还需要调用 Boxplot.prepare_data()函数进行参数传递。

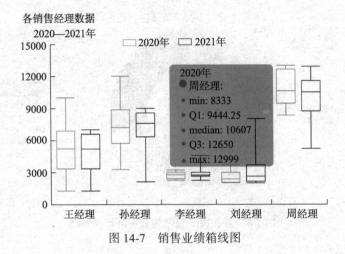

图 14-7　销售业绩箱线图

14.2.5　双轴图

Pyecharts 中，也可以通过参数设置以及图形组合，绘制双坐标轴图形，简称双轴图。

【例 14-6】 某企业产品销往全国各地，文件 r'./data/data5.xlsx'中存储了该企业 2021 年全年及 2022 年 1 月 1 日—2022 年 9 月 30 日销售数据，要求销售额和利润额用柱状图、销售数量用折线图，在同一视图中展示 2021 年全年数据。

```
from pyecharts.charts import Bar,Line
from pyecharts import options as opts
import pandas as pd

df = pd.read_excel(r'./data/data5.xlsx')     # 读取数据
df = df['年份'==2021]
bar = (
    Bar(init_opts=opts.InitOpts(width='800px', height='550px',))
    .add_xaxis(df['地区'].to_list())
    .add_yaxis('销售额', df['销售额(万)'].to_list())
    .add_yaxis('利润额', df['利润额(万)'].to_list())
    .extend_axis(yaxis=opts.AxisOpts(axislabel_opts=opts.LabelOpts(formatter='{value}件'), interval=500))
    .set_series_opts(label_opts=opts.LabelOpts(is_show=False))
    .set_global_opts(title_opts=opts.TitleOpts(title='区域销售业绩比较',subtitle='2021年企业经营状况'),
                     yaxis_opts=opts.AxisOpts(axislabel_opts=opts.LabelOpts(formatter='{value}万元'), interval=30))
                     )

)
line = (
    Line()
    .add_xaxis(df['地区']).add_yaxis('销售数量', df['销售数量(件)'].to_list(), yaxis_index=1)
```

```
)
bar.overlap(line)
bar.render(r'./html/例14-6.html')
```

运行结果如图14-8所示：

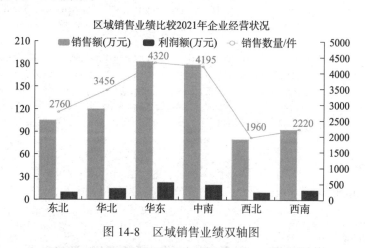

图14-8 区域销售业绩双轴图

14.3 高级绘图

除了基本图形外，Pycharts还可以绘制一些比较复杂的视图，包括仪表盘、漏斗图、词云图、水球图、地图等。

14.3.1 漏斗图

漏斗图又叫倒三角图，适用于业务流程比较规范、周期长、环节多的流程分析，通过漏斗各环节业务数据的比较，能够直观地发现和说明所跟踪流程的健康状况及问题所在，还可以应用于对数据从某个维度上进行动态比较。Pyecharts中绘制漏斗图使用Funel()函数。

【例14-7】 2021年上半年某大型商超线上购物平台，访问、注册、加入购物车、提交订单、付款成功的数据统计及各环节单一转换率和总体转换率都存储于'./data/data6.xlsx'中，读取表中数据，绘制漏斗图，观察此线上购物平台客户发展状况。

```
from pyecharts.charts import Funnel
from pyecharts import options as opts
import pandas as pd

df = pd.read_excel(r'./data/data6.xlsx')   # 读取数据
# 数据准备，可根据需求改变
attr_values = df['人数'].to_list()
cate = df['环节'].to_list()
trans = df['总体转换率'].to_list()
attr_labels = [c + ':' + str(round(t*100, 2)) + '%' for c, t in zip(cate,
               trans)]
```

```
funnel = (
    Funnel()
    .add("用户数", [list(z) for z in zip(attr_labels, attr_values)],
        sort_='descending',  # sort='descending' 默认值,顶点向下
        label_opts=opts.LabelOpts(position="outside", formatter='{b}'),
                            # outside:label 显示位置
        )
    .set_global_opts(title_opts=opts.TitleOpts(title="线上购物各环节数据",
title_textstyle_opts=(opts.TextStyleOpts(color='green',font_size=20,
font_weight='bold',font_family='Microsoft YaHei'))), subtitle="2021 上半年"),
            legend_opts=opts.LegendOpts(orient='vertical',
pos_top='35%', pos_left='10%')
        )
)
funnel.render(r'./html/例 14_7.html')
```

运行结果如图 14-9 所示。

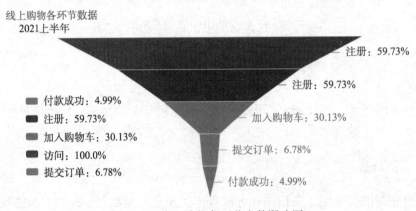

图 14-9 线上购物各环节人数漏斗图

本例中，在图中显示了总体转换率，注意代码中数据准备阶段对 Funnel()函数所需数据的构造过程，如果需要，读者可以尝试自己调整代码，在图中显示单一转换率或绝对数字。另外，本例中增加了对 Title 的详细设置，包括字体的样式、颜色、大小等。

14.3.2 仪表盘

仪表盘也被称为拨号图或速度表图，因其显示结果类似拨号电话表盘或速度仪上的数据而得名，仪表盘的颜色可以用来划分指示值的类别，使用刻度标示数据，指针指示维度，指针角度表示数值。

仪表盘只需分配最小值和最大值，并定义一个颜色范围，指针会显示出关键指标的数据或当前角度。仪表盘可用于速度、体积、温度、进度、完成率、满意度等。Pyecharts 库中绘制仪表盘使用函数 Gauge()实现。

【例 14-8】结合例 14-6 中文件'r./data/data5.xlsx'中某企业 2021 年全年、2022 年前三季度数据。企业计划 2022 年销售额、利润额和销售数量都比 2021 年增加 10%，要求用

仪表盘展示 2022 年前三季度销售额完成情况。

```python
from pyecharts.charts import Gauge
from pyecharts import options as opts
import pandas as pd
df = pd.read_excel(r'./data/data5.xlsx')                       # 读取数据
plan_quantity = 1.1 * df[df['年份']==2021]['销售额(万)'].sum()
                                                                # 计划销售额
real_quantity = df[df['年份'] == 2022]['销售额(万)'].sum()
                                                                # 已完成销售额
percent = round(100*(real_quantity/plan_quantity), 1)   # 完成百分比
g = (
    Gauge()                                                     # 绘制仪表盘图
    .add("", [("完成率", percent)],
        axisline_opts=opts.AxisLineOpts(
            linestyle_opts=opts.LineStyleOpts(
                color=[(0.3, "#67e0e3"),
                       (0.7, "#37a2da"),
                       (1, "#fd666d")],
                width=30)),
        detail_label_opts=opts.GaugeDetailOpts(offset_center=[0, "30%"],
                                formatter='{value}%',
                                color='green')
    )
    .set_global_opts(title_opts=opts.TitleOpts(
                title="企业销售额完成情况",
                pos_left='center',
                title_textstyle_opts=opts.TextStyleOpts(
                    color="blue",                               # 主标题颜色
                    font_weight="bold")                         # 字体加粗
                ),
                legend_opts=opts.LegendOpts(is_show=False),
    )
)
g.render(r'./html/例14-8.html')
```

运行结果如图 14-10 所示。

本例中只显示了销售额完成进度，稍加改变便可展示利润额和销售数量，另外，本例中有对 Title 位置的设置及仪表盘三段不同颜色的手动设置。

14.3.3 地图

在数据分析过程中，会经常看到一些运用地图来分析展示商业数据的现象，这种利用地图来反映和分析数据的形式叫数据地图。在商务数据分析过程中，数据地图是很直观的可视化表达形式。例如：

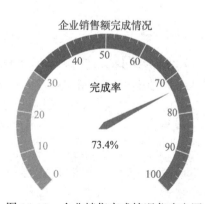

图 14-10　企业销售完成情况仪表盘图

利用地图展示各区域销售额、利润等；展示全国仓库分布和运输状况以优化运输网络；统计商场人流量及分布，用热力地图展示、指导门店分布和引流措施以及投放精准广告等应用场景。

类似以上的场景，地图的展示无疑会比单纯的表格直观形象很多，作为更专业的应用，数据地图还在人群分布、市场容量预测、物流路径规划和供应链管理、门店选址分析等方面有着广阔的应用前景。

【例14-9】 文件'./data/data7.xlsx'存放有各省份2010—2019年GDP值，绘制全国各省GDP地图，分别展示2010年、2015年、2019年数据。

```python
from pyecharts import options as opts
from pyecharts.charts import Map
import pandas as pd

df = pd.read_excel(r'./data/data7.xlsx')
provinces = df['province'].tolist()
gdp_19 = df['2019-gdp'].tolist()
gdp_10 = df['2019-gdp'].tolist()
gdp_15 = df['2015-gdp'].tolist()
max_gdp19 = max(gdp_19)
min_gdp19 = min(gdp_19)

map = (
    Map()
    .add('2019', [list(z) for z in zip(provinces, gdp_19)],
            maptype='china')
    .add('2015', [list(z) for z in zip(provinces, gdp_15)],
            maptype='china', is_selected=False)
    .add('2010', [list(z) for z in zip(provinces, gdp_10)],
            maptype='china', is_selected=False)
    .set_global_opts(title_opts=opts.TitleOpts(title="全国地图",
                        subtitle='GDP'),
                    legend_opts=opts.LegendOpts(is_show=True),
                    visualmap_opts=opts.VisualMapOpts(max_=max_gdp19,
                                                     min_=min_gdp19,
                                                     is_piecewise=False),
                    graphic_opts=True
    )
)
map.render(r"./html/例14-9.html")
```

【例14-10】 文件'./data/data8.xlsx'中存放有甘肃省各市GDP、人口等信息，选取"常住人口"数据项，绘制甘肃省人口地图。

```python
from pyecharts import options as opts
from pyecharts.charts import Map
import pandas as pd
df = pd.read_excel(r'./data/data8.xlsx')
cities = df['省市'].to_list()[1:]    # 去掉全省数据
population = df['常住人口(万)'].to_list()[1:]
max_add_value = max(population)
min_add_value = min(population)
```

```
gs_map = (
    Map()
    .add('常住人口(万)', [z for z in zip(cities, population)], maptype='
        甘肃')
    .set_colors(colors='#000')
    .set_global_opts(
                title_opts=opts.TitleOpts(title="甘肃省各市人口地图"),
                visualmap_opts=opts.VisualMapOpts(
                    max_=max_add_value,
                    min_=min_add_value,
                    is_piecewise=True),
                legend_opts=opts.LegendOpts(is_show=False)
                )
)
gs_map.render("./html/例14-10.html")
```

【例 14-11】 2021 年庆阳市各县区 GDP 总量统计结果如表 14-2 所示，绘制庆阳市各县区 GDP 地图。

表 14-2 2021 年庆阳市各县区 GDP

县区	西峰区	环县	华池	庆城	镇原	宁县	合水	正宁
GDP 总量/亿元	283.8	129.57	117.85	94.17	93.18	71.11	68.14	27.41

```
from pyecharts import options as opts
from pyecharts.charts import Map

counties = ['西峰区', '环县', '华池县', '庆城县', '镇原县', '宁县', '合水县',
            '正宁县']
GDP = [283.8, 129.57, 117.85, 94.17, 93.18, 71.11, 68.14, 27.41]
pieces = []
for c, g in zip(counties, GDP):        # 构造 pieces 参数的值
    dic={}
    dic.update({'value':g,'label':c + ':' + str(g)})
    pieces.append(dic)

qy_map = (
    Map()
    .add("", [list(z) for z in zip(counties, GDP)], "庆阳")
    .set_global_opts(
        title_opts=opts.TitleOpts(title="庆阳市——2021 年 GDP",
                                   pos_left='35%'),
        visualmap_opts=opts.VisualMapOpts(
            range_text=('总量(亿)', ''),
            is_piecewise=True,
            pos_top='30%',              #相对于顶部的百分比
            pos_left='15%',
            pieces=(pieces)
            )
        )
)
qy_map.render(r'./html/例14-11.html')
```

14.3.4 词云图

词云（word cloud），又称文字云、关键词云（keyword cloud），是文本数据的一种可视化展现方式，一般是由文本数据中提取的词汇组成某些彩色图形。词云图的核心价值在于以高频关键词的可视化表达来传达大量文本数据背后的有价值的信息。词云图的特点是在视觉上更有冲击力，在内容上更直接，应用范围广，制作门槛低。Pyecharts 中，词云图用函数 WordCloud()实现。

【例 14-12】 文件'./data/data10.xlsx'中存放有××航空公司 2019 年、2020 年、2021 年公司年报分词后统计的词频信息。读取数据，选取每年词频前 30 的词，作出这三年的年报词云图，并通过词云图分析公司业务变化情况。

```
import pyecharts.options as opts
from pyecharts.charts import WordCloud
import pandas as pd

df = pd.read_excel(r'./data/data10.xlsx', sheet_name=0)
data_list = [(r['word'], r['freq']) for i, r in df.iterrows()][0:30]
                                    # 取前 30 个词
c = (
    WordCloud()
    .add(
        series_name="热点分析",          # 系列名称，用于 tooltip 的显示
        data_pair=data_list,           # 系列数据项，[(word1, count1), (word2,
                                                                count2)]
        word_size_range=[6, 66],       # 单词字体大小范围
    )
    # 全局配置项
    .set_global_opts(
        # 标题设置
        title_opts=opts.TitleOpts(
            title="2019 年词云",
            pos_left='43%',
            pos_top='16%',
            title_textstyle_opts=opts.TextStyleOpts(font_size=20)
        ),
        tooltip_opts=opts.TooltipOpts(is_show=True),# 提示框设置
    )
    .render(r"./html/例 14-12_1.html")
)
```

2019 年××航空公司年报中频次最高的词为"投资"和"资产"，2020 年频次最多的词在 2019 年的基础上增加了"价值"，而 2021 年频次最高的词则为"资产""负债"和"租赁"，且又增加了"疫情"一词。根据词云图变化情况，能发现 2021 年××航空公司年报中"租赁"一词频次达到最高，说明公司在 2021 年度报告中重点披露了公司租赁方面的业务，如图 14-11 所示。而航空公司在租赁方面大多是飞机租赁，说明该公司较前两年更加关注飞机租赁，也反映出"疫情"的出现导致公司经营受阻，资金不足，从而负债增加，以及在飞机的获得方式上更倾向于租赁。

图 14-11　××航空公司年报词云图

14.3.5　水球图

水球图和仪表盘有些类似，属于填充仪表盘类，它是动态效果图，像水流一样波动，看起来比较形象，一般用于生动地展示单个百分比数据、评分数据或业务完成率等。Pyecharts 库中绘制水球图使用函数 Liquid()实现。

【**例 14-13**】结合文件'./data/data5.xlsx'中某企业 2021 年全年、2022 年前三季度数据。企业计划 2022 年利润额比 2021 年增加 10%，用水球图展示 2022 年前三季度利润额完成情况。

```
from pyecharts.charts import Liquid
from pyecharts import options as opts
import pandas as pd

df = pd.read_excel(r'./data/data5.xlsx')              # 读取数据
plan_quantity = 1.1 * df[df['年份']==2021]['利润额(万)'].sum()
                                                      # 计划利润额
real_quantity = df[df['年份'] == 2022]['利润额(万)'].sum()  # 完成利润额
percent = round(real_quantity/plan_quantity, 3)       # 完成百分比

liquid = (
    Liquid()
    .add([""], [percent], is_outline_show=True,
        outline_border_distance=5,
        center=['50%', '50%'],
    )
    .set_global_opts(title_opts=opts.TitleOpts(title="前三季度利润额完成进度",
pos_left="center",
pos_top='15%'))
    )
liquid.render("./html/例 14-13.html")
```

运行结果如图 14-12 所示。

图 14-12　利润额完成情况水球图

14.4 财务案例实践

金牛餐饮公司是一家以经营兰州牛肉面为主的甘肃特色食品大型跨省直营餐饮企业，截至 2021 年底，全国连锁店已达 300 多家。公司 2019—2021 年经营信息存储于"cwal2.xlsx"文件，其中有 4 个 sheet，分别表示 2019 年、2020 年、2021 年营业收入明细及门店所属省份。读取文件中数据，分析经营情况。要求：①统计每一年全国各省份门店数量；②统计每年各省份营业收入总额并排名；③按月份统计各月销售总额。

（1）读取、合并数据。

```
df19, df20, df21, df_pro = pd.read_excel(r'./data/cwal2.xlsx',
                                    sheet_name=None).values()
df19 = pd.merge(df19, df_pro, on='门店')  # 连接数据
df20 = pd.merge(df20, df_pro, on='门店')
df21 = pd.merge(df21, df_pro, on='门店')
```

这里 read_excel()函数的参数 sheet_name=None，表示读取 excel 文件中的所有 sheet，返回字典对象，keys()为 sheet 的 name，values()则为 sheet 的内容。

（2）数据分析。

```
# 求各门店营业收入合计
df19['收入合计'] = df19.loc[:, "1月":"12月"].sum(axis=1)
df20['收入合计'] = df20.loc[:, "1月":"12月"].sum(axis=1)
df21['收入合计'] = df21.loc[:, "1月":"12月"].sum(axis=1)
# 按省份分组，统计各省份门店数量及营业收入合计
df_2019_income = df19.groupby('省份').agg({'门店': 'count', '收入合计': 'sum'})
df_2020_income = df20.groupby('省份').agg({'门店': 'count', '收入合计': 'sum'})
df_2021_income = df21.groupby('省份').agg({'门店': 'count', '收入合计': 'sum'})
# 求每个月的营业收入合计
df19_month_sum = df19.loc[:, '1月':'12月'].sum(axis=0)
df20_month_sum = df20.loc[:, '1月':'12月'].sum(axis=0)
df21_month_sum = df21.loc[:, '1月':'12月'].sum(axis=0)
# 各省门店地图数据准备
mapdata_19 = [z for z in zip(df_2019_income.index, df_2019_income['门店'])]
max19, min19 = max(df_2019_income['门店']), min(df_2019_income['门店'])
mapdata_20 = [z for z in zip(df_2020_income.index, df_2020_income['门店'])]
max20, min20 = max(df_2020_income['门店']), min(df_2020_income['门店'])
mapdata_21 = [z for z in zip(df_2021_income.index, df_2021_income['门店'])]
max21, min21 = max(df_2021_income['门店']), min(df_2021_income['门店'])
```

（3）可视化呈现。

①全国门店数量地图。

```
timeline_map = Timeline()
map19 = (
    Map()
```

```python
        .add('2019', mapdata_19, maptype='china')
        .set_global_opts(title_opts=opts.TitleOpts(title="全国地图"),
                legend_opts=opts.LegendOpts(is_show=False),
                visualmap_opts=opts.VisualMapOpts(max_=max19,
                                                  min_=min19,
                                                  is_piecewise=False)
                )
)
map20 = (
    Map()
        .add('2020', mapdata_20, maptype='china')
        .set_global_opts(title_opts=opts.TitleOpts(title="全国地图"),
                legend_opts=opts.LegendOpts(is_show=False),
                visualmap_opts=opts.VisualMapOpts(max_=max20,
                                                  min_=min20,
                                                  is_piecewise=False)
                )
)
map21 = (
    Map()
        .add('2019', mapdata_21, maptype='china')
        .set_global_opts(title_opts=opts.TitleOpts(title="全国地图"),
                legend_opts=opts.LegendOpts(is_show=False),
                visualmap_opts=opts.VisualMapOpts(max_=max21,
                                                  min_=min21,
                                                  is_piecewise=False)
                )
)
timeline_map.add(map19, '2019')
timeline_map.add(map20, '2020')
timeline_map.add(map21, '2021')
timeline_map.render(r'./html/实践14-1.html')
```

②各省营业收入总额排名玫瑰图。

```python
# 数据准备
df_2019_income.sort_values(by='收入合计', inplace=True)  # 按收入排序
df_2020_income.sort_values(by='收入合计', inplace=True)
df_2021_income.sort_values(by='收入合计', inplace=True)
income19 = [z for z in zip(df_2019_income.index, df_2019_income['收入合计'])]
income20 = [z for z in zip(df_2020_income.index, df_2020_income['收入合计'])]
income21 = [z for z in zip(df_2021_income.index, df_2021_income['收入合计'])]

timelint_map = Timeline()
pie19 =(
    Pie()
        .add('2019年营业收入', income19, rosetype='area')
        .set_global_opts(title_opts=opts.TitleOpts(title='各省营业收入排行',
                                                    pos_left='center'),
                        legend_opts=opts.LegendOpts(pos_left='5%',
                                                     pos_top='10%',
                                                     orient='vertical')
                        )
```

```
)
pie20 = (
    Pie()
    .add('2020年营业收入', income20)
)
pie21 = (
    Pie()
    .add('2021年营业收入', income21)
)

timelint_map.add(pie19, '2019年收入')
timelint_map.add(pie20, '2020年收入')
timelint_map.add(pie21, '2021年收入')
timelint_map.render(r'./html/实践14-2.html')
```

③各月销售收入折线图。

```
data19 = list(map(lambda x: round(x/1000000, 2), df19_month_sum))
data20 = list(map(lambda x: round(x/1000000, 2), df20_month_sum))
data21 = list(map(lambda x: round(x/1000000, 2), df21_month_sum))

line = (
    Line()
    .add_xaxis(list(df19_month_sum.index))            # x轴
    .add_yaxis('19年', data19)                         # y轴数据1
    .add_yaxis('20年', data20)
    .add_yaxis('21年', data21)
    .set_global_opts(title_opts=opts.TitleOpts(title='月度合计'),
                legend_opts=opts.LegendOpts(is_show=True),
                yaxis_opts=opts.AxisOpts(min_=120,
                 axislabel_opts=opts.LabelOpts(formatter='{value}万元'))
                )                                     # 标题、图例等设置
)
line.render(r'./html/实践14-3.html')
```

运行结果如图14-13所示。

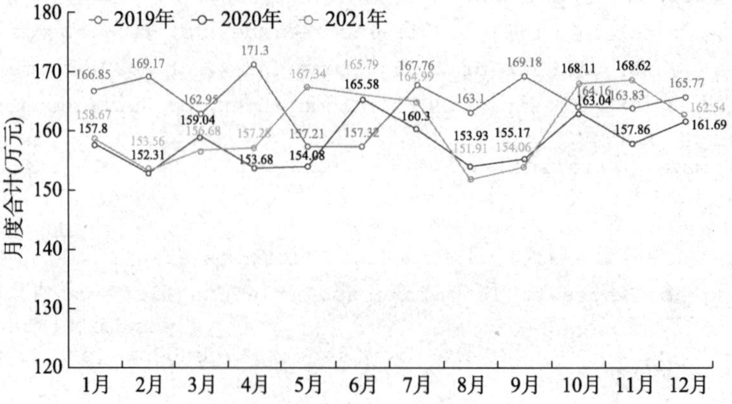

图14-13 月度营业收入

思考练习题

填空题

1. Pyecharts 的全局配置项包括基本元素配置项、原生图形配置项及_____。

2. Pyecharts 的系列配置项包括模式类配置项、_____、其他类配置项。

3. Pyecharts 扩展库中，绘制折线图用到的函数名称是_____。

4. Pyecharts 扩展库中，绘制环形饼状图用到的函数名称是_____。

5. 基本配置项中的 InitOpts 为初始化配置项，其用于设置画布宽度和高度的参数是_____和_____。

6. 基本配置项中的 TitleOpts 为标题配置项，其中用于设置标题内容的参数是_____，用于设置副标题内容的参数是_____，参数 title_textstyle_opts 用来设置_____样式。

7. 基本配置项 LegendOpts 中，用来设置是否显示图例组件的参数是_____。

8. 坐标轴轴线配置项 AxisLineOpts 中，用来设置轴线两边箭头的参数是_____。

9. 坐标轴刻度配置项 AxisTickOpts 中，用来设置坐标轴刻度朝内、外的参数是_____，设置坐标轴刻度长度的是_____。

10. 原生图形配置项 GraphicItem 中，设置坐标轴平移的参数是_____，设置坐标轴旋转角度的参数是_____。

即测即练

自学自测 扫描此码

财务大数据决策篇

　　财务决策是企业日常经营管理中极为重要的一部分，随着大数据、云会计、物联网等技术的兴起，大数据背景下的财务决策逐渐成为会计领域的热点。财务大数据决策是一种"场景+数据+算法"的协同形态，本篇以项目投资决策、本量利分析、预算管理、财务风险预警4个财务决策场景为例，展示财务大数据决策的流程，提升读者对财务场景、数据、算法模型的理解及分析工具的应用能力。

第 15 章

项目投资决策

15.1 投资管理

投资管理,指企业根据自身战略发展规划,以企业价值最大化为目标,对将资金投入营运进行的管理活动。

企业进行投资管理,一般应遵循以下原则。

(1)价值创造原则。投资管理应以持续创造企业价值为核心。

(2)战略导向原则。投资管理应符合企业发展战略与规划,与企业战略布局和结构调整方向相一致。

(3)风险匹配原则。投资管理应确保投融资对象的风险状况与企业的风险综合承受能力相匹配。

15.2 贴现现金流法

贴现现金流法,是以明确的假设为基础,选择恰当的贴现率对预期的各期现金流入、流出进行贴现,通过贴现值的计算与比较,为财务合理性提供判断依据的价值评估方法。

企业应用贴现现金流法,一般按以下程序进行:

(1)估计贴现现金流法的 3 个要素,即贴现期、现金流、贴现率。

(2)在贴现期内,采用合理的贴现率对现金流进行贴现。

(3)进行合理性判断。

(4)形成分析报告。

应用贴现现金流法进行项目投资决策,应充分考虑标的特点、所处市场因素波动的影响及有关法律法规的规定等,合理确定贴现期限,确保贴现期与现金流发生期间相匹配。需要充分考虑并分析项目的资本结构、经营状况、历史业绩、发展前景,影响项目运行的市场行业因素和宏观经济因素,合理预测项目的现金流。贴现率应根据市场回报率和实际的项目本身的预期风险来决定。

15.3 投资决策实训项目

业务场景：华联公司考虑投资一个项目，项目经理需要评估投资计划是否可行。该项目建设期为 2 年，第一年年初投资 600 万元，第二年年初投资 400 万元，共计总投资 1000 万元。该项目投产后预计每年销售收入，付现成本及折旧与摊销如表 15-1 所示（数据存储于当前目录下 data 文件夹中'data1.xlsx'）中，华联公司适用的企业所得税税率为 25%，项目预期投资回报率为 10%。

表 15-1 销售收入、付现成本及折旧与摊销　　　　　　（单位：万元）

投产后每年年末	销售收入	付现成本	折旧与摊销
1	600	400	150
2	800	500	150
3	1 000	600	150
4	1 200	700	150
5	1 250	800	150
6	1 100	900	150

思路分析：使用净现值法评估华联公司投资该项目的可行性，先计算各期现金净流量，再通过折现系数将其折现，得到项目的净现值。若项目净现值大于等于零，则表明该项目是具备财务可行性（Jupyter Notebook 里调试代码及运行结果）。

1. 导入模块、读取数据

```
import pandas as pd
df = pd.read_excel(r'D:\财务大数据分析与决策\财务决策篇\data\data1.xlsx')
df
```

运行结果：

	年度	初始投资	销售收入	付现成本	折旧与摊销
0	0~1	600	0	0	0
1	1~2	400	0	0	0
2	2~3	0	0	0	0
3	3~4	0	600	400	150
4	4~5	0	800	500	150
5	5~6	0	1 000	600	150
6	6~7	0	1 200	700	150
7	7~8	0	1 250	800	150
8	8~9	0	1 100	900	150

2. 计算各年营业利润

```
df['营业利润'] = df['销售收入'] - df['付现成本'] - df['折旧与摊销']
df
```

运行结果：

	年度	初始投资	销售收入	付现成本	折旧与摊销	营业利润
0	0~1	600	0	0	0	0
1	1~2	400	0	0	0	0
2	2~3	0	0	0	0	0
3	3~4	0	600	400	150	50
4	4~5	0	800	500	150	150
5	5~6	0	1 000	600	150	250
6	6~7	0	1 200	700	150	350
7	7~8	0	1 250	800	150	300
8	8~9	0	1 100	900	150	50

3. 计算各年所得税费用

```
df['所得税'] = df['营业利润'] * 0.25
df
```

运行结果：

	年度	初始投资	销售收入	付现成本	折旧与摊销	营业利润	所得税
0	0~1	600	0	0	0	0	0.0
1	1~2	400	0	0	0	0	0.0
2	2~3	0	0	0	0	0	0.0
3	3~4	0	600	400	150	50	12.5
4	4~5	0	800	500	150	150	37.5
5	5~6	0	1 000	600	150	250	62.5
6	6~7	0	1 200	700	150	350	87.5
7	7~8	0	1 250	800	150	300	75.0
8	8~9	0	1 100	900	150	50	12.5

4. 计算各年税后营业利润

```
df['税后营业利润'] = df['营业利润'] - df['所得税']
df
```

运行结果：

	年度	初始投资	销售收入	付现成本	折旧与摊销	营业利润	所得税	税后营业利润
0	0~1	600	0	0	0	0	0.0	0.0
1	1~2	400	0	0	0	0	0.0	0.0
2	2~3	0	0	0	0	0	0.0	0.0
3	3~4	0	600	400	150	50	12.5	37.5
4	4~5	0	800	500	150	150	37.5	112.5
5	5~6	0	1 000	600	150	250	62.5	187.5
6	6~7	0	1 200	700	150	350	87.5	262.5
7	7~8	0	1 250	800	150	300	75.0	225.0
8	8~9	0	1 100	900	150	50	12.5	37.5

5. 计算现金净流量

```
df['现金净流量'] = df['税后营业利润'] + df['折旧与摊销'] - df['初始投资']
df
```

运行结果:

	年度	初始投资	销售收入	付现成本	折旧与摊销	营业利润	所得税	税后营业利润	现金净流量
0	0~1	600	0	0	0	0	0.0	0.0	-600.0
1	1~2	400	0	0	0	0	0.0	0.0	-400.0
2	2~3	0	0	0	0	0	0.0	0.0	0.0
3	3~4	0	600	400	150	50	12.5	37.5	187.5
4	4~5	0	800	500	150	150	37.5	112.5	262.5
5	5~6	0	1 000	600	150	250	62.5	187.5	337.5
6	6~7	0	1 200	700	150	350	87.5	262.5	412.5
7	7~8	0	1 250	800	150	300	75.0	225.0	375.0
8	8~9	0	1 100	900	150	50	12.5	37.5	187.5

6. 计算折现系数

```
# 第n年的折现系数 Rn= 1/[（1+折现率）]^n =（1+10%）-n
df['折现系数'] = (1+0.1) ** (-df.index)
df['折现系数'] = df['折现系数'].round(3)    # 保留小数点后3位
df
```

运行结果:

	年度	初始投资	销售收入	付现成本	折旧与摊销	营业利润	所得税	税后营业利润	现金净流量	折现系数
0	0~1	600	0	0	0	0	0.0	0.0	-600.0	1.000
1	1~2	400	0	0	0	0	0.0	0.0	-400.0	0.909
2	2~3	0	0	0	0	0	0.0	0.0	0.0	0.826
3	3~4	0	600	400	150	50	12.5	37.5	187.5	0.751
4	4~5	0	800	500	150	150	37.5	112.5	262.5	0.683
5	5~6	0	1 000	600	150	250	62.5	187.5	337.5	0.621
6	6~7	0	1 200	700	150	350	87.5	262.5	412.5	0.564
7	7~8	0	1 250	800	150	300	75.0	225.0	375.0	0.513
8	8~9	0	1 100	900	150	50	12.5	37.5	187.5	0.467

7. 计算各年折现现金净流量

```
df['折现现金净流量'] = (df['现金净流量'] * df['折现系数']).round(2)
df
```

运行结果:

	年度	初始投资	销售收入	付现成本	折旧与摊销	营业利润	所得税	税后营业利润	现金净流量	折现系数	折现现金净流量
0	0~1	600	0	0	0	0	0.0	0.0	-600.0	1.000	-600.00
1	1~2	400	0	0	0	0	0.0	0.0	-400.0	0.909	-363.60
2	2~3	0	0	0	0	0	0.0	0.0	0.0	0.826	0.00
3	3~4	0	600	400	150	50	12.5	37.5	187.5	0.751	140.81

	年度	初始投资	销售收入	付现成本	折旧与摊销	营业利润	所得税	税后营业利润	现金净流量	折现系数	折现现金净流量
4	4~5	0	800	500	150	150	37.5	112.5	262.5	0.683	179.29
5	5~6	0	1 000	600	150	250	62.5	187.5	337.5	0.621	209.59
6	6~7	0	1 200	700	150	350	87.5	262.5	412.5	0.564	232.65
7	7~8	0	1 250	800	150	300	75.0	225.0	375.0	0.513	192.38
8	8~9	0	1 100	900	150	50	12.5	37.5	187.5	0.467	87.56

8. 计算项目净现值

```
npv = df['折现现金净流量'].sum()
print(f'项目净现值为：{npv}')
if npv >= 0:
    print('项目可行！')
else:
    print('项目不可行！')
```

运行结果：

项目净现值为: 78.68

项目可行！

第 16 章

本量利分析

16.1 本量利分析

本量利分析指以成本性态分析和变动成本法为基础，运用数学模型，对成本、利润、业务量与单价等因素之间的依存关系进行分析，发现变动的规律性，为企业进行预测、决策、计划和控制等活动提供支持的一种方法。其中："本"指成本，包括固定成本和变动成本；"量"指业务量，一般指销售量；"利"一般指营业利润。本量利分析方法通常包括盈亏平衡分析（保本分析）、目标利润分析（保利分析）、边际分析、敏感性分析等。

本量利分析的基本公式：营业利润 =（单价 – 单位变动成本）× 业务量 – 固定成本

16.2 盈亏平衡分析

盈亏平衡分析（也称保本分析），指分析、测定盈亏平衡点，以及有关因素变动对盈亏平衡点的影响等，是本量利分析的核心内容。盈亏平衡分析的原理是，通过计算企业在利润为零时处于盈亏平衡的业务量，分析项目对市场需求变化的适应能力等。

盈亏平衡分析包括单一产品的盈亏平衡分析和产品组合的盈亏平衡分析。

单一产品盈亏平衡分析计算公式为

盈亏平衡点的业务量 = 固定成本 ÷（单价 – 单位变动成本）

盈亏平衡点的销售额 = 单价 × 盈亏平衡点的业务量

或 盈亏平衡点的销售额 = 固定成本 ÷（1 – 变动成本率）

或 盈亏平衡点的销售额 = 固定成本 ÷ 边际贡献率

边际贡献率 = 1 – 变动成本率

企业的业务量等于盈亏平衡点的业务量时，企业处于保本状态；企业的业务量高于盈亏平衡点的业务量时，企业处于盈利状态；企业的业务量低于盈亏平衡点的业务量时，企业处于亏损状态。

产品组合的盈亏平衡分析通常采用以下方法。

产品组合的盈亏平衡分析是在掌握每种单一产品的边际贡献率的基础上，按各种产品销售额的比重进行加权平均，据以计算综合边际贡献率，从而确定多产品组合的盈亏平衡点。

某种产品的销售额权重＝该产品的销售额÷各种产品的销售额合计

盈亏平衡点的销售额＝固定成本÷（1－综合变动成本率）

或 盈亏平衡点的销售额＝固定成本÷综合边际贡献率

综合边际贡献率＝1－综合变动成本率

企业销售额高于盈亏平衡点时，企业处于盈利状态；企业销售额低于盈亏平衡点时，企业处于亏损状态。企业通常运用产品组合的盈亏平衡点分析优化产品组合，提高获利水平。

16.3 目标利润分析

目标利润分析也称保利分析，是在本量利分析的基础上，计算为达到目标利润所需达到的业务量、收入和成本的一种利润规划方式，该方法可以反映市场的变化趋势、企业战略规划目标及管理层需求等。

目标利润分析包括单一产品的目标利润分析和产品组合的目标利润分析。单一产品的目标利润分析重在分析每个要素的重要性；产品组合的目标利润分析重在优化企业产品组合。

单一产品的目标利润分析公式为

实现目标利润的业务量＝（目标利润+固定成本）÷（单价－单位变动成本）

实现目标利润的销售额＝单价×实现目标利润的业务量

或 实现目标利润的销售额＝（目标利润+固定成本）÷边际贡献率

产品组合的目标利润分析公式为

实现目标利润的销售额＝（综合目标利润+固定成本）÷（1－综合变动成本率）

实现目标利润率的销售额＝固定成本÷（1－综合变动成本率－综合目标利润率）

16.4 边 际 分 析

边际分析，指分析某可变因素的变动引起其他相关可变因素变动的程度的方法，以评价既定产品或项目的获利水平，判断盈亏临界点，提示营运风险，支持营运决策。边际分析工具方法主要有边际贡献分析、安全边际分析等。

16.4.1 边际贡献分析

边际贡献分析，指通过分析销售收入减去变动成本总额之后的差额，衡量产品为企业贡献利润的能力。边际贡献分析主要包括边际贡献和边际贡献率两个指标。

边际贡献总额是产品的销售收入扣除变动成本总额后给企业带来的贡献，进一步扣除企业的固定成本总额后，剩余部分就是企业的利润，相关计算公式为

边际贡献总额＝销售收入－变动成本总额

单位边际贡献 = 单价 − 单位变动成本

边际贡献率，指边际贡献在销售收入中所占的百分比，表示每 1 元销售收入中边际贡献所占的比重。

$$边际贡献率 = \frac{边际贡献}{销售收入 \times 100\%} = \frac{单位边际贡献}{单价 \times 100\%}$$

16.4.2 安全边际分析

安全边际分析主要包括安全边际和安全边际率两个指标。

安全边际指实际销售量或预期销售量超过盈亏平衡点销售量的差额，体现企业营运的安全程度。安全边际率指安全边际与实际销售量或预期销售量的比值。相关计算公式为

安全边际 = 实际销售量或预期销售量 − 保本点销售量

安全边际率 = 安全边际 ÷ 实际销售量或预期销售量 × 100%

安全边际主要用于衡量企业承受营运风险的能力，尤其是销售量下降时承受风险的能力，也可以用于盈利预测。安全边际或安全边际率的数值越大，企业发生亏损的可能性越小，抵御营运风险的能力越强，盈利能力越强。

16.5 敏感性分析

敏感性分析指对影响目标实现的因素变化进行量化分析，以确定各因素变化对实现目标的影响及其敏感程度。

短期营运决策中的敏感性分析主要应用于目标利润规划。在目标利润规划中，目标值为目标利润，变动因素为销售量、单价、单位变动成本和固定成本。在进行因素分析时，通过计算各因素的敏感系数，衡量因素变动对决策目标基准值的影响程度。敏感系数的绝对值越大，该因素越敏感。企业可以进行单因素敏感性分析或多因素敏感性分析。

单因素敏感性分析指每次只变动一个因素而其他因素保持不变的敏感性分析。敏感系数反映的是某一因素值变动对目标值变动的影响程度，其计算公式为

某因素敏感系数 = 目标值变动百分比 ÷ 因素值变动百分比

多因素敏感性分析，指假定其他因素不变时，分析两种或两种以上不确定性因素同时变化对目标的影响程度所做的敏感性分析。

在进行目标利润规划时，通常以利润基准值为基础，测算销售量、单价、单位变动成本和固定成本中两个或两个以上的因素同时发生变动时，对利润基准值的影响程度。企业应根据敏感系数绝对值的大小对其进行排序，按照有关因素的敏感程度优化规划和决策。

16.6 本量利分析实训项目

业务场景：我国社会老龄化日趋严重，2020 年我国 60 岁及以上人口占人口总量的 18.7%，社会逐渐迈进中度老龄化，而这一比例还在持续增长。在此背景下，老年人产品

需求不断增长，市场前景广阔，"银发"经济备受关注。老人鞋品类为生活消费类刚需产品，在未来几年中，老人鞋行业整体市场前景预期乐观。长期从事鞋服贸易的张经理嗅到了商机，准备投资建设生产线生产符合舒适、方便、安全特点的老人鞋。经过初步市场调研，老人鞋预计销售量为 6000 双/月，房租、机器设备等固定成本为 200 000 元/月，老人鞋市场售价约为 200 元/双，预估每双老人鞋的原材料、人工成本等变动成本为 100 元。根据以上数据，张经理要求财务人员对老人鞋生产线是否投产进行相关的数据分析。

（1）老人鞋的单位边际贡献、月销售额、月边际贡献、月营业利润分别是多少？
（2）每月销售量多少，才能不亏本？
（3）在保本的前提下，能够承受下降的销售量是多少？
（4）若希望每月盈利 200000 元，那么月销售量至少要达到多少双？
（5）若不满足于预期市场获取的利润，希望通过调整售价、成本、销量等因素来提高每月利润，则利润对单价、单位变动成本、销量、固定成本的敏感系数分别是多少？

思路分析：本业务场景可运用本量利知识进行保本分析、保利分析、安全边际分析、敏感性分析。

代码实现：Jupyter Notebook 里调试代码及运行结果。

（1）定义函数 cvp(p, uvc, q, fc)。4 个形参分别表示：单价、单位变动成本、固定成本、销售量，函数返回值：销售额（s）、单位边际贡献（umc）、边际贡献（mc）、变动成本（uv）及营业利润（pro）。

```
def cvp(p, uvc, q, fc):
    s = p * q                  # 销售额=单价 × 销售量
    umc = p - uvc              # 单位边际贡献 = 单价 - 单位变动成本
    mc = umc * q               # 边际贡献 = 单位边际贡献 × 销售量
    vc = uvc * q               # 变动成本 = 单位变动成本 × 销售量
    pro = (p - uvc) * q - fc   # 营业利润 = (单价 - 单位变动成本) × 销量 - 固定成本
    return p, uvc, umc, q, s, vc, mc, fc, pro
# 以元组的形式返回单价、单位变动成本、单位边际贡献、销售量、销售额、变动成本、
  边际贡献、固定成本、营业利润
```

（2）依题所给数据，为变量赋值并调用函数，求得各项数据后生成 DataFrame 对象。

```
import pandas as pd
p = 200                        # 单价
uvc = 100                      # 单位变动成本
q = 6000                       # 销售量
fc = 200000                    # 固定成本
data = cvp(p, uvc, q, fc)
df = pd.DataFrame(data=data, columns=['实际数据'],
                  index=['单价', '单位变动成本', '单位边际贡献', '销售量',
                         '销售额', '变动成本', '边际贡献', '固定成本', '营业利润'])
df
```

运行结果：

	实际数据
单价	200
单位变动成本	100
单位边际贡献	100
销售量	6 000
销售额	1 200 000
变动成本	600 000
边际贡献	600 000
固定成本	200 000
营业利润	400 000

（3）计算保本销售量，调用 cvp() 函数计算此时各项数据，并存入 df。

```
#计算保本量：    固定成本 / （单价 - 单位变动成本）
bep = fc / (p - uvc)
df['盈亏平衡分析数据'] = cvp(p, uvc, bep, fc)
df
```

运行结果：

	实际数据	盈亏平衡分析数据
单价	200	200.0
单位变动成本	100	100.0
单位边际贡献	100	100.0
销售量	6 000	2 000.0
销售额	1 200 000	400 000.0
变动成本	600 000	200 000.0
边际贡献	600 000	200 000.0
固定成本	200 000	200 000.0
营业利润	400 000	0

（4）计算安全边际。

```
# 安全边际即实际销售超过盈亏平均点部分。故作如下计算
df['安全边际数据'] = df['实际数据'] - df['盈亏平衡分析数据']
df
```

运行结果：

	实际数据	盈亏平衡分析数据	安全边际数据
单价	200	200.0	0
单位变动成本	100	100.0	0
单位边际贡献	100	100.0	0
销售量	6 000	2 000.0	4 000.0
销售额	120 0000	40 0000.0	800 000.0

变动成本	600 000	200 000.0	400 000.0	
边际贡献	600 000	200 000.0	400 000.0	
固定成本	200 000	200 000.0	0	
营业利润	400 000	0	400 000.0	

（5）计算目标利润为 200 000 时的保利量，并调用 cvp() 函数，计算各项数据。

```
tar = (200000 + fc) / (p - uvc)    # 计算保利量
df['目标利润数据'] = cvp(p, uvc, tar, fc)
df
```

运行结果：

	实际数据	盈亏平衡分析数据	安全边际数据	目标利润数据
单价	200	200.0	0	200.0
单位变动成本	100	100.0	0	100.0
单位边际贡献	100	100.0	0	100.0
销售量	6 000	2 000.0	4 000.0	4 000.0
销售额	1 200 000	400 000.0	800 000.0	800 000.0
变动成本	600 000	200 000.0	400 000.0	400 000.0
边际贡献	600 000	200 000.0	400 000.0	400 000.0
固定成本	200 000	200 000.0	0	200 000.0
营业利润	400 000	0	400 000.0	200 000.0

（6）定义函数，通过"因素变动百分比"，计算"利润变动百分比"。形参分别为：单价变动、销售量变动、单位变动成本及固定成本变动百分比。

```
def sens(ratio_p, ratio_uvc, ratio_q, ratio_fc):
    p1 = p * (1 + ratio_p / 100)              # 变动后单价
    uvc1 = uvc * (1 + ratio_uvc / 100)        # 变动后单位变动成本
    q1 = q * (1 + ratio_q / 100)              # 变动后销售量
    fc1 = fc * (1 + ratio_fc / 100)           # 变动后固定成本
    pro = (p - uvc) * q - fc                  # 变动前利润
    pro1 = (p1 - uvc1) * q1 - fc1             # 变动后利润
    return round(pro1 / pro -1, 2)            # 返回利润变动百分比
```

（7）构建一个变动百分比序列，从–100～100，按 10% 递增。

```
df_sens = pd.DataFrame(pd.Series(range(-100, 110, 10)),
                       columns=['变化百分比'])
df_sens.head()
```

运行结果：

	变化百分比
0	-100
1	-90
2	-80

```
3              -70
4              -60
```

（8）调用函数 sens()，计算单价、单位变动成本、销售量、固定成本等，按上一步骤生成的变动百分比变动时，利润变动的百分比。

```
# 单价单独变化时的利润变化百分比
df_sens['利润_单价'] = df_sens['变化百分比'].map(lambda x: sens(x, 0, 0, 0))
# 单位变动成本单独变化时的利润变化百分比
df_sens['利润_单位变动成本'] = df_sens['变化百分比'].map(lambda x: sens(0, x, 0, 0))
# 销售量单独变化时的利润变化百分比
df_sens['利润_销售量'] = df_sens['变化百分比'].map(lambda x: sens(0, 0, x, 0))
# 固定成本单独变化时的利润变化百分比
df_sens['利润_固定成本'] = df_sens['变化百分比'].map(lambda x: sens(0, 0, 0, x))
df_sens
```

运行结果：

	变化百分比	利润_单价	利润_单位变动成本	利润_销售量	利润_固定成本
0	-100	-3.0	1.50	-1.50	0.50
1	-90	-2.7	1.35	-1.35	0.45
2	-80	-2.4	1.20	-1.20	0.40
3	-70	-2.1	1.05	-1.05	0.35
4	-60	-1.8	0.90	-0.90	0.30

第 17 章

预 算 管 理

17.1 预算管理

预算管理,指企业以战略目标为导向,通过对未来一定期间内的经营活动和相应的财务结果进行全面预测和筹划,科学、合理配置企业各项财务和非财务资源,对执行过程进行监督和分析,并对执行结果进行评价和反馈,指导经营活动的改善和调整,进而推动实现企业战略目标的管理活动。

预算管理领域应用的管理会计工具方法,一般包括滚动预算、零基预算、弹性预算和作业预算等。

17.2 滚动预算

滚动预算,指企业根据上一期预算执行情况和新的预测结果,按既定的预算编制周期和滚动频率,对原有的预算方案进行调整和补充,逐期滚动,持续推进的预算编制方法。预算编制周期,指每次预算编制所涵盖的时间跨度。滚动频率,指调整和补充预算的时间间隔,一般以月度、季度、年度等为滚动频率。滚动预算一般由中期滚动预算和短期滚动预算组成。中期滚动预算的预算编制周期通常为 3 年或 5 年,以年度作为预算滚动频率。短期滚动预算通常以 1 年为预算编制周期,以月度、季度作为预算滚动频率。

滚动预算的主要优点是:通过持续滚动预算编制、逐期滚动管理,实现动态反映市场,建立跨期综合平衡,从而有效指导企业营运,强化预算的决策与控制职能。滚动预算的主要缺点是:一是预算滚动的频率越高,对预算沟通的要求越高,预算编制的工作量越大;二是过高的滚动频率容易增加管理层的不稳定感,导致预算执行者无所适从。

17.3 滚动预算编制实训项目

业务场景:花莲公司原有的传统预算管理在时效性、适应性上已不能满足管理的需要,公司决定编制月度滚动预算,月度滚动预算按照业务计划的变化不断更新调整,信息反馈更加及时、准确，能更好地指导公司的资源配置、成本管控、盈利能力管理等。花莲公司童装生产线最近 3 个月的经营数据如表 17-1 所示（数据存储于当前目录下 data 文件夹下 data2.xlsx 文件中）。

表 17-1 最近三个月的经营数据

项目	月份		
	2022 年 10 月	2022 年 11 月	2022 年 12 月
单价/元	145	170	150
单位变动成本/元	55	56	54
销售量/件	3000	3400	3200
固定成本/元	110000	90000	100000

（1）计算 2022 年 10 月、11 月、12 月的实际营业利润。

（2）如果未来该童装的单价、单位变动成本每月分别提高 0.25%、0.2%，销售量、固定成本分别在前三个月平均数的基础上增加 0.3%、0.1%，以月为编制周期，编制滚动预算表，预测未来 3 个月的营业利润。

思路分析：

（1）根据本量利分析计算公司 2022 年 10 月、11 月、12 月的实际营业利润。

（2）根据计算结果和滚动预期情况，以月为编制周期，编制滚动预算表，预测未来 3 个月的营业利润。

代码实现：Jupyter Notebook 里调试代码及运行结果。

（1）导入模块、读取原始数据。

```
import pandas as pd
df = pd.read_excel(r'D:\财务大数据分析与决策\财务决策篇\data\data2.xlsx',
            names=['项目','2022年10月','2022年11月','2022年12月'])
df
```

运行结果：

```
        项目      2022年10月   2022年11月   2022年12月
0       单价/元        145        170        150
1    单位变动成本/元       55         56         54
2       销售量/件      3000       3400       3200
3      固定成本/元    110 000     90 000    100 000
```

（2）根据原始数据，调用 cvp()函数（同 16.6 节本量利分析实训项目中定义），计算营业利润等数据。

```
months10 = cvp(*df['2022年10月'].values)
months11 = cvp(*df['2022年11月'].values)
months12 = cvp(*df['2022年12月'].values)
data = {'2022年10月':months10, '2022年11月':months11,
        '2022年12月':months12}
```

```
df = pd.DataFrame(data=data,
                  index=['单价', '单位变动成本', '单位边际贡献', '销售量',
                         '销售额', '变动成本', '边际贡献', '固定成本',
                         '营业利润'])
df
```

运行结果:

	2022年10月	2022年11月	2022年12月
单价/元	145	170	150
单位变动成本/元	55	56	54
单位边际贡献/元	90	114	96
销售量/件	3 000	3 400	3 200
销售额/元	435 000	578 000	480 000
变动成本/元	165 000	190 400	172 800
边际贡献/元	270 000	387 600	307 200
固定成本/元	110 000	90 000	100 000
营业利润/元	160 000	297 600	207 200

（3）定义函数，用于计算滚动预测期的营业利润。

```
def roll(df, c, n):                                  # 预测数据列的位置, n 为预测期数
    for i in range(n):
        f_p = df.iloc[0, c-1] * 1.0025               # 滚动预测期单价
        f_uvc = df.iloc[1, c-1] * 1.002              # 滚动预测期单位变动成本
        f_q = (df.iloc[3, c-1] + df.iloc[3, c-2] + df.iloc[3, c-3]) / \
              3 * 1.003                              # 滚动预测期销售量
        f_fc = (df.iloc[7, c-1] + df.iloc[7, c-2] + df.iloc[7, c-3]) / \
               3 * 1.001                             # 滚动预测期固定成本
        col_series = cvp(f_p, f_uvc, f_q, f_fc)
                                                     # 调用 cvp 函数计算各项数据
        df[f'预测未来第{i+1}个月']=list(map(lambda x:round(x, 3),
                                    col_series))#保留三位有效数字
        c += 1
    return df
```

（4）调用函数 roll(),预测未来三个月的营业利润。

```
df = roll(df, 3, 3)
df
```

运行结果:

	2022年10月	2022年11月	2022年12月	预测未来第1个月	预测未来第2个月	预测未来第3个月
单价	145	170	150	150.375	150.751	151.128
单位变动成本	55	56	54	54.108	54.216	54.324
单位边际贡献	90	114	96	96.267	96.535	96.803

销售量	3000	3400	3200	3209.600	3279.676	3239.448
销售额	435000	578000	480000	482643.600	494414.272	489570.892
变动成本	165000	190400	172800	173665.037	177811.637	175981.169
边际贡献	270000	387600	307200	308978.563	316602.635	313589.722
固定成本	110000	90000	100000	100100.000	96796.700	99064.532
营业利润	160000	297600	207200	208878.563	219805.935	214525.190

（5）调用 cvp() 函数，计算 2023 年 1 月数据。

```
season01 = cvp(155, 55, 3210, 100120)
df.insert(3, column='2023年1月', value=season01)
df
```

运行结果：

	2022年10月	2022年11月	2022年12月	2023年1月	预测未来第1个月	预测未来第2个月	预测未来第3个月
单价/元	145	170	150	155	150.375	150.751	151.128
单位变动成本/元	55	56	54	55	54.108	54.216	54.324
单位边际贡献/元	90	114	96	100	96.267	96.535	96.803
销售量/件	3000	3400	3200	3210	3209.600	3279.676	3239.448
销售额/元	435000	578000	480000	497550	482643.600	494414.272	489570.892
变动成本/元	165000	190400	172800	176550	173665.037	177811.637	175981.169
边际贡献/元	270000	387600	307200	321000	308978.563	316602.635	313589.722
固定成本/元	110000	90000	100000	100120	100100.000	96796.700	99064.532
营业利润/元	160000	297600	207200	220880	208878.563	219805.935	214525.190

（6）根据预测期前三期经营数据，调用 roll() 函数，预测未来三个月的营业利润。

```
df = roll(df,4, 3)
df
```

运行结果：

	2022年10月	2022年11月	2022年12月	2023年1月	预测未来第1个月	预测未来第2个月	预测未来第3个月
单价/元	145	170	150	155	155.388	155.776	156.165
单位变动成本/元	55	56	54	55	55.110	55.220	55.330
单位边际贡献/元	90	114	96	100	100.277	100.556	100.835
销售量/件	3 000	3 400	3 200	3 210	3 279.810	3 239.626	3 252.875
销售额/元	435000	578000	480000	497550	509641.476	504657.577	507986.620
变动成本/元	165000	190400	172800	176550	180750.329	178892.887	179982.992
边际贡献/元	270000	387600	307200	321000	328891.147	325764.690	328003.627
固定成本/元	110000	90000	100000	100120	96803.373	99073.432	98764.267
营业利润/元	160000	297600	207200	220880	232087.774	226691.258	229239.360

第 18 章

财务风险预警

18.1 财务风险预警

风险指当一项活动可能产生几种不同的结果,而这些结果的可能性或概率又可以推算时,则认为这些活动是有风险的。一般来讲,企业面临两种风险:一是经营风险;二是财务风险。企业的财务风险往往是由经营风险引起的,是企业在财务活动中由于各种不确定因素的影响,财务收益与预期收益发生偏离,因而造成经营过程中的某一方面和某个环节的问题,都可能促使这种风险转变成损失,导致企业盈利能力和偿债能力的降低。

预警是度量某种状态偏离预警线的强弱程度、发出预警信号的过程。企业财务预警系统是企业预警系统的一部分,是为了防止企业财务系统运行偏离预期目标而建立的报警系统。企业财务预警系统具有下面的特性:一是参照性,根据企业发展规律和结构特点,从众多指标中选出能灵敏、准确反映出企业财务风险发展变化的指标及指标体系,运用数理统计的基本原理等相关知识测算指标及指标体系,反映企业发展中所处的财务状态,为决策者提供指示器或参照物;二是预测性,企业财务预警系统可以预测企业财务状况的发展趋势和变化,为科学决策提供依据,尽量减少决策者的失误,可以找到企业内部的薄弱环节,对企业进行动态的监控,从动态中发现问题、解决问题,实现动态调控,将问题解决在萌芽状态中。

对企业财务预警系统的研究可以从两个方面来进行。一是研究财务预警模型的构建,从企业财务预警系统的构建过程可以看出,财务预警系统构建成功与否的关键在于财务预警模型的构建,如何构建能够准确反映企业财务状况、达到预测目的的模型是理论研究的一个重要方面。二是研究财务预警系统的实施,即如何在现实情况下,实施财务预警系统,使其达到可使用的目的。企业财务预警系统的构建过程可以简单地用图 18-1 表示。

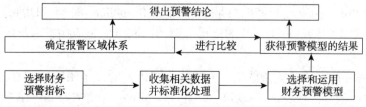

图 18-1 财务预警系统构建流程

18.2 k-means 聚类算法

18.2.1 聚类

在"无监督学习"（unsupervised learning）中，训练样本的标记信息是未知的，目标是通过对无标记训练样本的学习来揭示数据的内在性质及规律，为进一步的数据分析提供基础。此类学习任务中研究最多、应用最广的是"聚类"（clustering）。

聚类试图将数据集中的样本划分为若干个不相交的子集，每个子集称为一个"簇"（cluster）。通过这样的划分，每个簇可能对应于一些潜在的概念（类别），需说明的是，这些概念对聚类算法而言事先是未知的，聚类过程仅能自动形成簇结构，簇所对应的概念语义需由使用者来把握和命名。基于不同的学习策略，人们设计出多种类型的聚类算法。

18.2.2 k-means 聚类算法

k-means 聚类算法是一种典型的基于划分的聚类算法，也是一种无监督学习算法。k-means 算法的思想很简单，对给定的样本集，用欧氏距离作为衡量数据对象间相似度的指标，相似度与数据对象间的距离成反比，相似度越大，距离越小。

k-means 聚类算法的核心思想：首先从数据集中随机选取 k 个初始聚类中心 C_i（$i \leqslant 1 \leqslant k$），计算其余数据对象与聚类中心 C_i 的欧氏距离，找出离目标数据对象最近的聚类中心 C_i，并将数据对象分配到聚类中心 C_i 所对应的簇中。然后计算每个簇中数据对象的平均值作为新的聚类中心，进行下一次迭代，直到聚类中心不再变化或达到最大的迭代次数时停止。

空间中数据对象与聚类中心间的欧氏距离计算公式为

$$d(X, C_i) = \sqrt{\sum_{j=1}^{m}(X_j - C_{ij})^2}$$

式中：X 为数据对象；C_i 为第 i 个聚类中心；m 为数据对象的维度；X_j，C_{ij} 为 X 和 C_i 的第 j 个属性值。

18.3 BP 神经网络

BP（Back Propagation）神经网络是 1986 年由 Rumelhart 和 McClelland 提出的概念，是一种按照误差逆向传播算法训练的多层前馈神经网络，是应用最广泛的神经网络模型之一。

BP 神经网络具有任意复杂的模式分类能力和优良的多维函数映射能力，解决了简单感知器不能解决的异或（exclusiveOR，XOR）等问题。从结构上讲，BP 神经网络具有输入层、隐含层和输出层。从本质上讲，BP 算法就是以网络误差平方为目标函数，采用梯度下降法来计算目标函数的最小值。

人工神经网络无须事先确定输入输出之间映射关系的数学方程，仅通过自身的训练，学习某种规则，便能在给定输入值时得到最接近期望输出值的结果。作为一种智能信息处理系统，人工神经网络实现其功能的核心是算法。BP 神经网络是一种按误差反向传播（简称误差反传）训练的多层前馈网络，其算法称为 BP 算法，它的基本思想是梯度下降法，利用梯度搜索技术，以期使网络的实际输出值和期望输出值的误差均方差为最小。

基本 BP 算法包括信号的前向传播和误差的反向传播两个过程。即计算误差输出时按从输入到输出的方向进行，而调整权值和阈值则从输出到输入的方向进行。正向传播时，输入信号通过隐含层作用于输出节点，经过非线性变换，产生输出信号，若实际输出与期望输出不相符，则转入误差的反向传播过程。误差反传是将输出误差通过隐含层向输入层逐层反传，并将误差分摊给各层所有单元，以从各层获得的误差信号作为调整各单元权值的依据。通过调整输入节点与隐层节点的连接强度和隐层节点与输出节点的联接强度及阈值，使误差沿梯度方向下降，经过反复学习训练，确定与最小误差相对应的网络参数（权值和阈值）时，训练即告停止。此时经过训练的神经网络即能对类似样本的输入信息，自行处理输出误差最小的经过非线形转换的信息。BP 神经网络流程如图 18-2 所示。

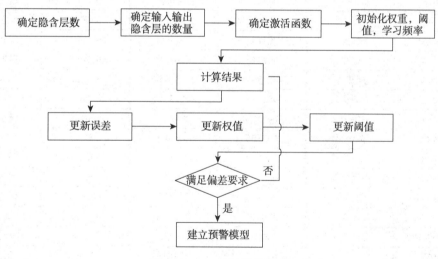

图 18-2　BP 神经网络流程

18.4　房地产行业财务预警模型构建

房地产行业是我国 GDP 的支柱行业，为了房地产企业的健康稳定发展，准确预测财务风险并及时预警非常必要。根据中国房地产行业财务风险的相关特性选取风险预警指标，运用机器学习中 k-means 聚类算法对房地产企业进行财务风险分级，最后构建基于 BP 神经网络的财务预警模型。

18.4.1 样本选取及指标体系建立

1. 样本选取

以 Wind 数据库行业划分作为标准，剔除了数据不全的房地产行业公司之后，选取 128 家房地产行业上市公司作为研究样本，公司名单如表 18-1 所示。公司样本数据里包括财务数据和非财务数据。其中财务数据是通过 Wind 数据库整理所得，非财务数据通过天眼查和公司年报整理所得。

表 18-1 样本公司名单

股票代码	公司简称	股票代码	公司简称	股票代码	公司简称
000002	万科 A	000897	津滨发展	600383	金地集团
000006	深振业 A	000918	嘉凯城	600393	ST 粤泰
000007	*ST 全新	000926	福星股份	600463	空港股份
000011	深物业 A	000961	中南建设	600466	蓝光发展
000014	沙河股份	000965	天保基建	600503	华丽家族
000029	深深房 A	001914	招商积余	600515	*ST 基础
000031	大悦城	001979	招商蛇口	600533	栖霞建设
000036	华联控股	002016	世荣兆业	600565	迪马股份
000042	中洲控股	002077	大港股份	600603	广汇物流
000046	泛海控股	002133	广宇集团	600604	市北高新
000056	皇庭国际	002146	荣盛发展	600606	绿地控股
000058	深赛格	002208	合肥城建	600622	光大嘉宝
000062	深圳华强	002244	滨江集团	600638	新黄浦
000069	华侨城 A	002285	世联行	600639	浦东金桥
000402	金融街	002305	南国置业	600641	万业企业
000502	*ST 绿景	002314	南山控股	600648	外高桥
000506	中润资源	002377	国创高新	600649	城投控股
000514	渝开发	002968	新大正	600657	信达地产
000517	荣安地产	300917	特发服务	600658	电子城
000534	万泽股份	300947	德必集团	600663	陆家嘴
000537	广宇发展	600007	中国国贸	600665	天地源
000540	中天金融	600048	保利发展	600675	中华企业
000558	莱茵体育	600052	东望时代	600683	京投发展
000560	我爱我家	600064	南京高科	600684	珠江股份
000573	粤宏远 A	600067	冠城大通	600708	光明地产
000608	阳光股份	600077	宋都股份	600716	凤凰股份
000609	*ST 中迪	600094	大名城	600724	宁波富达
000615	奥园美谷	600133	东湖高新	600736	苏州高新
000616	ST 海投	600159	大龙地产	600743	华远地产

续表

股票代码	公司简称	股票代码	公司简称	股票代码	公司简称
000620	新华联	600162	香江控股	600748	上实发展
000631	顺发恒业	600173	卧龙地产	600773	西藏城投
000656	金科股份	600185	格力地产	600791	京能置业
000667	美好置业	600208	新湖中宝	600807	济南高新
000668	荣丰控股	600215	派斯林	600823	世茂股份
000671	阳光城	600223	鲁商发展	600848	上海临港
000691	亚太实业	600225	*ST 松江	600890	*ST 中房
000718	苏宁环球	600239	*ST 云城	600895	张江高科
000732	ST 泰禾	600246	万通发展	601155	新城控股
000736	中交地产	600266	城建发展	601512	中新集团
000797	中国武夷	600322	天房发展	601588	北辰实业
000809	ST 新城	600325	华发股份	603506	南都物业
000838	财信发展	600340	华夏幸福	603682	锦和商业
000863	三湘印象	600376	首开股份		

2. 预警指标选取

根据房地产上市公司的财务风险特征，同时结合国内外文献的研究，本次实证检验选择了 23 个变量，来反映企业的财务风险状况。变量如表 18-2 所示。

表 18-2　财务危机预警指标体系

指标序号	指标名称	公式/说明
x_1	流动比率	流动资产/流动负债
x_2	速动比率	（流动资产－存货）/流动负债
x_3	现金比率	（货币资金＋有价证券）÷流动负债
x_4	资产负债率	负债总额÷资产总额
x_5	净资产收益率	净利润/平均净资产
x_6	总资产净利率	净利润/平均资产总额
x_7	销售净利率	净利润/销售收入
x_8	每股收益 EPS-基本	（本期毛利润－优先股股利）/期末总股本
x_9	存货周转率	销售成本÷平均存货
x_{10}	应收账款周转率	营业收入/平均应收账款余额
x_{11}	固定资产周转率	销售收入/固定资产净值
x_{12}	总资产周转率	销售收入/总资产
x_{13}	营业收入增长率	营业收入增长额/上年营业收入总额
x_{14}	总资产增长率	总资产增长额÷年初资产总额
x_{15}	每股净资产增长率	每股净资产年增长额/年初每股净资产
x_{16}	第一大股东持股比率	持股比例最高的股东持股占比
x_{17}	第二大股东持股比率	持股比例第二高的股东持股占比

续表

指标序号	指标名称	公式/说明
x18	前两大股东持股比例比	第一大股东持股比例/第二大股东持股比例
x19	法律诉讼数量	公司当年发生的法律诉讼数量
x20	是否受到行政处罚	公司当期是否受到行政处罚
x21	股权/资产质押次数	公司当期的股权和资产的质押次数
x22	法人代表是否更换	公司本期的法人代表是否更换
x23	是否受到监管部门批评	公司当期是否受到相关监管部门批评

其中 x1、x2、x3、x4 可用来评估企业偿还债务的水平。相比于其他行业，房地产行业建设周期长，需要大量资金投入，所以房地产行业的偿债压力偏高。x5、x6、x7、x8 反映了企业的盈利能力，房地产行业的盈利能力决定房地产企业生死存亡。x9、x10、x11、x12 用以描述企业的营运能力，营运能力能反映企业对资源的利用效率，房地产企业建设周期长，所以相关风险出现的概率较高。x13、x14、x15 反映发展能力。x16、x17、x18 反映企业股权的集中程度。基于股权监督的集中效应，上市公司的股权集中度可以降低公司的财务风险。本节选取了上市公司最大股东和第二大股东的股权占比来反映企业股权集中程度。x19 反映企业的法律风险，法律诉讼的数量过多会对企业造成不良影响进而产生财务风险；本文选取了当年企业产生法律诉讼的数量来反映企业的法律风险。x21、x22 是企业经营过程的评价指标。控股股东的股权质押行为会导致上市公司的财务风险，企业更换法人代表通常是财务状况不稳定时选择变化。所以本节选择了企业当年的股权质押数量和法人代表是否更换来评估企业经营过程中可能的风险。x20、x23 是企业信誉评价指标，上市公司被问询及在相关信息披露网站进行公告时，会对信息劣势的外部相关者传递出一种存在财务造假可能的信号，导致可能产生财务风险。所以本节选取了是否受到行政处罚和是否受到监管部门批评来判断企业信用。

18.4.2 基于 k-means 聚类算法的财务风险分类

财务危机的预测模型需要具备分类准确性，企业财务状况的标签通常只有 2 类，即 ST 企业、非 ST 企业。但由于各家公司的情况较为复杂，上述标签并不能对企业财务情况进行系统化的解释，所以收集到的企业数据很难标签化。为了加强模型的适用性并且匹配我国房地产行业风险特征，需要细分我国房地产行业公司的风险等级。故需要对房地产公司的风险预警数据重新定义标签。在数据不具备标签的前提下，使用无监督学习比有监督学习更为有效，故尝试用深度学习中的聚类分析来对收集到的房地产公司风险预警数据进行分类。

k-means 聚类算法属于机器学习中的无监督学习，又被称为 k-均值算法，k-means 聚类算法中的 k 表示的是聚类中簇的数目，簇指的是数据群体的数量。means 代表取每一个聚类中数据欧式距离的中心，就是该簇的中心，或者称为质心。本节以选取的预警指标作为数据，计算各个指标与中心簇的距离，以便进行聚类。

1. 数据标准化

由于各个变量的值分布在不同区间上，数据之间直接比较可能会对模型判断造成偏差，解决此问题的最佳方法是数据标准化。常见的标准化处理方法有 4 种：Z-score 标准化、Min-Max 标准化、log 函数标准化、atan 标准化。Z-socre 标准化方便准确，对数值形式的数据应用性强，所以本节选取了 Z-score 标准化的方法，具体公式为

$$z_j = \frac{x_j - \mu}{\sigma}$$

式中：z 指特征值的标准化分数；x 是指特征值；μ 是数据整体均值；σ 是总体的标准差。本文通过 Python 中的机器学习库 Sklearn 数据预处理模块 preprocessing 对选取的预警指标数据进行标准化处理。

数据标准化代码如下所示，标准化结果保存于文件"标准化结果.xlsx"当中。

```
import pandas as pd                                          # 数据处理工具
from sklearn import preprocessing                            # 数据预处理模块

df = pd.read_excel(r'./data/房地产多指标原始数据.xlsx')        # 读取数据
df_l = df.loc[:, '证券代码':'证券简称']                        # 将 df 拆分成左、
                                                              #   右两部分
df_r = df.loc[:, '流动比率':'是否受证监会批评']
r_columns = df_r.columns
# z-score 标准化
zscore_scaler = preprocessing.StandardScaler()
data_scaler = zscore_scaler.fit_transform(df_r)
df_r = pd.DataFrame(data_scaler, columns=r_columns)          # 标准化结果转化为
                                                              #   DataFrame
df = pd.concat([df_l, df_r], axis=1)                         # 合并左、右两部分
df.to_excel(r'./data/标准化结果.xlsx', index=False)           # 导出数据
```

2. 聚类计算结果

为了保证样本量的充足，本节将房地产行业 2020 年和 2021 年的数据放在一起，总共 256 个样本进行聚类分析。首先调用 Python 中机器学习库 Sklearn 的 silhouette_score，使用 K-means 算法分别选取簇数量从 2~14 迭代 13 次，聚类代码如下所示。

```
import pandas as pd                                          # 数据处理工具
from sklearn.cluster import KMeans                           # 聚类
import os                                                    # 标准库，对文件操作等
from sklearn.metrics import silhouette_score                 # 轮廓系数
import matplotlib.pyplot as plt                              # 可视化

os.environ['OMP_NUM_THREADS'] = '1'
df = pd.read_excel(r'./data/标准化结果.xlsx')                 # 读取数据
k = 4                                                         # 聚类类别数量
data_zs = df.loc[:, '流动比率':'是否受证监会批评']             # 选择数据
model = KMeans(n_clusters=k, init='random', n_init=20, max_iter=500,
               random_state=20)
```

```
model.fit(data_zs)                                          # 聚类
# 简单打印结果
r1 = pd.Series(model.labels_).value_counts()                # 统计各类别数目
r2 = pd.DataFrame(model.cluster_centers_)                   # 找出聚类中心
r3 = pd.concat([r2, r1], axis=1)                            # 得到聚类中心对应的类别
                                                            #   下的数目
r3.columns = list(data_zs.columns) + ['类别数目']            # 重命名表头
print(r3)

#聚类轮廓图
silhouettescore = []
for i in range(2, 15):
    kmeans = KMeans(n_clusters=i).fit(data_zs)
    score = silhouette_score(data_zs, kmeans.labels_)
    silhouettescore.append(score)
plt.figure(figsize=(10, 6))
plt.plot(range(2, 15), silhouettescore, linewidth=1.5, linestyle='-')
plt.show()
```

运行结果如图 18-3 所示。

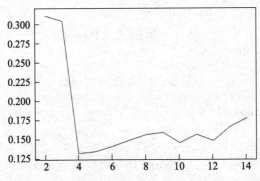

图 18-3　k-means 聚类轮廓系数图

根据图 18-3 可知，在聚类簇数目为 4 的时候，该图的畸变最大，所以本文将聚类算法的 k 值设为 4，簇目为 4 作为本文的聚类数目。之后使用 Python 中机器学习库 Sklearn 中的 k-means 模块进行聚类。聚类结果及部分指标的聚类中心如表 18-3、表 18-4 所示（根据代码运行输出整理所得）。

表 18-3　聚类结果

聚类	聚类 1	聚类 2	聚类 3	聚类 4
聚类中个案数目	126	8	35	87

表 18-4　部分聚类中心指标特征（标准化）

	净资产收益率	资产负债率	存货周转率	营业收入增长率	法律诉讼数量
聚类 1	0.2884	−0.1056	−0.1428	0.0098	−0.1615
聚类 2	0.0074	−2.3960	−0.1291	−0.3455	−0.2175
聚类 3	−1.7252	0.7829	−0.1350	−0.1007	0.8359
聚类 4	0.2757	0.0583	0.2730	0.0580	−0.0825

财务风险分类时主要参考各个聚类中心预警指标的数据特征及各个类别里"ST"公司的数量。如果一个簇内"ST"公司的占比较大，那么可认为这个簇内的数据与"ST"公司相近，进而产生财务风险的可能性也大于其他簇内的公司。在聚类 3 中，"ST"公司的数量就达 10 家，同时聚类 3 中的资产负债率（标准化）的聚类中心值为 0.7829，相比其他簇的数据要高许多，说明这个簇内的企业偿债能力差，净资产收益率的聚类中心值为-1.7252，与其他簇相比盈利能力也偏低，法律诉讼数量又远远大于其他簇，可能产生相关风险。因此，本节把聚类 3 的公司认定为高风险。之后在各个簇之间进行聚类中心数据比较，发现聚类 4 中样本数据在财务风险方面优于聚类 1。所以本节将聚类 4 的样本视为低风险公司，聚类 1 的样本视为中风险公司。同时，由于聚类 2 的样本数量过少，为了保障后续研究模型的泛化能力，需要将聚类 2 的标签与某一簇合并，观察聚类结果散点图发现，聚类 1 的样本与聚类 2 的样本距离相对接近，所以将聚类 1 与聚类 2 的簇进行合并。为了后续研究的方便进行，将低、中、高公司用标签 0、1、2 表示，最终分类结果如表 18-5 所示。

表 18-5　最终分类结果

分类	0（财务风险低）	1（财务风险中）	2（财务风险高）
数目	87	134	35

3. 聚类显著性检验

对聚类结果进行显著性检验，23 个预警指标中有 5 个未通过显著性检验，如表 18-6 所示，说明不同聚类指标保持显著性差异。未通过显著性检验的 5 个指标分别是股权/资产质押次数、第二大股东持股比例、前两大股东持股比例、是否受到行政处罚和法人代表是否更换。股权集中程度对财务风险的影响有多个方面，该指标很难对 3 种分类结果的特征进行划分；股权/资产质押数量、是否更换法人代表和是否受到行政处罚未能通过检验可能是由于在样本中的数量少，比例过低导致不同类别之间并没有区分性。为了保障模型的适用性，将样本减少后进行聚类，发现第二大股东持股比例，前两大股东持股比例仍未通过聚类有效性，因此在建立预警模型中将这两项指标剔除。

表 18-6　聚类显著性水平表

预警指标	显著性指标					
	聚类		误差		F	Sig.
	均方	取值自由度（df）	均方	取值自由度（df）		
Zscore：流动比率	37.617	4	0.416	251	90.326	0.000
Zscore：速动比率	37.913	4	0.412	251	92.079	0.000
Zscore：现金比率	41.133	4	0.360	251	114.124	0.000
Zscore：资产负债率	19.672	4	0.702	251	28.005	0.000
Zscore：净资产收益率	33.633	4	0.480	251	70.076	0.000
Zscore：总资产净利率	27.119	4	0.584	251	46.457	0.000
Zscore：销售净利率	17.445	4	0.738	251	23.640	0.000
Zscore：每股收益 EPS-基本	21.618	4	0.671	251	32.197	0.000

续表

预警指标	显著性指标					
	聚类		误差		F	Sig.
	均方	取值自由度（df）	均方	取值自由度（df）		
Zscore：存货周转率	11.676	4	0.830	251	14.070	0.000
Zscore：应收账款周转率	59.348	4	0.070	251	846.043	0.000
Zscore：固定资产周转率	25.509	4	0.609	251	41.858	0.000
Zscore：总资产周转率	19.503	4	0.705	251	27.658	0.000
Zscore：营业收入增长率	5.378	4	0.930	251	5.781	0.000
Zscore：总资产增长率	14.238	4	0.789	251	18.044	0.000
Zscore：每股净资产增长率	6.296	4	0.916	251	6.877	0.000
Zscore：第一大股东持股比例	3.246	4	0.964	251	5.367	0.000
Zscore：第二大股东持股比例	1.290	4	0.995	251	1.296	0.272
Zscore：前两大股东持股比例比	1.438	4	0.993	251	1.448	0.219
Zscore：法律诉讼数量	8.676	4	0.878	251	9.885	0.000
Zscore：是否行政处罚	1.234	4	0.996	251	1.239	0.295
Zscore：股权/资产质押次数	0.576	4	1.007	251	.572	0.683
Zscore：法人代表是否更换	1.594	4	0.991	251	1.610	0.172
Zscore：是否受证监会批评	10.092	4	0.855	251	11.801	0.000

18.4.2 基于BP神经网络的房地产行业财务预警模型构建

1. BP神经网络模型参数设计

1）输入层设计

神经网络输入层节点的数量通常需要和输入的变量数量相等，本节通过聚类显著性检验的变量有21个，因此将21个变量作为神经网络输入层节点的数量，即输入层节点数为21。

2）输出层设计

根据k-means聚类结果，将房地产行业公司的财务风险分为低、中、高3个档次，将其标签设置为0、1、2，神经网络输出层的节点就是样本的分类，因此输出层节点数目为3。调用Pytorch深度学习库中的torch.LongTensor()方法将输出层转化为三维的单位矩阵。

3）隐含层层数和神经元数量设计

对于BP神经网络而言，首先需要确定隐含层层数。隐含层从输入层中提取输入变量的特征指标，一般而言，隐含层层数和神经网络的准确性正向相关。然而隐含层数多对应的训练时间也会随之增加。考虑到效率因素，在研究结构化数据的神经网络中，只有一个隐含层的神经网络足够使用，所以本节选择的BP神经网络模型的隐含层层数为1层。

对于隐含层神经元数量的设计，主要依据经验公式计算出隐含层神经元的个数，之后进行比较选取最优。多次选取的确定隐含层节点的经验公式为

$$s = \sqrt{(a+b)} + 2$$

式中：s 表示了神经网络隐含层节点的个数，输入层和输出层节点的个数分别用 m 和 n 表示。保持神经网络的其他参数不变，本节通过反复实验，最终选取的隐含层节点为 7。因此，构建的 BP 神经网络预警模型其拓扑结构为 21-7-3。

神经网络结构设计代码如下：

```
class BPNetModel_1(torch.nn.Module):                    # 单层隐含层神经网络
    def __init__(self, n_feature, n_hidden_1, n_output):
        super(BPNetModel_1, self).__init__()
        self.hiddden_1 = torch.nn.Linear(n_feature, n_hidden_1)
                                                        # 隐层网络
        self.out = torch.nn.Linear(n_hidden_1, n_output) # 输出层网络

    def forward(self, x):
        x = torch.nn.functional.relu(self.hiddden_1(x)) # 隐层激活函数 relu()
        out = torch.softmax(self.out(x), dim=1)         # 输出层
        return out

class BPNetModel_2(torch.nn.Module):                    # 两层隐含层神经网络
    def __init__(self, n_feature, n_hidden_1, n_hidden_2, n_output):
        super(BPNetModel_2, self).__init__()
        self.hiddden_1 = torch.nn.Linear(n_feature, n_hidden_1)
                                                        # 隐层网络
        self.hiddden_2 = torch.nn.Linear(n_hidden_1, n_hidden_2)
        self.out = torch.nn.Linear(n_hidden_1, n_output) # 输出层网络

    def forward(self, x):
        x = torch.nn.functional.relu(self.hiddden_1(x)) # 隐层激活函数 relu()
        x = torch.nn.functional.relu(self.hiddden_2(x))
        out = torch.softmax(self.out(x), dim=1)         # 输出层
        return out
```

4）确定学习率和加速算法

学习速率决定每次循环中权值的变化量，取值过小，网络学习速率慢，取值过大，出现误差的可能性也会变大。由于样本量相对来说不算多，为了提高模型的准确性，本次实验将机器学习率设置为 0.005。同时本次实验使用了 Adam 算法对模型进行加速。

5）函数设计

在输入层和隐含层激活函数的选择上，本节选取了 ReLU 函数。由于最终的输出层输出是多标签的分类，所以隐含层和输出层的激活函数选取了 Softmax 函数。损失函数选择交叉熵损失函数，交叉熵损失函数可以利用梯度下降找到最优解。

6）epoch 和 batch-size

本次实验为了模型进行训练并且防止过拟合，将 epoch 设为 1 000 次，batch-size 为 50。主要代码如下：

```
def train_model(model, loss_func, optimizer, train_dataloader,
                test_dataloader, epochs, is_weighted, is_classification,
                extra_metric: dict, timezone):
    train_epoch_metric = EpochMetric('train', extra_metric, is_classification)
    train_batch_metric = BatchMetric('train', extra_metric, is_classification)
    if test_dataloader is not None:
        test_epoch_metric = EpochMetric('test', extra_metric, is_classification)
        test_batch_metric = BatchMetric('test', extra_metric, is_classification)
    for epoch in range(epochs):
        train_epoc_start_time = pendulum.now(timezone)
        model = model.train()
        train_batch_log = process_epoch(model, loss_func, optimizer,
train_dataloader, is_weighted, epoch, timezone)
        train_batch_metric.add_metric(train_batch_log)
        train_epoch_metric.add_metric(train_batch_log)
        train_epoc_end_time = pendulum.now(timezone)
        train_epoch_metric.add_execution_time(train_epoc_start_time, train_
epoc_end_time)
        train_epoch_metric.display(epoch)
        if test_dataloader is not None:
            test_epoc_start_time = pendulum.now(timezone)
            model = model.eval()
            with torch.no_grad():
                test_batch_log = process_epoch(model, loss_func, optimizer,
test_dataloader, is_weighted, epoch, timezone)
                test_batch_metric.add_metric(test_batch_log)
                test_epoch_metric.add_metric(test_batch_log)
                test_epoc_end_time = pendulum.now(timezone)
                test_epoch_metric.add_execution_time(test_epoc_start_time,
test_epoc_end_time)
                test_epoch_metric.display(epoch)
    result = {
        'epochs': epochs,
        'is_classification': is_classification,
        'model_state_dict': model.state_dict(),
        'optimizer_state_dict': optimizer.state_dict(),
        'train_batch_metric': train_batch_metric.to_dataframe(),
        'train_epoch_metric': train_epoch_metric.to_dataframe(),
    }
    if test_dataloader is not None:
        result.update({'test_batch_metric': test_batch_metric.to_dataframe(),
                       'test_epoch_metric': test_epoch_metric.to_dataframe()
                       })
    return result
```

本次实验最终对 BP 神经网络的参数设置如表 18-7 所示。

表 18-7　BP 神经网络参数表

网 络 参 数	参 数 设 置	网 络 参 数	参 数 设 置
输入层节点数目	21	加速算法	Adam
隐含层层数	1	激活函数	ReLU，Softmax
隐含层节点数目	7	损失函数	CEloss
输出层节点数目	3	Epoch	1000
学习率	0.005	batch-size	50

2. 模型构建、训练与验证

在做完样本处理和设置完上述参数后,使用 Sklearn 机器学习库按 8∶2 的比例随机划分训练集与测试集。之后开始训练模型,训练 1000 次后,其损失函数逐步稳定。该过程用到的主要代码如下:

```
import dill                                          # 用于数据序列化与反序列化
import os                                            # 标准库,对文件操作等
import torch                                         # 机器学习、神经网络模型
import numpy as np                                   # 科学计算
import pandas as pd                                  # 数据处理
from sklearn.metrics import roc_auc_score, accuracy_score
                                                     # 评价指标
from torch.utils.data import DataLoader, Dataset     # 封装数据、构建数据集
from sklearn.model_selection import train_test_split
                                                     # 训练集,测试集划分函数
from model import train_model, BPNetModel_2, BPNetModel_1
                                                     # 导入模型


def main(network='bp1', loss_func_method='CEloss', batch_size=50,
         epochs=1000, timezone='Asia/Shanghai', output_path=r'./dill/',
         learning_rate=0.005, extra_metric=None):
    set_seed(1)
    n_feature = 21   # 特征维度
    df = pd.read_excel(r'./data/聚类最终结果.xlsx') # 读取数据
    features = np.array(df.loc[:, '流动比率':'是否受证监会批评'])
                                                     # 转换为数组
    labels = np.array(df['聚类类别'])
    # 多分类标签,转为多维度
    labels_dummies = pd.get_dummies(labels)
    labels_dummies_array = np.array(labels_dummies)
    # 划分训练集和测试集
    x_train0, x_test0, y_train, y_test = train_test_split(features,
labels_dummies_array, test_size=0.2, random_state=1028)
    # 封装为 DataLoader 对象,方便随机抽取样本,反复训练
    train_dataset = SummaryDataset(x_train0, y_train)
    test_dataset = SummaryDataset(x_test0, y_test)
    train_dataloader = DataLoader(dataset=train_dataset,
                          batch_size=batch_size, shuffle=True)
    test_dataloader = DataLoader(dataset=test_dataset,
                          batch_size=batch_size, shuffle=False)
    # 设置 2 个模型,全部训练之后导出数据进行对比
    # 选择模型
    model_dict = {'bp1': BPNetModel_1, 'bp2': BPNetModel_2}
    model_setting_parameters = {
        'bp1': {'n_feature': n_feature, 'n_hidden_1': 8, 'n_output': 3},
        'bp2': {'n_feature': n_feature, 'n_hidden_1': 10, 'n_hidden_2': 10,
            'n_output': 3}
    }
```

```
    model = model_dict[network](**model_setting_parameters[network])
    # 优化器和损失函数
    optimizer = torch.optim.Adam(model.parameters(), lr=learning_rate)
    # 可以在下面的字典里添加 你需要的 loss 函数
    loss_func_dict = {
        'BCEloss': torch.nn.BCELoss,
        'w_BCEloss': torch.nn.BCELoss,
        'MSEloss': torch.nn.MSELoss,
        'CEloss': torch.nn.CrossEntropyLoss,
    }
    loss_func = loss_func_dict[loss_func_method]
    extra_metric = extra_metric
    is_weighted = True if loss_func_method == 'w_BCEloss' else False
    is_classification = True
    result = train_model(model, loss_func, optimizer, train_dataloader,
                         test_dataloader, epochs, is_weighted,
                         is_classification, extra_metric, timezone)
    result['network_setting_parameters'] = \
        model_setting_parameters[network]
    # 自动按照模型名保存: AUC、ACC、反应时间、loss 值、训练好的模型
    output_path = os.path.join(output_path, f'summary_{network}_'
                               f'{loss_func_method}.dil')
    with open(output_path, "wb") as f:
        dill.dump(result, f)
    del model   # 删除模型
torch.cuda.empty_cache()# 释放缓存

if __name__ == '__main__':
    # 两种评价系数
    extra_metric = {'auc_score': calc_auc_score, 'accuracy_score':
                    calc_accuracy_score}
    main(extra_metric=extra_metric)
```

损失失函数变化如图 18-4 所示。

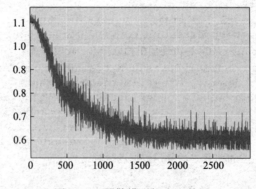

图 18-4　预警模型损失函数图

训练集的准确率如图 18-5 所示，训练集的准确率不断波动且呈上升趋势，最后一次 epoch 时训练集的平均准确率为 97.8%，这说明模型训练效果不错。

第18章 财务风险预警

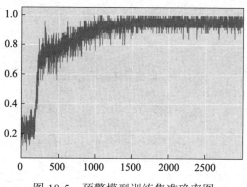

图 18-5　预警模型训练集准确率图

将训练好的财务风险预警模型应用于整个数据集中进行验证。验证结果用图 18-6 所示的混淆矩阵表示。其中横坐标是预测值标签，纵坐标为真实值标签。预警结果如表 18-8 所示。模型预测财务风险低的预判准确率为 80.4%，模型预测财务风险中的预测正确率为 88.8%，预测财务风险高的准确率为 100%，综合的预警成功率为 87.5%。所以这个财务预警模型预测房地产上市公司中高风险的正确率是可观的，该模型适用于房地产行业的财务预警。

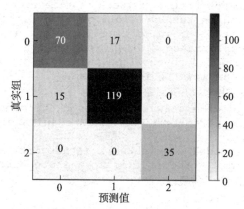

图 18-6　预警模型预测情况和真实模型对比混淆矩阵图

表 18-8　BP 神经网络模型预测情况

分类	0	1	2
0	70	17	0
1	15	119	0
2	0	0	35
误判数目	15	17	0

预测代码如下所示：

```
import torch
import numpy as np
import dill
import os
```

```python
import pandas as pd
from model import BPNetModel_2, BPNetModel_1

path = r'./dill/'                                          # 输出路径
df = pd.read_excel(r'./data/聚类最终结果.xlsx')              # 读取数据
model_dict = {'bp1': BPNetModel_1, 'bp2': BPNetModel_2}
out_sample_features = np.array(df.loc[:, '流动比率':'是否受证监会批评'])
                                                           # 选取数据
out_sample_features = torch.FloatTensor(out_sample_features)
                                                           # 转换为float型张量
predict_df = pd.DataFrame()
# 取模型文件
files = [file for file in os.listdir(path) if file.endswith('.dil')]
# 遍历每一个模型，并做预测
for file in files:
    load_file = os.path.join(path, file)
    network = file.split('.')[0].split('_')[1]
    loss_method = file.split('.')[0].split('_')[2]
    with open(load_file, "rb") as f:
        network_results_dict = dill.load(f)
# 查看模型的效果
    network_performance_train = network_results_dict['train_batch_metric']
    network_performance_test = network_results_dict['test_batch_metric']
    network_performance_train.to_excel(os.path.join(path, f'{network}_{loss_method}_train_performance.xlsx'), index=False)
    network_performance_test.to_excel(os.path.join(path, f'{network}_{loss_method}_test_performance.xlsx'), index=False)
# 读取文件里储存的模型和参数，并对象化
    network_state_dict = network_results_dict['model_state_dict']
    network_setting_parameters = network_results_dict['network_setting_parameters']
    pred_network = model_dict[network](**network_setting_parameters)
    pred_network.load_state_dict(network_state_dict, strict=True)
# 读取样本外特征数据，并且转换成float tensor
    with torch.no_grad():
        predict = pred_network(out_sample_features)
        predict = np.argmax(predict, axis=1)
    predict_df[f'{network}_{loss_method}'] = predict.reshape(-1)

predict_df.to_excel(os.path.join(path, 'predict_df.xlsx'), index=False)
                                                           # 存储预测结果
```

本例用到的其他代码在本书配套资源中都能找到。

参 考 文 献

[1] 董付国. Python 程序设计基础[M]. 3 版. 北京：清华大学出版社，2023.

[2] 董付国. Python 程序设计基础与应用(微课版)[M]. 北京：机械工业出版社，2022.

[3] 杨年华. Python 程序设计教程[M]. 2 版. 北京：清华大学出版社，2020.

[4] 李辉. Python 程序设计基础案例教程[M]. 北京：清华大学出版社，2020.

[5] 董付国. Python 数据分析、挖掘与可视化(慕课版)[M]. 北京：人民邮电出版社，2020.

[6] 吴晓霞、孙斌、蔡理强. Python 开始与财务应用[M]. 北京：人民邮电出版社，2022.

[7] 王国平. Python 数据可视化之 Matplotlib 与 Pyecharts[M]. 北京：清华出版社，2020.

[8] 黑马程序员. 从数据分析与应用：从数据获取到可视化[M]. 北京：中国铁道出版社，2021.

[9] Python 官方网站. https://python.org/.

[10] Python 包索引网站. https://pypi.org/.

[11] 微信公众号：Python 小屋.

[12] 程淮中，王浩. 财务大数据分析[M]. 上海：立信会计出版社，2021.

[13] 财政部会计司编写组. 管理会计案例示范集[M]. 北京：经济科学出版社. 2019.

[14] CHENG J, WANG X, SI T, et al. Maximum burning rate and fixed carbon burnout efficiency of power coal blends predicted with back-propagation neural network models[J]. Fuel, 2016, 172: 170-177.

[15] ISLAM B, BAHARUDIN Z, NALLAGOWNDEN P. Development of chaotically improved meta-heuristics and modified BP neural network-based model for electrical energy demand predictionin smart grid[J]. Neural Computing and Applications, 2017, 28(1): 877-891.

[16] 吴应宇，蔡秋萍，吴芃. 基于神经网络技术的企业财务危机预警研究[J]. 东南大学学报(哲学社会科学版)，2008(1)：22-26.

[17] 金晨. 基于神经网络模型的制造业上市公司财务危机预警研究[D]. 武汉：华中科技大学，2019.

[18] 丁启鹏. 基于 BP 神经网络的科创板企业财务风险检测研究[D]. 长春：吉林大学，2022.

[19] 邓小军，侯枫婷. 财务风险对审计定价的影响研究:基于股权集中度视角[J]. 会计之友, 2021(17)：67-74.

[20] 王冰，郭东强. 基于 BP 神经网络的企业内部知识转移绩效综合评价研究[J]. 情报科学，2016，34(1)：141-145，154.

教师服务

感谢您选用清华大学出版社的教材！为了更好地服务教学，我们为授课教师提供本书的教学辅助资源，以及本学科重点教材信息。请您扫码获取。

▶ 教辅获取

本书教辅资源，授课教师扫码获取

▶ 样书赠送

会计学类重点教材，教师扫码获取样书

 清华大学出版社

E-mail: tupfuwu@163.com
电话: 010-83470332 / 83470142
地址: 北京市海淀区双清路学研大厦 B 座 509

网址: http://www.tup.com.cn/
传真: 8610-83470107
邮编: 100084